精英管理

三阶能力提升

严家明 韩建明 王 灿 编著

图书在版编目（CIP）数据

精英管理：三阶能力提升 / 严家明，韩建明，王灿编著. -- 北京：企业管理出版社，2025.5.
ISBN 978-7-5164-3202-0

Ⅰ．C93

中国国家版本馆CIP数据核字第2025U2H064号

书　　名：	精英管理：三阶能力提升
书　　号：	ISBN 978-7-5164-3202-0
作　　者：	严家明　韩建明　王　灿
责任编辑：	李雪松
出版发行：	企业管理出版社
经　　销：	新华书店
地　　址：	北京市海淀区紫竹院南路17号　邮　编：100048
网　　址：	http://www.emph.cn　电子信箱：emph001@163.com
电　　话：	编辑部（010）68701074　发行部（010）68417763　68414644
印　　刷：	北京亿友数字印刷有限公司
版　　次：	2025年5月第1版
印　　次：	2025年5月第1次印刷
开　　本：	710mm×1000mm　1/16
印　　张：	19
字　　数：	281千字
定　　价：	78.00元

版权所有　翻印必究 · 印装有误　负责调换

前言 PREFACE

在当今竞争激烈、变化迅速的商业世界中，卓越的管理能力是企业成功的关键因素之一。《精英管理：三阶能力提升》的问世，为广大管理者提供了全面、系统且极具实用价值的指南，助力其在管理之路上不断攀登新的高峰。

本书精心构建了初阶、中阶、高阶三个层次的管理技能体系，涵盖了从管理基础理论到实用管理再到高效领导提升的各个重要方面。无论是初涉管理领域的新人，还是经验丰富的资深管理者，都能从中汲取宝贵的知识和智慧，实现自身管理能力的全面提升。

初阶部分聚焦管理的基础理论，为管理者奠定坚实的知识根基。第一章"企业管理概述"深入剖析了管理的基本知识，明确管理者的角色与技能要求，阐述管理原则与通用管理方法，并对管理者工作中常犯的错误提出防范指导。这一章的内容犹如一把钥匙，开启了管理者对企业管理世界的认知之门，帮助管理者在认清职业自我的同时，找准未来提升自己的方向。第二章"激励理论与技能"概述了激励理论的发展脉络，从内容型、过程型、行为改造型等不同角度深入分析激励理论及其应用，同时还探讨了企业激励实践与无成本激励方法，为管理者激发员工的积极性和创造力提供了丰富的理论支持和实践指导。第三章"绩效考核"阐述了绩效考核的标准、传统绩效考核方法以及现实中常用的考评方法，同时强调绩效反馈面谈的重要性，以及绩效考核实践中的问题与处理方法，帮助管理者建立科学、公正的绩效评估体系，促进员工的成长与发展。

中阶部分着重实用管理技能的培养，为管理者提供解决实际管理问题的有效工具。第四章"有效沟通"明确沟通的定义、条件与作用，阐述有效沟通的基本步骤和技巧，分析管理沟通不畅的原因，并提出提升管理者沟通技能的建议。良好的沟通是管理的桥梁，能够促进信息的顺畅流动、增强团队协作、提高管理效率。第五章"有效授权"概述了有效授权的重要性，探讨授权的开展与授权障碍的克服方法，以及授权后的控制与误区防范。懂得授权的管理者能够充分发挥团队成员的优势，提高管理效率，实现团队的共同成长。第六章"时间管理"在对时间管理概述的基础上介绍了时间管理的基本方法与举措，分析管理者"忙"的原因并提出避免时间浪费的方法。在快节奏的工作环境中，有效的时间管理是管理者提高工作效率，实现工作与生活平衡的关键。第七章"会议的组织与管理"阐述了会议与会议管理的重要性，详细介绍会前准备、会中控制与会后跟踪的方法，以及公司中常见会议的召开要点。高效的会议组织与管理能够确保决策的科学性和有效性，提高团队的工作效率。第八章"团队建设管理"从团队建设的基础入手，分析团队建设的关键点与阶段，探讨团队建设的危险信号并提出相应的建议。团结、协作、高效的团队是企业成功的重要保障，管理者需要不断提升团队建设管理能力，打造具有强大战斗力的团队。

高阶部分致力于提升管理者的高效领导能力，引领企业走向卓越。第九章"领导力"概述领导力的内涵与重要性，介绍情境型领导，探讨杰出领导的修炼之道。优秀的领导者能够激发团队的潜力，引领企业在激烈的市场竞争中脱颖而出。第十章"变革管理"强调变革前期的准备和规划，分析变革阻力及其转化对策，阐述成功实施变革的步骤。在不断变化的商业环境中，管理者需要具备变革管理的能力，推动企业持续创新和发展。第十一章"危机管理"介绍了危机与危机管理，以及企业危机管理的过程，探讨企业危机控制的方法以及企业公关危机处理实务。危机是不可避免的，但优秀的管理者能够在危机中保持冷静、果断决策，最大限度地减少危机对企业的影响。第十二章"企业文化建设"概述了企业文化的内涵与重要性，探讨企业文化理念"内化于心"和"外化于行"的方法，分析企业文化建设中的病症并提出应对策略。企业文化是企业的灵魂，能够塑造员工的价值观、行为准则和工作态度，增强企业的凝聚力和竞争力。第十三章"'商祖'范蠡成功之道与企业家能力"介绍了"商祖"范蠡的成功之道，并基于范蠡的成功之道详细分析了企业家应具备的能力。

《精英管理：三阶能力提升》是一本集理论与实践、智慧与经验于一体的管理指南，它不仅提供了丰富的理论知识，更注重实践应用和管理者实战技能的提升。通过阅读本书，管理者将能够系统地掌握管理的核心技能，提升自身的综合素质，为企业的发展做出更大的贡献。相信广大管理者能在管理之路上不断探索、创新，通过开启充满挑战与机遇的管理之旅，不断提升自己的管理能力，为企业的繁荣发展贡献自己的力量。

目录 CONTENTS

初阶：管理的基础理论

第1章 企业管理概述 ... 3
- 1.1 管理的基本知识 ... 3
- 1.2 管理者角色与技能要求 ... 10
- 1.3 管理原则与通用管理方法 ... 15
- 1.4 管理者工作中常犯的错误 ... 20

第2章 激励理论与技能 ... 23
- 2.1 激励理论概述 ... 23
- 2.2 内容型激励理论及其应用 ... 24
- 2.3 过程型激励理论及其应用 ... 30
- 2.4 行为改造型激励理论及其应用 ... 34
- 2.5 企业激励实践与无成本激励方法 ... 38

第3章 绩效考核 ... 43
- 3.1 绩效考核的标准 ... 43
- 3.2 传统绩效考核方法介绍 ... 49
- 3.3 常用的考评方法介绍 ... 53

I

3.4 绩效反馈面谈 68
3.5 绩效考核实践中的问题与处理方法 73

中阶：实用管理技能

第4章 有效沟通 79
    4.1 有效沟通的定义、条件与作用 79
    4.2 有效沟通的步骤与障碍克服 81
    4.3 有效沟通的技巧 87
    4.4 管理沟通不畅的原因及管理者沟通技能 94

第5章 有效授权 100
    5.1 有效授权概述 100
    5.2 授权开展与授权障碍克服 105
    5.3 授权后的控制与误区防范 112

第6章 时间管理 119
    6.1 时间管理概述 119
    6.2 时间管理基本方法与举措 124
    6.3 管理者"忙"的原因与如何避免浪费时间 131

第7章 会议的组织与管理 140
    7.1 会议与会议管理 140
    7.2 会前准备 143
    7.3 会中控制与会后跟踪 150
    7.4 公司中常召开的会议 152

第 8 章　团队建设管理 162
8.1　团队建设基础 162
8.2　团队建设关键点与阶段 166
8.3　团队建设的危险信号与建议 176

高阶：高效领导提升技能

第 9 章　领导力 185
9.1　领导力概述 185
9.2　情境型领导 191
9.3　杰出领导者的修炼 197

第 10 章　变革管理 207
10.1　变革前期的准备和规划 207
10.2　变革阻力及其转化对策 214
10.3　成功实施变革的步骤 221

第 11 章　危机管理 233
11.1　危机与危机管理概述 233
11.2　企业危机管理过程 241
11.3　企业危机控制 246
11.4　企业公关危机处理实务 250

第 12 章　企业文化建设 255
12.1　企业文化概述 255
12.2　企业文化理念"内化于心" 260
12.3　企业文化理念"外化于行" 264

12.4 企业文化建设中的病症与应对策略 269

第13章 "商祖"范蠡成功之道与企业家能力 277

13.1 "商祖"范蠡的成功之道 277

13.2 从范蠡成功之道看企业家应具备的能力 281

初阶：管理的基础理论

第1章　企业管理概述

俗语云："知其然，知其所以然。"这句话的引申意义是：我们要想做好一件事不仅要看清楚它的表面现象，还要看清楚它的本质及产生的原因。

对于企业各层级、各部门的管理人员来说，要想从普通到优秀、从一般到卓越，不仅要掌握管理的"术"，了解面上管理工作开展的工具和技巧，更要了解管理的"道"，从内涵和本质上认识管理。

1.1　管理的基本知识

1. 管理的定义

给管理下过定义的著名管理学家有很多，其中具有代表性的有以下几位。

美国科学管理之父弗雷德里克·温斯洛·泰勒（Frederick Winslow Taylor）认为，管理就是确切地知道你要别人去干什么，并使其用最好的方法去干。他的名著《科学管理原理》一书主要关注两点：员工如何寻找和掌握最好的工作方法和工具提高效率；管理者如何激励员工努力工作以获得最大的工作业绩。

美国诺贝尔经济学奖获得者赫伯特·亚力山大·西蒙（Herbert Alexander Simon）认为"管理即制定决策"。他认为管理者所做的一切工作归根结底是在面对现实和未来、面对环境和员工时不断做出各种决策，使组织可以运行下去，实现令人满意的目标。

法国现代经营管理之父亨利·法约尔（Henri Fayol）认为：管理是所有人类组织都有的一种活动，包括计划、组织、指挥、协调、控制五项职能。计划包括预测未来和拟定一个行动方案；组织包括建立从事活动的双重机构（人的机构和物的机构）；指挥就是维持组织中人员的活动；协调就是把所有的活动和工作结合起来，使之和谐；控制则是使所有的事情按照已定的计划和指挥来完成。

美国著名管理学家哈罗德·孔茨（Harold koontz）认为：管理是一种在正式组织团体中通过别人并同别人一道完成工作任务的技能；管理是在正式组织团体中营造一种环境，使人们能为实现团体目标，互相协作地完成工作的技能；管理是一种消除完成工作障碍的技能；管理是有效地实现目标最大化的技巧。简单地说，"管理就是营造一种良好环境，使人在群体里高效率地完成既定目标"。

根据上述几种定义，复旦大学芮明杰教授归结出一个比较符合管理实质的定义：管理是对组织的资源进行有效整合以达成组织既定目标与责任的动态创造性活动。

笔者认为，管理就是让别人做事以达到预期的结果。这一定义看似简单，但其要解决的内容却包括如何让、选择谁、怎么做、做什么、预期的结果是否合理等，也就是管理所要涉及的方方面面。换句话说，上述管理的定义虽然文字很简单，但内涵极其丰富。

再直白一点的话，也可以从字面来看，那么管理就是"管控＋理顺"的意思，即对一定范围内的人员、资源和事务进行安排和处理，确保他（它）们在受控状态下有序又有效地运转。

2. 管理的特性

（1）综合性

管理活动涉及多个方面，包括对人、财、物、信息等资源的协调与整合，既要考虑宏观与长远发展，又要考虑微观与短期的利益；既要关注人的情感喜好，又要兼顾技术的迭代升级。在实践中，管理者只有全面统筹思考，才能在平衡中实现企业持续发展的目标。

（2）动态性

管理工作开展需要在动荡多变的环境与组织中进行，在资源配置与工作计划实施过程中会遇到各种不确定性因素。因此，管理者不仅要掌握书面上静态的理论，更要学会在公司和自己所在部门的动态变化中实施具体的管理。

（3）科学性

管理活动尽管有动态性特征，但它还是有科学规律可循的。

管理实践中的具体事务可以分成两大类：一类是程序性活动；另一类是非程序性活动。

程序性活动属于简单任务，是指有章可循、照章运作就能取得预想效果的管理活动；非程序性活动属于复杂任务，是指无章可循、需要边运作边探讨的管理活动。

实际上，现实中的程序性活动就是以前非程序性活动转化而来的，这种转化过程就是人们对管理对象规律性的科学总结，是管理科学性特征的充分证明。

（4）艺术性

管理的艺术性在于，管理对象虽然多元，但以人为主。由于人的个性特征具有多样性；即使是同一个人，在不同的环境下，也会有不同的需求表现，因此管理者很难找到一种所谓的模式让不同场景下的所有人都满意。此外，由于实现资源有效性配置目标与履行责任过程存在多种可供选择的管理方式和手段，因此管理活动的成效与管理主体管理技巧的灵活性运用有很强的关联性。

（5）经济性

企业是一个以营利为目的的经济组织，企业内开展所有的活动，包括管理活动都需要考虑投入与产出之间的平衡关系。

在众多进行资源配置的方式方法中，其所需成本并不相同，如何进行选择就是管理的经济性问题。

再进一步来讲，企业管理制度与流程并非越复杂越细致越好，而是要依据经济性原则保持适度。

上述五个特性是相互关联的，是管理性质五个不同方面的反映，其相互关系如图1-1所示。

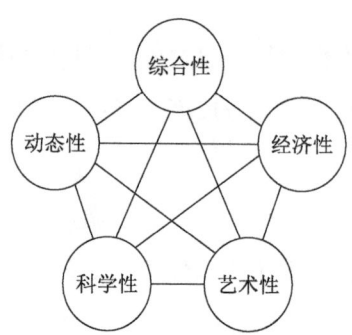

图1-1 管理特性相互关联

3. 管理的职能

管理职能是管理者所具有的职责和管理系统所要履行的功能。

最早把管理职能上升为普遍规律的是法国管理学家亨利·法约尔。他在1925年出版的《工业管理与一般管理》一书中提出，管理就是实行计划、组织、指挥、协调和控制五项职能。

①计划：就是探索未来，制定行动方案，必须具有环境适应性、可操

性、持续性、灵活性、目标驱动性的特征。

②组织：就是做好企业和部门的结构性安排，建立起企业的物质组织和社会组织，使其同企业的目标、资源和需要相适合；组织应在保证有效运转的基础上力求简洁。

③指挥：就是使每个岗位上的每个人都履行其所负的职责，做出最大的贡献，从而使整个企业和部门组织发挥出应有的作用。

④协调：就是统一、调和企业各部门及部门内各个岗位的活动，使所有工作都能和谐地进行，在追求效率的同时，确保运行的效果。

⑤控制：就是核实计划落实情况，以便发现缺点和不足，并采取措施加以纠正，以使实际活动与预期的计划活动保持一致。

在法约尔之后，许多学者根据社会环境的新变化，对管理的职能进行了进一步的探究，有了许多新的认识。但当代管理学家们对管理职能的划分大体上没有超出法约尔的范围，多是结合环境的变化，在领导、人事等职能方面做了更进一步的强调。

①领导：管理者利用组织所赋予的权力去指挥、影响和激励组织成员，为实现组织目标而努力工作的过程。该职能是法约尔的指挥职能和协调职能的融合，同时强调管理者应承担激励员工的职责。

②人事：管理者应当重视利用人才，注重人才的发展及协调人们活动，这一职能的提出说明管理学家已经注意到了人的管理在管理行为中的重要性。

4. 管理工作的两大目标

（1）有序

有序指的是一种有规则、有组织、有规律的状态。管理工作追求的有序可以表现为环境的整洁、时间安排的合理、工作流程的顺畅等，目的是在让员工感到舒适和安心的同时，提高各部门、各工序之间的协同效率。

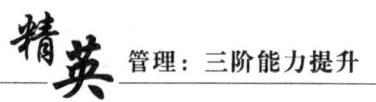

（2）高效

高效指在一定时间内能够以较少的资源投入获得较大的成果产出，是一种追求以最佳方式利用资源，实现最大价值产出的状态。管理工作中的高效意味着让每一个人都能够快速、准确地完成任务。

5. 管理中的人性假设

人性假设是指管理者在管理过程中对人的本质属性的基本看法。

管理的本质在于通过对人性的正确认识而采取适宜的组织行为以提高组织绩效。换句话说，管理就是要在把握人性的基础上，通过对人的欲望满足，以赢得人心为前提，达成组织的发展目标。

个体是构成组织的核心要素，也是影响管理绩效的决定性因素。因而要了解组织中人的行为，就必须对管理活动中人的观念和需要进行深入细致的研究。

人性假设是研究管理绩效的人性论基础，不同人性假设对管理策略的制定与选择、提高管理绩效具有不同意义。

（1）"经济人"假设

18世纪，英国经济学家亚当·斯密（Adam Smith）提出了"经济人"假设。他认为人是"有理性的、追求自身利益最大化的人"，工作的动机是为了获得劳动报酬。即人是为了金钱而工作。在这一假设背景下，管理中强调用物质和经济上的利益去刺激工人努力工作。"经济人"思想是社会发展到一定历史阶段的产物，是当时资本主义生产关系的反映，它的提出标志着社会的巨大进步。

（2）"社会人"假设

20世纪30年代，美国哈佛大学的乔治·埃尔顿·梅奥（George Elton Mayo）等为探究员工工作积极性的来源进行了著名的霍桑实验。实验的意外结果是他们观察到了人性的另一面——人不仅仅关心自己的物质利益，还会追求人与人之间的友情、安全感和集体归属感。实验的结论是：工人不是机械的、被动的机器，而是活生生的人；人不是孤立的个体，而是复杂的社会系统的成员；组织中人与人之间的关系是决定员工的工作努力程度的主要因素。因此，管理者应当通过建立和谐的人际关系来促进工作效率和效益的提高。"社会人"假设的提出是管理学的重要转折点，开创了"行为科学"学派。

（3）"自我实现人"假设

这是美国心理学家亚伯拉罕·哈罗德·马斯洛（Abraham Harold Maslow）提出的观点。他认为人的需要不是单一的，而是多层次的，在以物质为支撑的低层次需要得到相对满足之后，人们有着最大程度地利用和开发自己才能的需要，希望能够得到他人与社会的认同，有机会获得自身发展与成熟，因此"自我实现"才是激发员工工作士气的最大动力。依据这一假设，管理者可以通过给予员工挑战性任务来激发出他们强烈的工作热情。

（4）"复杂人"假设

20世纪60年代，美国学者艾德佳·沙因（Edgar H. Schein）在综合"经济人"假设、"社会人"假设和"自我实现人"假设的基础上，提出了"复杂人"假设。他认为不同的人，他们的需要和潜在愿望是多种多样的；此外，对单一个体而言，他的需要层次与内容也会随着年龄、受教育程度、在社会中所扮演的角色、所处的境遇和人际关系的变化而不断地发生着变化。

有的人经济性需要居于中心位置，有的人社会性需要占主导地位，有的人最迫切的需要是施展自己的才华，这样一来就形成了错综复杂的动机模式。以此为基础，管理上不存在简单的对与错，也不存在对任何时代、任何组织或任何人都普遍适用的管理模式。

应当说，沙因的观点弥补了前几种人性假设的缺失，是比较全面的。

（5）"文化人"假设

20世纪80年代，美国加州大学的日裔美籍学者威廉·大内（William Ouchi）在他的《Z理论——美国怎样迎接日本的挑战》一书中，从社会和组织文化的角度来考察、分析日美两国企业的不同和利弊，强调要重视人的问题，对员工要信任、亲密，认为只有一致的组织目标和共同的价值观念，才能使企业获得成功。

威廉·大内的书中虽未直接提出"文化人"这一名词，但其文化、价值观决定人的行为的观点蕴含了这个名词的实质性内容。

6. 人性假设对管理者的启示

①管理者应树立正确的人性观念。

②管理者应认识到人是多元化的，不能教条地应用书本上的管理理论模式，应有针对性地采取管理措施。

③有效的管理应在系统分析的基础上，因人、因事、因时、因地制宜，灵活采取更为适宜的领导方式。

1.2 管理者角色与技能要求

1. 管理者角色

管理者角色有两方面的含义，一是从企业组织内管理系统的层面对管理者主要职责的定位，二是从人的社会职业角度强调管理者在其岗位上身份的多元化，一人要同时扮演多种角色。

（1）管理系统下的管理者角色划分

对于一个企业来讲，管理系统通常被划分为三个层面，即高层、中层和基层，与之相对应，处于系统不同层级上的管理者分别扮演决策指挥者、职能管理者和操作执行者的角色。

①决策指挥者：身居管理系统中的高层领导者，其主要职责应该是对内、外环境全面分析，在做好趋势研判的前提下，基于企业长远发展与全局

利益的视角，担负着组织战略性目标确定和实施方案的决策责任。决策指挥者角色的主要职责是做出发展决策，主要工作是决策过程的管理工作，具体工作内容主要是企业使命确立、愿景勾画与战略制定等，工作环境具有很强的不确定性，处理的多为复杂性任务。

与高层领导者密切合作的参谋机构或智囊班子的成员，也属于决策指挥者角色的范围。

②职能管理者：身居管理系统的中层经理，即组织中层次介于高层领导和基层执行者之间的各级领导者。职能管理者在自己的职权范围内虽然也有一定的决策权，但他们的决策属于如何贯彻决策指挥者确立的战略目标的决策。相对于高层的战略目标决策来说，职能管理者的任务更多地属于目标确定以后，如何控制人和组织的行为去实现目标。因此，相较于决策指挥者，他们主要承担的是具体的事务性管理工作。工作内容主要是企业制度与流程的完善、执行以及对员工积极性的调动，工作环境相对稳定。

③操作执行者：身居管理系统中的基层管理者。作为管理系统中的成员，对整个组织的决策和管理也是承担一部分责任的，其主要工作在于通过具体的实践去实现决策目标。在整个组织管理系统中，相对于前两种角色来说，操作执行者的身份有时更倾向于被管理者，但必须明确，他们是整个组织的基础，决策指挥者制定的组织战略目标和职能管理者制定的各项行动方案，最终要通过他们的努力才能实现。

处于管理系统不同层级中的管理者要清楚自己的角色及所应担负核心职责，角色一定不能错位，否则企业必将陷入混乱的状态。

（2）职业身份下的管理者角色划分

除非处于管理系统最顶层，对于管理系统其他层级的管理者而言，不管身处什么部门，每个人从社会职业的角度来讲都有着三种身份：上司、下属、同事（见图1-2）。

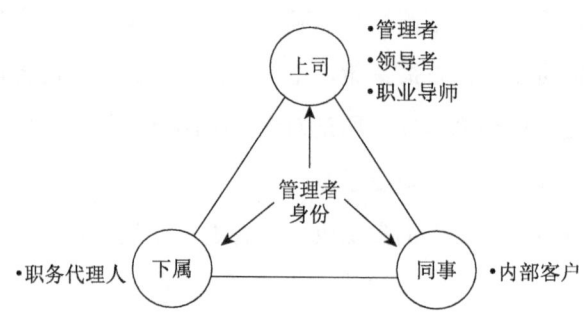

图 1-2 基于身份的管理者角色

上司不仅扮演着管理者角色，同时还扮演着领导者和职业导师角色，既要维护好组织的运行秩序，又要调动员工的士气与工作激情，此外还要对下属的工作给予指导，帮助下属成长与提升工作效率。具体来讲，作为上司的我们在工作中关键要做好以下几方面：

①依据企业发展战略与整体发展目标，做好阶段性与部门目标、计划的制订；

②制度与流程的建立与完善；

③制度与流程的执行，确保规范与秩序；

④员工激励与工作主动性开发；

⑤员工培养、员工素质与技能提升；

⑥部门或团队工作绩效责任担当。

下属扮演着职务代理人的角色，完成上司指派的工作。因此，工作中我们要牢记以下几点：

①下属的职权来自上司的委托和任命，要对上司负责；

②下属是上司的代表，其言行是一种职务行为；

③下属必须将上司的决议执行到位，结果是唯一的工作评价标准；

④下属只能在职权范围内行事。

同事扮演着内部客户的角色，在企业分工体系下，每个人既需要他人服务同时又服务着他人。正因如此，工作中要认清以下几点：

①组织各部门之间互为客户关系；

②要将同事当作外部客户对待，主动做好服务是我们的本分；

③不能因为自己是同事的客户而高高在上；

④工作中要以自己职责为中心向内部客户需求为中心转变。

2. 管理者技能要求

管理工作是否有效，在很大程度上取决于管理人员是否真正具备了一名管理者所必须具备的管理技能要求。美国管理学专家罗伯特·卡茨（Robert Katz）针对管理者的工作特点，认为有效的管理者应具有三种基本的管理技能：概念技能（Conceptual Skill）、人际技能（Human Skill）、技术技能（Technical Skill）。

（1）概念技能

概念技能更多时候表现为管理者空想的本领，是一系列能力的组合体，包括能够提出新的想法和新的思想的能力、能够进行抽象思维的能力、能够把一个组织看成是一个整体的能力，以及能够识别在某一个领域的决策对其他领域将产生何种影响的能力。

（2）人际技能

人际技能是管理者做人的本领，表现为管理者能够与其他人一起有效开展工作的能力。也可以说是管理者能够以团队成员的身份有效地工作，并能够在他领导的小组中建立起合作的能力、理解和激励他人的能力。

（3）技术技能

技术技能是管理者做事的本领，指能够运用特定的程序、方法、技巧处理和解决实际问题的能力。也就是说，面对具体事务的执行，特别是需要有特定方法、过程、程序或技术的较为复杂性事务，所具有的理解和熟练处理程度。例如，工程师、会计师、广告设计师、推销员等，都掌握着其各相应领域的技术技能,所以被称作专业技术人员。

实践中管理者三种技能的要求并不均衡,依据管理者在管理系统中的层级不同,三种技能的要求也会不同,如图1-3所示。

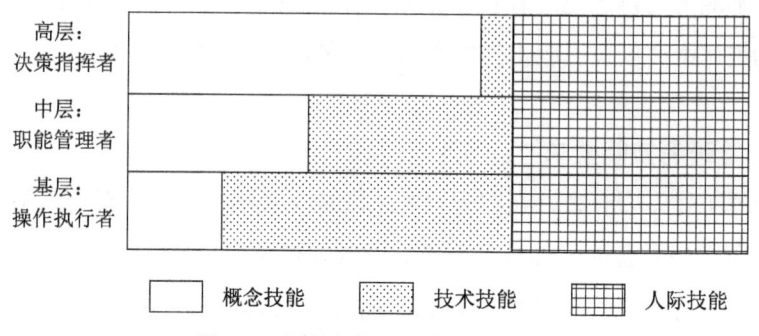

图1-3 各层次管理者管理技能结构

通过学习与训练,管理者在掌握基本技能的基础上,还要对照图1-4各级管理层能力结构模型提升自己的实践能力。

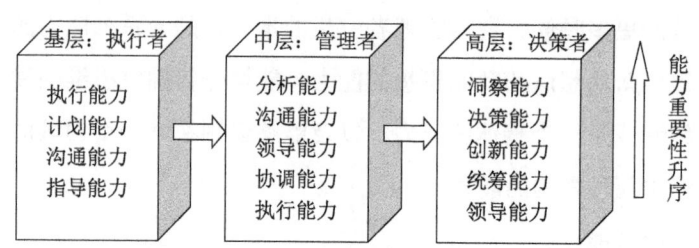

图1-4 不同层级管理者的能力结构模型

对于企业的后备干部以及新提拔的主管、经理而言,除了做好管理者必备的技能储备之外,还要从心理和能力两方面修炼自己,适时地改变自身的工作方式,以满足从员工到管理者的角色转换的要求,如图1-5所示。

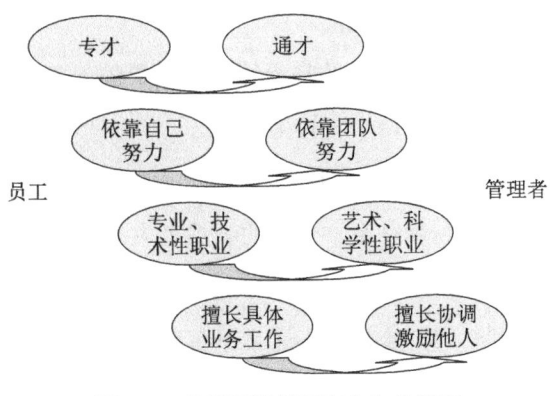

图 1-5 从员工到管理者角色的转变

1.3 管理原则与通用管理方法

1. 管理原则

管理原则是组织活动的一般规律的体现,是人们在管理活动中为实现组织的基本目标而处理人、财、物、信息等管理基本要素及其相互关系时所遵循和依据的准绳。

现代经营管理之父亨利·法约尔提出了著名的十四条管理原则。

①劳动分工原则:分工不仅能够提升技术工作的效率,而且能够提升管理工作效率,但是管理分工需适度把握。

②权力与责任原则:有权力的地方就有责任。责任是权力的孪生物,是权力的当然结果和必要补充,权责必须相符。

③纪律原则:包括两个方面,即企业与下属人员之间的协定和人们对这个协定的态度及其对协定遵守的情况。

④统一指挥原则:此原则讲的是组织机构设置以后运转的问题,一个下级人员只能接受一个上级的命令。如果两个领导人同时对同一个人或同一件

事行使他们的权力，就会出现混乱。

⑤统一领导原则：此原则讲的是组织机构设置的问题，即在设置组织机构的时候，一个下级不能有两个直接上级。

⑥个人利益服从整体利益原则：个人或者一些人的利益不能置于企业利益之上。企业中个人的利益是小，企业的利益是大。

⑦人员的报酬原则：所有人对企业的付出都应得到相应的报酬，如果业绩做得好就可以得到奖励，这样员工才会更有劳动热情。

⑧集中的原则：组织决策权力集中与分散程度受工作任务复杂性与员工成熟度等多因素影响，不能一概而论，问题的关键在于找到适合于企业的度。

⑨等级制度原则：就是要在企业组织中建立一个不中断的等级链，这个等级链说明了两个方面的问题：一是它表明了组织中各个环节之间的权力关系，通过这个等级链，组织中的成员就可以明确谁可以对谁下指令，谁应该对谁负责；二是这个等级链表明了组织中信息传递的路线，即在一个正式组织中，信息是按照组织的等级系列来传递的。

⑩秩序原则：包括物品的秩序原则和人的社会秩序原则。前者就是要使每件物品都在它应该放的位置上，后者就是要确定最适合每个人能力发挥的工作岗位，然后使每个人都在最能使自己的能力得到发挥的岗位上工作。

⑪公平原则：做人要公平，做事也要公平。企业中职位虽有高低之分，但是人格没有高低之分。由于人是复杂多样的，每个人的要求各不相同，所以公平性强调的是内涵而不是形式。

⑫人员的稳定原则：要使一个人的能力得到充分发挥，就要使他在一个工作岗位上相对稳定地工作一段时间，让他能有一段时间熟悉自己的工作、了解自己的工作环境，并取得别人对他的信任。但是人员稳定是相对的，企业要掌握人员稳定和流动的合适度，以利于企业中成员能力得到充分的发挥。

⑬首创精神：对于领导者来说，需要适度地并要有某种勇气来激发和支持员工的首创精神。

⑭团队精神：企业管理者需要确保并提高劳动者在工作场所的士气，培养团队精神。团队精神不仅表现在表面上，更多表现在心上，需要大家同心协力。

2. 通用管理方法

通用管理方法又称为管理的根本方法，是人们对不同领域、不同部门、不同条件管理实践的理论概括，以不同领域的管理活动都存在某些共同的属性为依据而总结出的管理方法。

通用管理方法主要包括任务管理法、人本管理法、目标管理法及系统管理法。

（1）任务管理法

任务管理法是人们最早研究的一种科学管理方法。

任务管理法的基本内容，可以概括为通过对时间、动作研究确定标准作业任务，并将任务落实到员工。也就是说，员工的作业在于完成管理人员规定的任务，并获取相应的报酬。

任务管理法的基本步骤包括任务设定、任务分配、任务执行、任务监控、任务总结与反馈。任务设定一定要做到明确性、可衡量性、可实现性、相关性、有时限性；任务分配要在了解团队成员的基础上明确责任，同时还要加强沟通协调；任务执行应以计划制订为前提，强化员工自我管理，提倡团队协作；任务监控主要做好进度跟踪、质量评估、风险控制；任务总结与反馈一定要及时，同时还要和奖励与激励挂钩。

任务管理法是否具有有效性的关键是所规定工作量的定额制定科学合理。如果定额仍是依靠经验或习惯来确定，那就只是具有任务管理的形式，实质则仍然是经验管理。

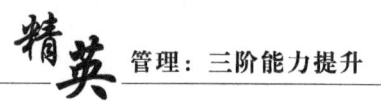

（2）人本管理法

人本管理不同于"见物不见人"或把人作为工具、手段的传统管理模式，它是在深刻认识人性以及人在社会经济活动中作用的基础上，突出人在管理中的地位，实现以人为中心的管理。具体来说，管理者需要关注员工的需求、动机和行为，激发员工的积极性和创造力，提高员工的工作满意度和忠诚度。主要包括如下几层含义。

①依靠人——全新的管理理念。决定一个企业乃至一个社会未来发展水平的核心因素不是机器设备，而是人拥有的知识、智慧、才能和技巧。

②开发人的潜能——最主要的管理任务。人不可能完美，管理者的任务在于如何做到人尽其才，在发挥其特长的基础上，最大程度地调动人们的积极性，释放其潜藏的能量，让人们以极大的热情和创造力投身于事业之中。

③尊重每一个人——企业最高的经营宗旨。企业要想持续健康发展，不仅要尊重每一位消费者、每一个用户，更要尊重每一名员工。

④塑造高素质的员工队伍——组织成功的基础。每一个企业都应把培育和提高员工的整体素质作为经常性的任务。

⑤凝聚人的合力——组织有效运营的重要保证。管理者不仅要研究每一成员的积极性、创造力和素质，还要研究整个组织的凝聚力与向心力，形成整体的强大合力。

有效地进行人本管理，关键要做好企业动力、压力、约束机制建设，使每一个员工不是处于被管的被动状态，而是处于自动运转的主动状态，激励员工奋发向上、励精图治的精神。

①动力机制：形成员工内在追求的强大动力，主要包括物质动力和精神动力，即利益激励机制和精神激励机制。二者应相辅相成，不可过分强调一方而忽视另一方。

②压力机制：使人有一种危机感，从外界给予员工强大的动力，包括竞争压力和目标责任压力。

③约束机制：使人知道应当做什么，如何去做并怎样做对，规范员工的行为，包括制度规范和伦理道德规范。前者是企业的法规，是一种强制约束，后者主要是自我约束和社会舆论约束。

（3）目标管理法

目标管理法亦称"成果管理"，俗称责任制，是指在企业个体职工的积极参与下，自上而下地确定工作目标，并在工作中能够以目标为导向实行"自我控制"，自下而上地保证目标实现的一种管理办法。

当组织最高层管理者确定了组织目标后，必须对其进行有效分解，转变成各个部门及各个人的分目标，管理者根据分目标的完成情况对下级进行考核、评价和奖惩。

目标管理的关键是组织目标成为组织每个成员、每个层次、部门等的行为方向和激励手段，同时使其成为评价组织每个成员、每个层次、部门等工作绩效的标准，从而使组织能够有效运行。

目标管理的实施分三个阶段：第一个阶段为企业目标体系的设置，包括目标确定、目标分解；第二个阶段为实现目标过程的管理，包括目标执行、目标监控；第三个阶段为测定与评价所取得的成果，包括结果评估、过程评估。

（4）系统管理法

系统管理法根据企业具有的系统特征，从整体出发，着眼于整体与部分、整体与结构、整体与层次、整体与环境的相互联系和相互作用，以求得管理的整体优化。

运用系统管理方法，要求遵循以下原则：

①按系统整体性的特点建立企业管理系统，以追求整体优化为目标；

②依据系统目的性的特点明确企业各部分要实现的目的；

③按系统内部层次性特点完善企业组织架构，理顺层次关系，明确工作范围，实现企业系统整体协调发展；

④根据系统结构性的特点把握企业内部结构变化规律，适时调整，以求平衡发展；

⑤根据系统的相关性特点使企业管理系统适应环境，增强功能。

1.4　管理者工作中常犯的错误

1. 职能管理者的核心工作内容

围绕管理工作的两大目标，实践中要保持组织与部门的有序运转，职能管理者一是要以制度来约束员工的行为，让每一个人都不能做"坏事"；二是要通过流程来规范分工基础上的协作，让每个人都知道下一步怎么做。

要实现组织与部门的高效运转，职能管理者一是要以使命、愿景、目标来引领，让员工找到工作的意义，对未来充满希望，调动员工的工作激情；二是要通过培训、指导、激励来提升员工的工作技能。

职能管理者的核心工作内容如图1-6所示。

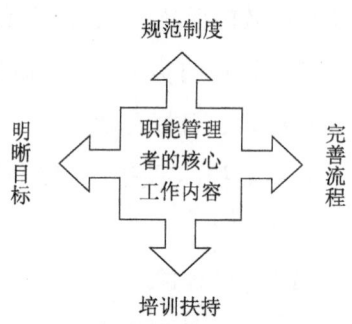

图1-6　职能管理的核心工作内容

2. 管理者工作中经常出现的一般性问题

①不清楚制度制定与流程完善，关注的是过程与做法。

②角色没有充分转换，喜欢做具体的工作。

③习惯依靠自己努力去完成任务。

④事无巨细，不善于授权。

⑤虽有工作目标，但缺乏目标实施过程的有效控制。
⑥不善于、不习惯做计划，或者以"计划赶不上变化"为由忽视计划。
⑦工作安排缺乏统筹，普遍存在应急"救火"现象。
⑧学习意愿不强，不能随着社会发展持续提升自己。
⑨不善于建立有效的工作网络、工作团队。
⑩认为对人的管理是人事部门的事。

3. 下属角色的管理者常犯的错误
①把自己当成"民意代表"，喜欢与上级讨价还价。
②部门"一亩三分地"意识过强，把自己当成"领主"。
③把自己当成公司的"判官"，关注的不是工作成果而是公司政策的好坏。
④忽视自己的职务和身份，把自己看成"自然人"，言行过于随意。
⑤向上错位，总想着替上司做出决策。

4. 上司角色的管理者常犯的错误
①眼中看到的都是问题，理不清目标。
②总是盯着下属的不足，不能做到用人所长。
③未能帮助员工成长与启发下属。
④关注的是下属的工作手段或实施过程而不是结果。
⑤把自己当成"业务员、技术员"。
⑥不当领导，只做哥们，喜欢做"老好人"。
⑦权力欲望过大，摆"官僚"架子。
⑧出现问题推责下属，拒绝承担个人责任。
⑨以"公平"为借口，对下属实行一视同仁的管理。
⑩纵容能力不足的人或眼中只有业绩"巨星"。

5. 同事角色的管理者常犯的错误

①缺乏主动协作意识。

②本位主义，自扫门前雪。

③关注部门利益，忽视整体利益。

6. 管理者工作中出现问题的原因及处理方法

无论是管理者的一般性问题还是作为特定的角色常犯的错误，出现以上问题的主要原因有以下几方面：

①管理者思想境界与觉悟不够，心态没有摆正；

②管理理论知识缺乏，对管理特性认识不足；

③管理者对自身所扮演的角色定位与本质内涵认识不清；

④管理者应具备的能力不足；

⑤管理者管理技巧与工具掌握不充分；

⑥管理者对从员工到管理者身份转变过程中工作性质的转变认知不足。

管理者在实践工作中要避免出现以上问题，以便真正高效地开展工作。管理者要想在协同中实现部门与企业的健康发展，关键是要做好以下几点：

①时刻牢记管理的两大工作目标；

②调整心态、淡化权力，将服务与责任意识放在第一位；

③以"个人利益、部门利益服从企业整体利益"为原则，处理好个人与群体、部门与企业之间的利益关系；

④强化管理理论的学习，很好地理解管理的科学性与艺术性；

⑤在对人性理论理解的基础上，做好内涵"公平性"与形式"多样性"之间的平衡；

⑥管理者要提升自身的能力与素养，实践中灵活运用管理技巧与工具；

⑦认清自己的多重身份，适时做好角色转换，摆正自己的位置；

⑧对从员工到管理者身份转变带来的工作性质转变要有清晰的认识。

第 2 章　激励理论与技能

2.1　激励理论概述

激励的实质就是通过一定的手段对人的需求和动机施加影响，从而达到引导、改变、强化人的某种行为的目的。换言之，激励过程是一个引导、改变和强化人的行为的过程。

激励理论即研究如何调动人的积极性的理论，它是关于如何满足人的各种需要、调动人的积极性的原则和方法的概括总结；是通过特定的方法与管理体系，将员工对组织及工作的承诺最大化的过程。

员工工作效率和能力与其工作态度有直接关系（见图 2-1），而工作态度通常取决于员工自身需要的满足程度。

根据以上规律，激励的目的在于激发人的正确行为动机，调动人的积极性和创造性，以充分发挥人的智力效应，做出最大业绩。

根据研究的重点不同，激励理论又可分为内容型激励理论、过程型激励理论和行为改造型激励理论。

内容型激励理论研究的重点是人的"需要"，回答了以什么为基础或根据什么才能激发、调动起员工工作积极性的问题。

过程型激励理论认为，通过满足人的需要实现组织目标有一个过程，即需要通过制订一些目标满足人们的需要,从而激发人的行动。

行为改造型激励理论是研究如何改造和转化人们的行为,使其实现目标的一种理论。

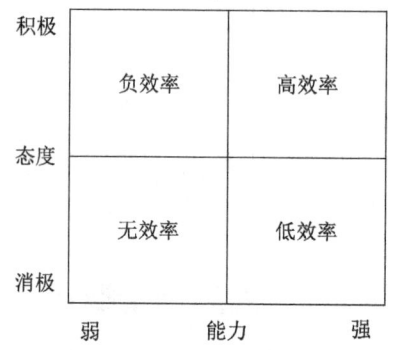

图 2-1　员工工作效率与能力、态度的关系

2.2　内容型激励理论及其应用

内容型激励理论重点研究激发动机的诱因,主要包括亚伯拉罕·哈罗德·马斯洛的需要层次理论、弗雷德里克·赫茨伯格(Fredrick Herzberg)的双因素理论和戴维·麦克利兰(David McClelland)的成就需要激励理论、克雷顿·奥尔德弗(Clayton Alderfer)的 ERG 理论等。

1. 需要层次理论

(1) 需要层次理论的内容

马斯洛于 1943 年提出了需要层次理论,他把人类纷繁复杂的需要分为生理需要、安全需要、情感与归属需要、尊重需要和自我实现需要五个层次,如图 2-2 所示。

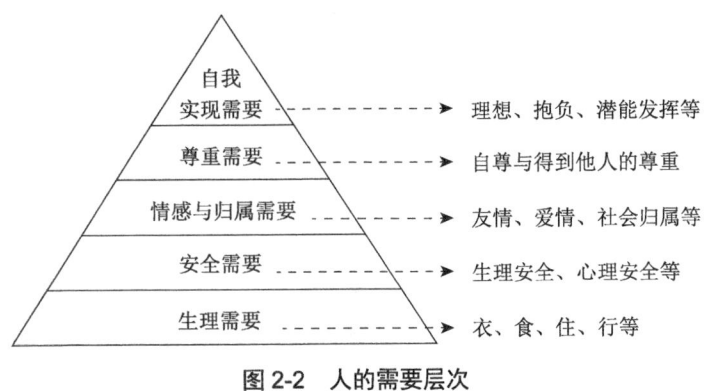

图 2-2 人的需要层次

①生理需要是人类维持自身生存的最基本要求，包括衣、食、住、行等方面的要求。

②安全需要是人类要求保障自身安全、摆脱失业和丧失财产威胁、避免职业病侵袭等方面的需要。

③情感与归属需要包括两个方面的内容。一是友爱的需要，即人人都需要与伙伴、同事之间的关系融洽或保持友谊和忠诚；希望爱别人，也渴望得到别人的爱。二是归属的需要，即每个人都有一种归属于一个群体的情感需求，希望成为群体中的一员，并相互关心和照顾。

④尊重需要分为内部尊重和外部尊重。内部尊重是指一个人希望在各种不同情境中有实力、能胜任、充满信心、能独立自主，内部尊重就是人的自尊。外部尊重是指一个人希望有地位、有威信，受到别人的尊重、信赖和高度评价。

⑤自我实现需要是最高层次的需要，指实现个人理想、抱负，发挥个人能力到最大程度，完成与自己的能力相称的一切事情的需要。也就是说，人必须干称职的工作，这样才会使他们感到最大的快乐。

（2）需要层次理论的核心观点

五种需要像阶梯一样从低到高、按层次逐级递升，但次序不是完全固定的，可以变化。

一般来说，低一层次的需要相对满足了，追求更高一层次的需要就成为驱使行为的动力。相应的，低层次需要获得的满足就不再是激励力量。生理需要、安全需要、情感与归属需要属于低级的需要，它们通过外部条件就可以满足。尊重需要、自我实现需要是高级需要，它们只有通过内部因素才能满足，而且一个人对尊重和自我实现的需要是无止境的。同一时期，一个人可能有几种需要，但总有一种需要占支配地位，对行为起决定作用。各层次的需要相互依赖和重叠，高级需要被激发后，低级需要仍然存在，只是对行为影响的程度大大减小。

（3）需要层次理论在管理实践中的应用

了解员工的需要是对员工进行激励的一个重要前提，不同时期的员工以及组织中不同的员工的需要充满差异性，而且经常变化。管理者应该经常用各种方式进行调研，弄清员工的需求未得到满足的原因是什么，然后有针对性地进行激励。比如：

①员工的生理需要可以通过增加工资、改善劳动条件、给予更多的业余时间和工间休息、提高福利待遇等来满足；

②员工的安全需要可以通过完善规章制度、职业保障、福利待遇，提供医疗保险、失业保险和退休福利、避免多个领导指挥等来满足；

③员工的情感与归属需要可以通过提供同事间社交往来机会、在企业与部门内营造和谐温馨的人际关系、开展丰富多彩的集体活动等来满足；

④员工的尊重需要可以通过公开奖励和表扬、强调工作任务的艰巨性及成功所需要的高超技巧、颁发荣誉奖章、在公司刊物发表文章表扬、优秀员工光荣榜等来满足；

⑤员工的自我实现的需要可以通过授权、给予挑战性的工作、给有特长的人委派特别任务、在设计工作和执行计划时为下级留有余地等来满足。

2. 双因素理论

（1）双因素理论的内容

双因素理论又叫激励－保健理论，是美国的行为科学家赫茨伯格1959年提出来的。

赫茨伯格将影响员工工作绩效的因素分为两类：保健因素和激励因素。

保健因素的内容包括公司政策、管理措施、监督、人际关系、物质工作条件、工资、福利等。赫茨伯格认为这些工作以外的因素得到满足，能消除员工不满情绪，维持原有的工作效率，但不能激励人们更积极的行为。

激励因素包括成就、赞赏、工作本身的意义及挑战性、责任感、晋升、发展等。赫茨伯格认为这些与工作本身或工作内容有关的因素得到满足，可以产生很大的激励效果，提高工作效率。

（2）双因素理论的核心观点

①不是所有的需要得到满足都能激发人们的积极性。

②属于保健因素内容的需要如果得不到满足，将会引起员工的强烈不满，使之消极怠工。

③属于保健因素内容的需要得到一定程度改善后，无论再如何提高也很难激发员工的工作积极性。

④激励因素的改善能够使员工感到满意，可以极大地激发员工的工作热情，提高劳动生产效率。

⑤激励因素如果得不到满足，不会像保健因素那样使员工产生不满情绪。

⑥激励因素是以工作为核心的，主要是在员工工作时发生的。

（3）双因素理论在管理实践中的应用

管理者要调动员工的积极性、提升员工的工作效率，要对存在的各因素进行质的分析与划分，明确保健与激励因素；还要对存在的各因素进行量的分析与划分，既保障保健因素的基本满足，又尽量加大激励因素的成分。

真正能激励员工的因素有：工作表现机会、工作带来的愉快、工作上的成就感、有效的工作反馈、良好的工作成绩而得到的奖励、对未来发展的期望、职务上的责任感等。

3. 成就需要激励理论

（1）成就需要激励理论的内容

成就需要激励理论，又称"三种需要理论"，是由美国哈佛大学教授麦克利兰在20世纪50年代提出的。这种理论把人的基本需要分为成就需要、权力需要和情谊需要三种：

①成就需要是指追求卓越、争取成功、希望做到最好等的需要；

②权力需要是指影响或控制他人且不受他人控制的欲望；

③情谊需要是建立友好亲密的人际关系、寻求被他人喜爱和接纳的愿望。

（2）成就需要激励理论的核心观点

三种需要在每个人的需要结构中有主次之分，当人们的主需要在满足了以后往往会渴望更大的满足。换句话说，拥有权力者更追求权力、拥有亲情者更追求亲情、拥有成就者追求更大成就。成就需要对于个人、团体和社会的发展起着至关重要的作用：

①高成就需要的人喜欢能独立负责、可以获得信息反馈和中度冒险的工作环境；

②高成就需要的人注重自己努力的结果，但是不喜欢那种需要长时间才能看出效果的工作；

③高权力需要的人善于提出问题和要求，喜欢教训别人、并乐于演讲；

④高权力需要的人喜欢"承担责任"，喜欢竞争性和地位取向的工作环境；

⑤高情谊需要的人更倾向于与他人交往，喜欢合作而不是竞争的工作环境，希望彼此之间的沟通与理解。

（3）成就需要激励理论在管理实践中的应用

管理者在对员工实施激励时需要考虑每个人三种需要的强烈程度，有针对性地采取相应的激励措施：

①成就需要强烈的人习惯于专注做好自己的事，不喜欢牵涉他人，不一定适合当领导人；

②权力需要是管理成功的基本要素之一，权力需要强烈的人适合担任组织的领导工作；

③情谊需要强烈的管理者容易因为讲究交情和义气而违背或不重视管理工作原则，从而会导致组织效率下降。

4. ERG 理论

（1）ERG 理论的内容

美国耶鲁大学的奥尔德弗在马斯洛提出的需要层次理论的基础上，提出了一种新的人本主义需求理论。他认为将职工的需要分为三类较为合理和有效，即生存（Existence）的需要、相互关系（Relatedness）的需要和成长（Growth）的需要。这一理论被称为 ERG 理论，具体如下：

①生存的需要与人们基本的物质生存需要有关，包括马斯洛认为的生理需要和安全需要的内容；

②相互关系的需要指人们对于保持重要的人际关系的要求，即对维持人与人之间友善关系的渴望，包括马斯洛的情感与归属需要及尊重需要中的得到他人的尊重；

③成长的需要表示个人谋求发展的内在愿望，即个人自我发展和自我完善的需求，包括马斯洛的尊重需要中的自尊内容和自我实现需要。

（2）ERG 理论的核心观点

除了用 3 种需要替代了 5 种需要以外，与马斯洛的需要层次理论不同的是，ERG 理论还表明了：

①在人的行为背后同一时间可能有不止一种需要在起作用；

②如果较高层次需要的满足受到抑制的话，那么人们对较低层次的需要的渴望会变得更加强烈；

③人的某种需要在得到基本满足后，其强烈程度不一定会减弱，还可能会增强，如图 2-3 所示。

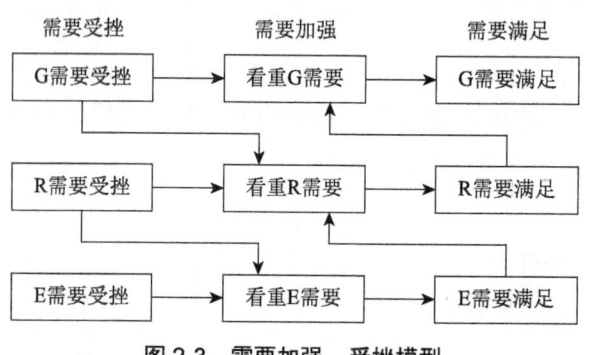

```
需要受挫              需要加强              需要满足
┌────────┐         ┌────────┐         ┌────────┐
│ G需要受挫│────────→│看重G需要│────────→│ G需要满足│
└────────┘         └────────┘         └────────┘
     ↑                  ↑
┌────────┐         ┌────────┐         ┌────────┐
│ R需要受挫│────────→│看重R需要│────────→│ R需要满足│
└────────┘         └────────┘         └────────┘
     ↑                  ↑
┌────────┐         ┌────────┐         ┌────────┐
│ E需要受挫│────────→│看重E需要│────────→│ E需要满足│
└────────┘         └────────┘         └────────┘
```

图 2-3　需要加强 – 受挫模型

（3）ERG 理论在管理实践中的应用

作为一名领导者，不仅要掌握充满活力的需要理论，还要善于将满足员工需要所设置的目标与企业的目标密切结合起来，同时应特别注重下属较高层次需要的满足，以防止"受挫 – 回归"现象的发生。

2.3　过程型激励理论及其应用

过程型激励理论着重研究人从动机产生到采取行动的心理过程，主要包括维克托·弗鲁姆（Victor Vroom）的期望理论、约翰·斯塔希·亚当斯（John Stacey Adams）的公平理论等。

1. 期望理论

（1）期望理论的内容

期望理论又称作"效价－手段－期望理论"，是由北美著名心理学家和行为科学家弗鲁姆于 1964 年提出来的。

弗鲁姆认为，一种激励因素的作用大小取决于两个方面：期望和效价的大小。激励力量等于期望值和效价的乘积，即：

$$激励力量 = 期望值 \times 效价 \qquad (2\text{-}1)$$

在公式（2-1）中，激动力量指调动个人积极性、激发人内部潜力的强度；期望值是根据个人的经验判断达到目标的可能性大小（主观概率）；效价则是所能实现的目标对满足个人需要的价值。

（2）期望理论的核心观点

效价受个人价值取向、主观态度、优势需要及个性特征的影响，同一目标对组织不同的人效价大小并不相同。例如 1000 元奖金对生活困难者可能很有价值，而对百万富翁来说意义不大。

如果个人喜欢其可得的结果，则为正效价；如果个人漠视其结果，则为零值；如果不喜欢其可得的结果，则为负效价。

例如：希望通过努力工作得到升迁机会的人，在他心中，升迁的效价就很高；如果他对升迁漠不关心、毫无要求，那么升迁对他来说效价就等于零；如果这个人对升迁不仅毫无要求，而且害怕升迁，那么升迁对他来说效价就是负值。

现实中，目标的效价与期望一般会呈现负相关。难度大、成功率低的目标能满足个体的成就需要，具有高效价；而成功率很高的目标则会由于缺乏挑战性，导致总效价降低。

设计与选择适当的外在目标，使其既给人以成功的希望，又使人感到值得为此而奋斗，是激励过程中的关键问题。

（3）期望理论在管理实践中的应用

管理者要激励员工，就必须让员工清楚以下几点：

①工作能提供给他们真正需要的东西；

②他们欲求的东西是和绩效联系在一起的；

③只要努力工作就能提高他们的绩效。

管理者给员工制定工作定额时，要让员工经过一定的努力才能完成，这才有利于调动员工的积极性。定额标准太高使员工因失去完成的信心而不努力去做；定额标准太低，员工期望虽高但太容易的工作会影响成就感，让效价降低，对员工也不会起到激励作用。

另外，依据期望理论，管理者要对员工实现有效的激励，必须事先明晰企业相关的制度与政策，只有这样，员工才能事先对效价与期望做出合理的评判，如图2-4所示。

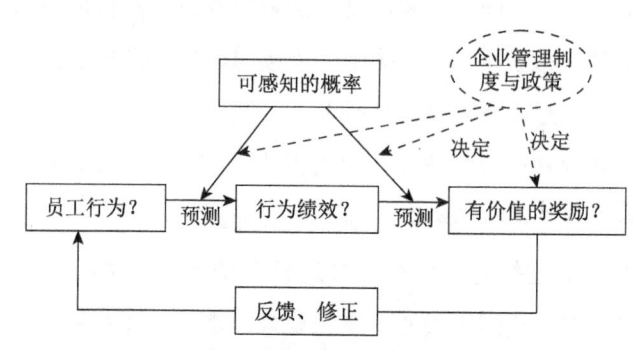

图2-4 员工行为表现与企业管理制度的关系

2. 公平理论

（1）公平理论的内容

公平理论又称社会比较理论，由美国心理学家亚当斯于1965年提出来的，他认为员工的激励程度来源于对自己和参照对象（Referents）的报酬和投入的比例的主观比较感觉。

换句话说，人能否受到激励，不但受到他们得到了什么而定，还要受到他们所得与别人所得是否公平而定。如下式所示：

$$Op/Ip = Oo/Io \qquad (2\text{-}2)$$

在公式（2-2）中，Op 代表一个人对自己所获报酬的感觉；Ip 代表一个人对自己所做投入的感觉；Oo 代表这个人对比较对象所获报酬的感觉；Io 代表这个人对比较对象所做投入的感觉。

除了和别人比较之外，人们还会把自己目前投入的努力与所获得报偿的比值，同自己过去投入的努力与过去所获报偿比值进行比较，只有相等时他们才认为公平。如下式所示：

$$Op/Ip = Oh/Ih \qquad (2\text{-}3)$$

其中，Oh 表示自己对过去所获报酬的感觉；Ih 表示自己对个人过去投入的感觉。

（2）公平理论的核心观点

①当一个人做出了成绩并取得了报酬以后，他不仅关心自己的所得报酬的绝对量，而且关心自己所得报酬的相对量。

②当人们感到不公平待遇时会产生苦恼，呈现紧张不安的情绪，导致行为动机下降，工作效率下降，甚至出现逆反行为。

③为了消除不安，一般会出现以下一些行为：通过自我解释达到自我安慰，造成一种公平的假象；更换对比对象，以获得主观的公平；采取一定行为，改变自己或他人的得失状况；发泄怨气，制造矛盾；暂时忍耐或逃避。

（3）公平理论在管理实践中的应用

依据公平理论，管理者要激励员工必须注意做好以下几个方面：

①管理者的管理行为必须遵循公平原则；

②如领导处事不公，职工必将选择受领导"照顾者"作比较基准，以致增大比较结果的反差而产生不公平心理；

③报酬的分配要以科学的考核机制为前提，确保程序的公平；

④员工公平感觉是主观的，管理者要引导职工形成正确的公平感。

2.4 行为改造型激励理论及其应用

行为改造型激励理论是指关于研究如何改造和转化人的行为，如何使人的心理和行为由消极转变为积极，以有益于组织运作和发展的理论。主要包括强化理论、归因理论和挫折理论。

1. 强化理论

（1）强化理论的内容

强化理论（Reinforcement Theory）也称为行为修正理论或行为矫正理论，是由美国心理学家伯尔赫斯·斯金纳（Burrhus Skinner）首先提出，他认为人的行为是对其所获得的外部刺激的反应。如果外部刺激对他有利，人的某种行为就会重复出现；若对他不利，则这种行为就会减弱直至消失。

根据强化的性质和目的可把强化分为正强化和负强化。

在管理上，正强化就是奖励那些组织上需要的行为，从而加强这种行为；负强化就是惩罚那些与组织不兼容的行为，从而削弱这种行为。

正强化的方法包括奖金、对成绩的认可、表扬、改善工作条件和人际关系、提升、安排担任挑战性的工作、给予学习和成长的机会等。负强化的方法包括批评、处分、降级等，有时不给予奖励或少给奖励也是一种负强化。

实践工作中，强化理论的具体运用方式可以有四种。

①正强化，就是奖励那些符合组织目标的行为，以便使这些行为得以进一步的加强、重复出现。

②惩罚，当员工出现一些不符合组织目标的行为时，采取惩罚的办法，可以约束这些行为少发生或不再发生。

③负强化，强调的是一种事前的规避，与俗语"杀鸡儆猴"有点相似，

对出现了违规行为的"鸡"加以惩罚，让意欲违规的"猴"从中深刻地意识到组织规定的存在，从而加强对自己行为的约束。

④忽视，就是对已出现的不符合要求的行为进行"冷处理"，达到"无为而治"的效果。

另外，在强化时，还可以使用高频的活动作为低频活动的强化物，或者用人们喜爱的活动去强化人们参与不喜爱的活动。如对一个不爱吃蔬菜的小孩来讲，父母常说的"你吃完这些青菜，就可以去玩"就是一个强化的例子。

（2）强化理论的核心观点

人们的年龄、性别、职业、学历、经历不同，需要就不同，强化方式也应不一样；管理者要将大目标分解成许多小目标，完成每个小目标都及时给予强化，这样不仅有利于目标的实现，而且通过不断的激励可以增强信心；及时反馈对员工来讲意味着管理者"已注意到这种行为"，这也能起到正强化的作用；正强化比负强化更有效果。

（3）强化理论在管理实践中的应用

强化理论对管理实践有重要的指导作用，具体如下。

①奖励与惩罚相结合：对正确的行为，对有成绩的个人或群体给予适当的奖励；同时，对于不良行为，对于一切不利于组织工作的行为则要给予处罚；大量实践证明，奖惩结合的方法优于只奖不罚或只罚不奖的方法。

②以奖为主，以罚为辅：强调奖励与惩罚并用，并不等于奖励与惩罚并重；过多运用惩罚的方法，会带来许多消极的作用，在运用时必须慎重。

③及时而正确强化：及时是指让人们尽快知道其行为结果的好坏或进展情况；正确就是要"赏罚分明"；及时强化能给人们以鼓励，使其增强信心并迅速激发工作热情，但这种积极性的效果是以正确强化为前提的，相反，乱赏乱罚决不会产生激励效果。

④奖罚要因人而异，形式多样：要使奖罚成为真正强化因素，就必须因

人制宜地进行；应奖人之所需，罚人之所"痛"，形式多样化，只有这样才能起到奖罚的效果。

2. 归因理论

（1）归因理论的内容

归因理论（Attribution theory）最初是由弗里茨·海德（Fritz Heider）在1958年提出来的，是关于个人解释他人或自己行为原因的社会认知理论。换句话说，归因理论可以理解为根据他人或自己的言行或其他外部特征，推测其内在心理状态或原因的过程。

归因既包括对他人言行的归因，也包括对自己言行的归因。

海德认为，人有两种强烈的动机：一是理解环境的需要；二是控制环境的需要。为了满足这两种需要，普通人必须要对他人的行为进行归因，并且通过归因来预测他人的行为。

一般说来，人们对行为的归因包括三种倾向：

①把某种行为或结果归因于个人的自身原因，如身体状况，以及认知、情绪、态度、能力、个性等心理原因；

②归因于自身以外的环境原因，如待定的情境、氛围、人际关系、他人的影响，乃至自然环境等；

③归因于主客观两方面的交互作用，即：既看到自身因素的作用，又重视外部环境的客观影响。例如，员工将工作目标的完成情况一方面归因于个人的努力程度，另一方面还归因于得到领导和同事的关心和支持。

（2）归因理论的核心观点

归因，即对自己或他人成功和失败的原因解释会对以后的行为产生重大的影响；人们在评估他人的行为时，即使有充分的证据支持，但仍总是倾向于低估外部因素的影响，而高估内部或个人因素的影响；个体倾向于把成功归因于内部因素(如能力或努力)，而把失败归因于外部因素(如运气、环境等）；人们在对他人行为判断是常常会按照过去的经验走捷径。

（3）归因理论在管理实践中的应用

运用归因理论激励员工，管理者要注意根据不同员工对于成败归因的取向不同，因人而异地做好员工的思想工作，帮助员工正确归因，对于调动员工工作的积极性、开创性和坚持性具有十分重要的作用。

此外，管理者还应有目的、有系统地对员工的工作行为进行归因，这对于量才录用、合理分工、人尽其才、人尽其用，提高管理绩效具有重要的帮助。

3. 挫折理论

（1）挫折理论的内容

挫折理论是由美国学者亚当斯提出的，主要揭示人的动机行为受阻而未能满足需要时的心理状态，并由此而导致的行为表现，力求采取措施将消极行为转化为积极、建设性行为。

挫折是一种普遍存在的心理现象，挫折的产生是不以人们的主观意志为转移的。

人的动机导向目标时，受到阻碍或干扰可有四种情况：

①虽然受到干扰，但主观和客观条件仍可使其达到目标；

②受到干扰后只能部分达到目标或使达到目标的效益变差；

③由于两种并存的动机发生冲突，暂时放弃一种动机，而优先满足另一种动机，即修正目标；

④由于主观因素和客观条件影响很大，动机的结局完全受阻，个体无法达到目标。

最后一种情况下人的挫折感最大，第二和第三种情况次之。

（2）挫折理论的核心观点

引起挫折的原因既有主观的，也有客观的，主观原因主要是个人因素，如身体素质不佳、个人能力有限、认识事物有偏差、性格缺陷、个人动机冲突等；客观原因主要是社会因素，如企业组织管理方式引起的冲突、人际关系不协调、工作条件不良、工作安排不当等。

人是否受到挫折与许多随机因素有关，也因人而异。根据人的心理特点，受到挫折后的行为表现主要由两大类：

①采取积极进取态度，即采取减轻挫折和满足需要的积极适应态度；

②采取消极态度，甚至是对抗态度，诸如攻击、冷漠、幻想、退化、忧虑、固执和妥协等。

（3）挫折理论在管理实践中的应用

挫折是人类社会实践中绕不过去的坎，管理者不仅自己要正确面对，还要能够帮助员工以积极的心态和行为应对目标实现过程中遇到的挫折：

①要培养员工掌握正确战胜挫折的方法，帮助员工树立远大的目标，不要因为眼前的某种困难和挫折而失去前进的动力；

②要正确对待受挫折的员工，为他们排忧解难，维护他们的自尊，使他们尽快从挫折情境中解脱出来；

③要积极改变情境，避免受挫折员工"触景生情"，防止造成心理疾病和越轨行为。

2.5 企业激励实践与无成本激励方法

1. 企业员工士气不足的常见原因

①员工需求长期得不到满足。

②企业与员工个人的未来发展不清晰，看不到未来。

③管理者过于依赖于制度与流程，缺乏包容性，对员工的控制过严。

④管理者为员工确定的工作目标存在问题（目标不清、目标过低或者目

标过高）。

⑤管理者以责罚代替管理，员工总是挨批评。

⑥不公平：这有两种可能，一种是管理者主观上偏心、有偏见，或者事实掌握不清楚，给员工造成客观上的不公平；另一种是企业制度政策等不透明、操作的人为性，或者员工对公平的要求过于苛求，给员工造成主观感觉上的不公平。

2. 管理者应避免以下激励中常见问题

①中基层管理者常常把激励员工当作公司（或者是人力资源部门）的事情，认为激励员工与自己无关。

②把激励等同于奖励，过度依赖于物质手段。

③激励导向错误，过于看重行为的表现形式而不是行为的结果，注重简单的"加班奖励"。

④激励政策制定不合理，奖励"无错误"而非"有业绩"。

⑤在倡导"团队协作"的时代，管理政策制定还是以个人为中心，把个人作为激励对象。

3. 提升激励效果还需做好以下六点

①建立公平公正的激励机制，确保评估标准明确、一致，让员工清楚地知道如何获得奖励和回报。

②关注个体差异，在了解员工的个人需求和偏好基础上，根据员工的不同情况，灵活调整激励方式，提供个性化的激励措施。

③支持与鼓励创新，营造鼓励创新的工作环境，允许员工尝试新的方法和思路。

④管理者实施激励的内容一定要符合激励接受者的需要，并且能引起激励接受者的获得欲望。

⑤激励所提供的东西最好具有稀缺性和排他性，也就是说要使激励接受者能够获得某种独享权。

⑥要掌握好激励时机，激励形式与程度要合理，既不能"过"，也不能"不及"。

4. 企业对员工的激励应遵循以下原则

①公平原则。

②刚性原则。

③奖罚结合的原则。

④时机原则，激励要及时。

⑤清晰原则，以结果为导向，激励的行为指向要清晰。

⑥多样性原则，激励形式要因激励对象而异，形式要多样。

5. 管理者采取奖罚激励要有艺术

①事先明确组织的奖罚规则，应对事不对人。

②奖罚程度要适当。

③奖惩时机要及时。

④组织奖罚条例要公之于众，确保奖罚的公平性。

⑤责罚后应对当事人提出忠告和建议。

⑥建立申诉制度，允许责罚对象为自己的行为辩护。

⑦擅用"三明治"责备法，即"肯定过去＋责备现在＋期待未来"。

6. 管理者可使用的无成本激励法

（1）信任

给予员工信任是最为有效的激励方式之一。

（2）不断认可

杰克·韦尔奇（Jack Welch）曾说："我的经营理论是要让每个人都能感

觉到自己的贡献，这种贡献看得见、摸得着，还能数得清。"当员工完成了某项工作时，最需要得到的是上司对其工作的肯定。

管理者采用认可激励的方法可以诸如发一封邮件给员工，或是打一个私人电话祝贺员工取得的成绩或在公众面前跟他握手并表达对他（她）的赏识。

（3）真诚赞美

称赞员工并不复杂，根本无须考虑时间与地点的问题，随处随时都可以称赞员工。比如，在公司内部的公告栏、邮件群组或企业社交平台上公开表彰优秀员工。这不仅能让被表扬的员工感到自豪，还能激励其他员工向他们学习，达成意想不到的激励效果。

赞美激励要有效果，必须要有具体的赞美指向，否则会让员工觉得敷衍。

（4）荣誉与头衔

为工作成绩突出的员工颁发荣誉称号，强调公司对其工作的认可，让员工知道自己是出类拔萃的，更能激发他们工作的热情。比如，在团队内设立诸如"每周之星""月度榜样""创意天使""智慧大师"等各种荣誉称号，每月、每季、每年可评选一次，并举行适当隆重的颁发荣誉的仪式，让所有团队成员为荣誉而欢庆。

（5）给予一对一指导

一对一指导意味着上司注重员工的发展，而管理者花费的仅仅是时间。但这一花费的时间传递给员工的信息却是："你非常在乎他们！"对于员工来说，并不在乎上级能教给他多少工作技巧，而在乎你究竟有多关注他。

（6）提供培训与学习机会

为员工提供内部培训课程、在线学习资源或参加行业研讨会的机会。也可以根据员工的岗位需求和个人兴趣，向其推荐适合的学习资源。

（7）灵活的工作安排

允许员工根据自己的需求调整工作时间或地点，如实行弹性工作制。对于有特殊情况的员工，如需要照顾家庭的员工，可以给予一定的工作安排上的灵活性。

（8）授权

授权是一种十分有效的激励方式。授权可以让下属感到自己担当大任，感到自己受到重视和尊重，感到自己与众不同，感到自己受到了上司的偏爱和重用。在这种心理作用下，被授权的下属自然会激发起潜在的能力。

（9）委派重要任务

给予员工具有挑战性的重要任务，让他们感受到自己被信任和重视。比如，让有潜力的员工负责领导一个跨部门的项目。在委派任务时，明确表达对员工能力的信任，并提供必要的支持和指导。

当然，通过赋予挑战性工作激励员工一定要量力而行，切莫一下子把员工压趴下了，那就适得其反了。

（10）邀请参与决策

邀请员工参与公司的决策过程，征求他们的意见和建议，让员工感到自己是公司的一分子，有机会为公司的发展贡献自己的智慧。

（11）团队集会

不定期的聚会可以增强凝聚力，同时反过来也有助于增强团队精神，而这样做会对工作环境产生影响，营造一个积极向上的工作氛围。如中秋节前夕的晚会、元旦前的野餐、重阳节的爬山、员工的生日聚餐、团队庆功会等，这些都可以给员工带来温馨的体验与团队归属的激励。

第3章　绩效考核

绩效考核指企业在既定的战略目标下，运用特定的标准和指标，对员工的工作行为及取得的工作业绩进行评估，并运用评估的结果对员工将来的工作行为和工作业绩产生正面引导的过程和方法。

美国组织行为学家约翰·伊凡斯维奇（John Lvanovich）认为，绩效考核可以达到八个目的：

①为员工晋升、离职及调职的决定提供依据；

②组织对成员的绩效评估进行反馈；

③对员工及团队给予组织的贡献进行评价；

④为员工的报酬决策提供依据；

⑤对招聘选择和工作分配的决策进行评估；

⑥了解员工和团队的培训和教育需要；

⑦对培训和员工职业生涯规划效果进行评估；

⑧为工作计划、预算评估和人力资源规划提供信息。

3.1　绩效考核的标准

绩效考核标准是考核者通过测量或通过与被考核者约定所得到的衡量各项考核指标得分的基准，它犹如一根"标尺"，只有使用它才能对员工的工作表现进行明确的反映和评价。建立科学的绩效考核标准是企业绩效管理工作的第一步。

绩效考核标准尽管可有多项，每一项也有很明细的要求，但衡量绩效考核标准科学性的原则只有两条：是否使工作成果最大化；是否有助于提高组织效率。

1. 绩效考核标准的组成

绩效考核标准由考核要素、考核标志、考核标度三个要素组成。即：

$$绩效考核标准 = 考核要素 + 考核标志 + 考核标度$$

（1）考核要素

考核要素是指对员工在工作中的各项要求，岗位说明书就是构成绩效考核要素的主要内容。

（2）考核标志

考核标志是对考核要素的含义做进一步细化说明。

（3）考核标度

考核标度是用于描述考核要素或标志的状态、水平变化与分布情形的顺序和刻度，它有三种表现形式。

①量词式标度，即使用一些带有程度差异的形容词、副词、名词等修饰性词组来揭示有关考核要素与标志的状态。例如，好、较好、一般、较差、差。

②等级式标度，即用一些等级顺序明确的词、字母或数字来揭示考核要素与标志的状态和水平变化。例如，"优、良、中、差""甲、乙、丙、丁""一、二、三、四"等。

③数量式标度，是一种用分数来揭示考核要素与标志状态的方法，它又可以采取离散型打分和连续型打分两种方式，如表 3-1、表 3-2 所示。

表 3-1　离散型标度

考核要素	考核标志	考核标度
综合分析能力	能抓住问题实质、分析透彻	10 分
	基本能把握问题实质、分析较为透彻	5 分
	抓不住问题实质、分析肤浅	0 分

表 3-2　连续型标度

考核要素	考核标志	考核标度
团队协作精神	能主动积极支持协同他人工作	4.5～5 分
	对他人工作上的要求都能给予支持	3.5～4.5 分
	对他人工作上的要求基本上能给予支持	2.5～3.5 分
	偶尔同他人合作	1～2.5 分
	我行我素	1 分以下

2. 绩效考核标准的分类

绩效考评标准从不同的角度可以有不同的分类。

（1）按评价手段分

按评价手段可把绩效考核标准分为定量标准和定性标准。

①定量标准，就是用数量作为标度的标准，如工作能力和工作成果一般用分数作为标度。

②定性标准，就是用评语或字符作为标度的标准，如对员工性格的描述。

（2）按评价尺度分

按评价尺度可将绩效考核标准分为类别标准、等级标准、等距标准和比值标准。

①类别标准，是用类别尺度作为标度的标准，它实质上同定量标准中采取诸如"一、二、三、四"等数字符号为标度的标准相同。

②等级标准，是用等级尺度作为标度的标准，它实质上同定性标准中采取诸如"优、良、中、差"等符号为标度的标准相同。

③等距标准，是用等距尺度作为标度的标准。与等级标准不同的是，用等距标准测得的分数可以相加，而等级标准测得的分数不能相加。

④比值标准，是用比值作为标度的标准。这类标准所指的对象通常是工作的数量与质量、出勤率等。

（3）按标准属性分

按标准的属性可将绩效考核标准分为绝对标准和相对标准。

①绝对标准，就是建立员工工作的行为特质标准，然后将达到该项标准列入评估范围内，而不在员工相互间作比较。绝对标准的评估重点在于以固定标准衡量员工，而不是与其他员工的表现作比较。

②相对标准，就是将员工间的绩效表现相互比较，即以相互比较来评定个人工作的好坏，将被评估者按某种向度作顺序排名，或将被评估者归入先前决定的等级内，再加以排名。

（4）按考核标志揭示内涵分

按考核标志揭示的内涵可将绩效考核标准分为主观标准、客观标准和半客观半主观标准。

①主观标准，通常涉及对员工行为、态度、品质等方面的评价，这些标准难以量化，主要依靠评价者的主观判断。例如，岗位工作重要性、员工工作积极主动性等。

②客观标准，是指可以通过具体数据来衡量的标准。例如，产品合格率、次品率等。

③半客观半主观标准，结合了主观标准和客观标准，标志反映的内容和结果，既受客观因素影响，又受主观因素影响。例如，在新产品开发实验中确定的工作平均时间等。

3. 有效的绩效考核标准应具有的特征

绩效考核标准应该是员工经过努力后能够达成的，同时还应该明确、易于了解且能衡量。

良好的绩效考核标准必须具有完整性、协调性和比例性。

所谓完整性，是指各种标准相互补充、扬长避短，共同构成一个完整的整体，它反映了标准体系的配套性特征。

所谓协调性，是指各种标准之间在相关的质的规定方面不能有对立与冲突，应相互衔接、相互一致、协调发展，它反映了标准体系的统一性与和谐性。协调性有两种形式：一种是相关性的协调，如定性标准、同类别尺度标准就是同一种类型，应具有一致性；另一种是延伸性的协调。

所谓比例性，是指各种标准之间存在一定的数量比例关系，它反映了标准体系的统一性和配比性。

更进一步看，公司有效的绩效考核标准体系具备以下特征。

（1）标准是基于工作而非基于工作者

绩效考核标准应该根据工作本身来制定的，而不管谁在做这项工作。但每项工作的绩效考核标准应该就只有一套，而非针对每个从事该工作的人各订一套。

绩效考核标准和目标不同。目标应该是为个人而不是为工作而订，其典型特征是必须具有挑战性。因此，一位主管虽领导和指挥很多人从事相同的某项工作，他应该只订出一套工作标准，对每个下属却可以设定不同的目标，这些目标则根据员工个人之经验、技术、过去的表现而有所不同。

（2）标准是可以达到的

绩效考核的项目是在部门或员工个人的控制范围内，且是通过部门或个人的努力可以达成的。

（3）标准是为人所知的

绩效考核标准对主管及员工而言，都应该是清楚明了的，如果员工对

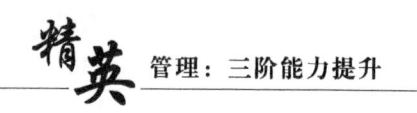

绩效评估标准概念不清,则不能确定努力方向;如果主管不清楚绩效评估标准,则无从衡量员工表现之优劣。

(4)标准是经过协商而制定的

主管与员工都应同意该标准确属公平合理,这点对于激励员工非常重要。员工认为这是自己参与制定的标准,自己有责任遵循该工作标准,达不到标准而受相应的惩戒时也不会有诸多抱怨。

(5)标准要尽可能具体且可以衡量

绩效考核的项目最好能用数据表示,一般属于现象或态度的部分,因为抽象而不够具体,就无法客观衡量、比较。有句管理名言说:"凡是无法衡量的,就无法控制。"

(6)标准有时间的限制

绩效考核资料必须定期且方便取得,否则某些评估将失去时效性,而没有多大的价值了。

(7)标准必须有意义

绩效考核项目是配合企业的目标来制定的,所采用的资料也应该是一般例行工作中可以取得的,而不应该是特别准备的。每一个层级、每一个职级的绩效考核标准都应该依据组织目标分解的结果来定,而不能孤立地另搞一套。

(8)标准是可以改变的

作为对员工工作状态进行评价的标尺,绩效考核标准需要保持一定的稳定性。但是,在公司发展环境发生较大变化时,比如引进了新的工作方法、添置新设备,或者其他工作要素发生了根本性的改变,原有的考核标准就会显得过时和僵化,随之也将失去它应有的效用。因此,绩效考核标准应随着组织内外环境的变化而定期的审查和改进。

需要切记的一点是,标准不能仅因为部分员工不能达到而改变。

4. 制定有效的绩效考核标准应遵循的原则

企业的绩效考核标准要做到公平、公开、公正，在标准的制定过程中必须遵循以下原则。

（1）目标清晰

对员工实行绩效考核的目的是让员工实现企业的目标和要求，所以目标一定要清晰。即要什么就考核员工什么。

（2）量化标准

考核的标准力求要客观，量化是最客观的表述方式。很多时候企业的绩效考核不能推行到位，沦为走过场，都是因为标准太模糊，要求不量化。

（3）良好心态

绩效考核的推行要求企业必须具备相应的文化底蕴，要求员工具备一定的职业化的素质。事实上，优秀的员工并不惧怕考核，甚至欢迎考核。

（4）薪酬挂钩

与薪酬不挂钩的绩效考核是没有意义的，考核必须与利益、与薪酬挂钩，才能够引起企业由上至下的重视和认真对待。

（5）具有实操性

绩效考核是企业的一种管理行为，是企业表达要求的方式，其过程必须为企业所掌控。

3.2 传统绩效考核方法介绍

1. 简单排序法

简单排序法也称序列法或序列评价法，它类似于学校对学生进行的"以成绩排名次"的做法，即对一批考核对象按照选定的一个考核要素排出

"1，2，3，4……"的顺序。

序列评价法简单易行，具体操作步骤是：

①选定考核要素；

②将需要进行评价的全体员工名单列示出来；

③对照考核要素，确定表现最好和最差的员工；

④在剩下的员工名单中再挑出最好和最差的员工；以此类推，直至所有被评价的员工都被排序。

因为序列评价法依据的考核要素单一，所以虽然它操作简单，却有着许多不足之处：

①以单一要素对员工进行评价缺乏全面性，很难准确地反映员工真实工作状态；

②当考核评价人数较多时，排序会费时费力，效果也不好；

③如果被考核员工工作性质存在差异，或者跨部门进行时，此种方法很难适用。

2. 强迫分配法

强迫分配法又称强制分配法，是根据统计学正态分布原理，按预先规定的比例将被评价者分配到各个绩效类别上的方法。其特点是两端的最高分、最低分者很少，处于中间者居多。

强迫分配法适用于被考核人员较多的情况，操作起来比较简便。由于遵从正态分布规律，可以在一定程度上减少由于考核人的主观性所产生的误差。此外，该方法也有利于管理控制，尤其是在引入员工淘汰机制的企业中，具有强制激励和鞭策功能。

但是，由于事先设定考核结果分布的百分比，因此这种考核方法往往不能做到完全的实事求是和客观公正，当给定的百分比和实际差距较大时，考核的准确度会进一步受到质疑。

3. 量表评价法

量表评价法又称量表评定法，是目前应用最广泛的绩效评价方法，它是根据设计的等级评价量表来对被评价者进行评价的方法。

操作步骤如下：

①依据岗位职责说明书，结合与工作业绩相关的典型行为，确定量表中考核要素；

②再把量表中每一业绩考核要素分成若干等级确定考核标志；

③依据等级确定的考核标志给出考核标度（分数），形成完整的量表；

④根据量表对被评价者进行打分或评级，最后加总得出总的评价结果。

量表评价法简单易行，但在考核中容易出现趋中误差，即考核者通常会趋于给出中间等级的分数。而且由于不同的考核者对量表中考核因素的理解不同，也会影响考核结果的客观性。

4. 关键事件法

它是由上级主管者记录员工平时工作中的关键事件：一种是做得特别好的；一种是做得不好的。在预定的时间，通常是半年或一年之后，利用积累的纪录，由主管者与被测评者讨论相关事件，为测评提供依据。

上级主管对员工的行为记录应遵循 STAR 原则，确保内容的完整性：

①情境（Situation），这件事情发生时的情境是怎么样的；

②目标（Target），他为什么要做这件事；

③行动（Action），他当时采取什么行动；

④结果（Result），他采取这个行动获得了什么结果。

这种方法以员工在整个考核期的表现为基础，可以避免考核中近期化误差。而且依据员工日常工作状况记录，也能使考核中出现主观误差的可能得到较好的控制。

但是这种方法也存在着不足：

①不同管理者对什么是关键事件的界定不同；

②给员工做"工作记录"会占用管理者很多时间；

③可能会使员工将主要精力集中在管理者所写的内容上；

④员工对"工作记录"产生抵触，不利于考核实施。

5. 行为锚定法

行为锚定法又称行为锚定量表法，是根据关键事件法中记录的关键行为设计考核的量表。行为锚定法实际上是量表法与关键事件法的结合，它将行为描述等级性量化，每一水平的行为均用某一标准行为加以界定，从而将定性的描述性关键事件法和量化的等级评价法的优点结合起来。

行为锚定量表法通常按以下五个步骤进行：

①获取关键事件，请对工作较为了解的专业人员对一些代表性的关键事件进行描述；

②初步定义绩效评价指标，由上述人员将关键事件合并成几个绩效考核要素；

③重新分配关键事件，重新审核关键事件在绩效考核要素中的分配，确定相应的绩效评价指标；

④确定各关键事件的评价等级；

⑤建立最终的行为锚定评价体系。

行为锚定法考核结果是否有效的关键是"行为锚"确定的合理性，所以为确保其真正具有代表性，应注意做好以下两点：

①认真确定参加量表编制的人选；

②实行"背靠背"编制原则，编制量表虽然是一个集思广益的过程，但设计初期，编制人员应"背靠背"独立思考、不许交流，以免扰乱思维。直到各自将设计的结果公布后，再进行充分的讨论。

6. 评语法

评语法是最常见的以一篇简短的书面鉴定来进行考评的方法。评语的内容包括被考评者的工作业绩、工作表现、优缺点和需努力的方向。考评的内容、格式、篇幅、重点等均不受拘束，完全由考评者自由掌握，不存在标准规范。

被考评人按组织要求递交一份自我鉴定，考评者以此为基础材料，对被考评人做出绩效考评。这是一种古老的方法，可以作为其他考评方法的辅助。

运用此法作出的评价语，一方面缺少特定的维度（即使划分维度也很粗略），另一方面评价语很随意，缺乏明晰的定义和行为对照标准；加之几乎全部使用定性式描述，缺乏量化数据，因此难以相互比较和据此作出准确的人事决策。但因为它明确而灵活，反馈简捷，所以至今仍颇受欢迎。

此外，由于评语法主观性强，所以最好不要单独使用。

3.3　常用的考评方法介绍

1. KPI 考评法

关键绩效指标（Key Performance Indicator，KPI）考评法是通过对组织内部流程的输入端、输出端的关键参数进行设置、取样、计算、分析，衡量流程绩效的一种目标式量化管理指标，是把企业的战略目标分解为可操作的工作目标的工具，是企业绩效管理的基础。

KPI 可以使部门主管明确部门的主要责任，并以此为基础，明确部门人员的业绩衡量指标。建立明确的切实可行的 KPI 体系，是做好绩效管理的关键。

KPI 考评法符合一个重要的管理原理——二八原理，即员工 80% 的工作绩效取决于 20% 的关键行为。因此，必须抓住 20% 的关键行为，对之进行分析和衡量，这样就能抓住业绩评价的重心。

（1）关键绩效指标体系

KPI 考核背后存在这样一个假设：员工因为关心自己的报酬所以会力争把与报酬相关的工作做好。

基于这样的假设，只要公司把总目标分解到员工的各个工作岗位，再对员工的本职工作进行考核，并以考核结果作为薪酬的依据，那么公司就能通过员工的努力来促成目标的实现。

从上面的观点出发，我们可以看到，KPI 考核的第一件大事就是公司总目标的确定。

由于企业发展过程中往往会同时有多个目标存在，这时就出现了新的问题，公司的哪些目标才是最关键的？实现关键目标的业务重点又是什么？因为只有找到这些问题的答案，企业通过绩效考核促进发展的工作才不会走弯路。

打个比方，企业今年的目标是开发新市场，那么关键的绩效指标就应是新客户的开发量，落实到销售人员的身上，KPI 就是潜在客户的开发。这样一年下来，若一个销售人员，他的销售利润最高，但新客户开发数量一般；另一个销售人员开发的有发展前景的客户最多，但销售利润却一般。这时，谁的绩效应该获得高分呢？显然，从公司的总目标来说，后者的得分应最高，报酬也应高于前者。

进而言之，公司要实现其重要的战略发展目标首先要确定业务重点。相应的，由这些业务重点分解出来的绩效考核重点就称之为关键绩效领域，通过对关键绩效领域进行再分解，就产生了 KPI 指标。

对于一个公司来说，KPI 不是一两个指标，而是由公司目标一层层分解形成的一个体系。所以，"KPI 体系"就是指公司宏观战略目标经层层分解后衍生出的一系列关键绩效指标，如图 3-1 所示。

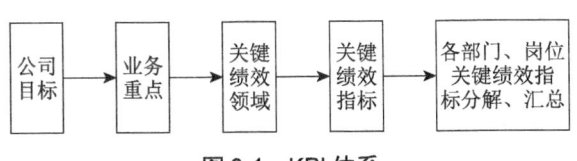

公司目标 → 业务重点 → 关键绩效领域 → 关键绩效指标 → 各部门、岗位关键绩效指标分解、汇总

图 3-1 KPI 体系

（2）KPI 体系设计的原则

KPI 体系的设计除了要遵循有效考核标准的一般原则外，在设计时还必须遵循一个重要的原则，即 SMART 原则。

①具体的（Specific）。KPI 指标必须是具体和明确的，指标设计应当细化到具体内容，能够保证目标的导向性。

②可度量的（Measurable）。KPI 指标应当是容易衡量的，工作绩效成果应体现为可以量化的指标。

③可实现的（Attainable）。KPI 指标应当是可以达到的，在保证一定的挑战性的基础上，指标应当是员工在现有的资源条件下经过努力可以实现的目标。

④相关的（Relevant）。KPI 指标应当具有相关性，必须和企业的战略目标、部门的职能、岗位的职责紧密联系。

⑤有时限的（Time-Bound）。KPI 指标应当有明确的时间要求，关注工作完成的效率。

正因如此，并非所有的绩效表现都应当受到同等程度的奖励，必须按照重要性的不同进行 KPI 的对比和选取。

在设计指标的过程中，要努力发现绩效表现之间的因果关系，选择那些对战略目标起重要作用的考核指标；对每一项考核因素而言，绩效指标都不应过多。

此外在选择绩效指标时，要平衡和处理好短期和长期、结果与过程、局部与整体的关系，关键绩效指标应尽量简明、量化，更好地体现战略导向性。

（3）KPI 体系设计的步骤

KPI 指标体系的建立通常使用的方法是"鱼骨作图"分析法，该方法的主要步骤包括以下几点。

①梳理和明确企业的战略目标以及业务单元的策略，调整组织结构，优化业务流程这些是设计关键绩效指标体系的出发点和依据。

②明确岗位和部门业务重点，确定哪些个体因素或组织因素对企业战略目标的实现有着重大的影响。

③确定每一部门、岗位和业务单元的职责标准，定义成功的关键因素，即满足业务重点所需要的策略和途径。

④确认关键绩效指标体系，通过理论分析和实践检验，判断每一项绩效标准能够达到的实际因素。

⑤对关键绩效指标从企业到各个业务单元，再到部门，最后到岗位，进行层层分解和落实，确定各部门、各岗位具体的关键绩效指标体系。

⑥根据实际执行的效果进行评估、完善和改进，以保证这些指标能够全面、客观地反映被评价对象的绩效。

（4）KPI 体系建立

通常来说，关键绩效指标标志主要有四种类型：数量、质量、成本和时限。

在确立 KPI 体系时，可以试图回答这样一些问题：

①企业的战略是什么？

②企业要成功的关键因素是什么？

③什么是关键绩效？

④在评价工作产出时，我们关心什么（数量、质量、成本、时限）？

⑤我们怎么衡量这些工作产出的数量、质量，以及所用的成本和时间？

⑥是否存在可以追踪的数量或百分比？如果存在这样的数量指标，就把它们列出来。

⑦如果没有数量化的指标来评估工作产出，那么谁可以评估工作结果完成得好不好呢？能否描述一下工作成果完成的好是什么样的状态？有哪些关键的衡量因素？

回答了以上问题后，接下来就要进行 KPI 的分解。一般可以有两条主线：按组织结构分解，即目标–手段法；按主要流程分解，即目标–责任法，如图 3-2 所示。

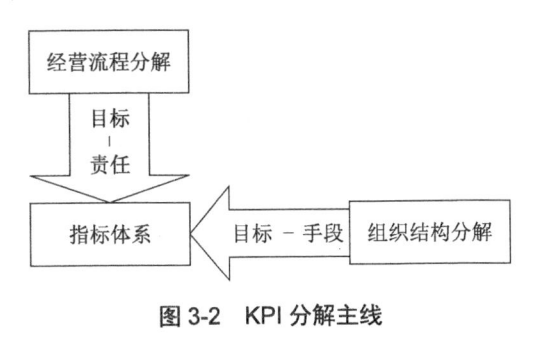

图 3-2　KPI 分解主线

基于两条主线，通常有三种方式建立 KPI 体系。

第一种，依据部门承担责任的不同来建立 KPI 体系。

这种方法强调的是部门从自身承担责任的角度，对企业的战略目标进行分解，进而形成评价指标。这种方式的最大优点是突出了部门的参与，但有可能导致战略稀释现象的发生，即指标更多地体现部门管理的责任，反而忽略了对流程责任的体现。

第二种，依据职种职类的不同工作性质来建立 KPI 体系。

以图 3-3 为例，基于职类职种划分而建立的 KPI 体系，突出了对组织具体策略目标的响应。

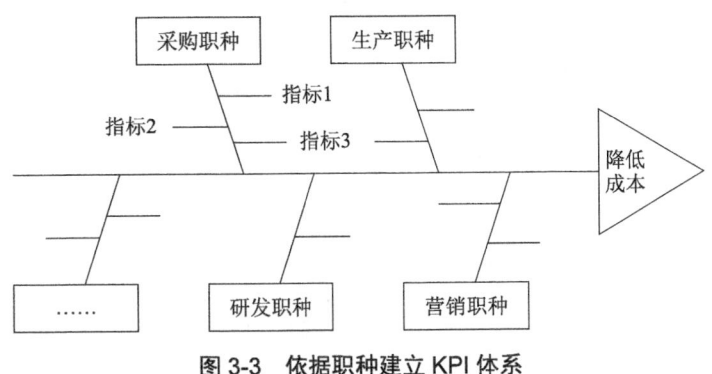

图 3-3　依据职种建立 KPI 体系

但这种指标设置方式增加了部门管理的难度,可能会出现对部门管理忽视的现象,而且依据工作性质确定的 KPI 体系更多的是结果性指标,缺乏对过程的描述。

第三种,依据平衡记分卡来建立 KPI 体系。

平衡记分卡是一个具有多维角度的绩效衡量模式,核心思想是通过客户、财务、内部经营过程和员工学习与成长能力四个方面指标之间相互驱动的因果关系,来实现绩效考核 – 绩效改进以及战略实施 – 战略修正的目标。关于这部分内容,本章后面将作详细介绍。

(5) KPI 指标设定示例

客户服务经理的绩效标准,如表 3-3 所示。

表 3-3　客户服务经理的绩效标准示例

工作职责	工作产出	绩效标准
领导客户服务团队为客户提供服务	满意的客户(为客户解决问题和提供信息)	①一个月内客户投诉次数不超过三次 ②95% 以上客户能够对如下方面满意: • 客服人员能够迅速到达现场 • 客服人员能够准确回答问题 • 客服人员非常有礼貌 • 问题解决的结果
向领导和相关人员提供信息和数据	提供的信息和数据(常规的报告、对信息要求做出的回答)	①一个季度,信息接收者投诉不超过两次 ②这种不满意可能会来自: • 不正确的数据 • 想要的东西没有得到 • 提供的信息迟到
为解决问题提供建议	解决问题的建议	客户对解决问题的建议表示满意
对下属的管理	对下属的生产力和工作满意度	下属的生产力和工作满意度提升包括: • 员工能够理解公司的发展方向、部门目标和自己的角色 • 员工了解自己的工作需要改进之处 • 员工拥有胜任工作的知识和技能

（6）运用关键绩效指标的注意事项

设计 KPI 应兼顾企业长期和短期利益，企业可以使用平衡记分卡工具全面考虑财务、客户、内部营运和学习成长四个方面的因素。

KPI 的设计过程是一个从上而下的分解过程，各层级间 KPI 要体现其与企业战略目标导向和支撑的关系。

在设计 KPI 时应充分考虑企业现有的人力资源、设备资源和其他条件，在符合成本控制的原则下，制订合理的部门和个人 KPI，并设定合理的目标值。对需要追加的资源必须明确其来源和需要配合的部门或个人。

KPI 在设计过程中，为便于过程监控和季度业绩评价，部分 KPI 应在形成的同时设计不同周期（月度、季度、半年等）的分解曲线。

KPI 标志是指可对 KPI 的工作状态进行测量、通过测量并可判定工作状态是否达到预期效果的一种有效尺度，主要包括时间（效率）、数量、质量、成本。

KPI 的制订是绩效管理的开始而不是结束，在此基础上建立绩效管理体系和设定绩效目标，然后企业要进行资源的配置和人力资源的发展，定期进行绩效分析与改进，并进行绩效总结与激励，完成绩效管理的一个周期。

2. 360 度考评法

360 度考评法，也称为全方位考评法或多元考评法，它是一种从不同层面的人员中收集评价信息、从多个视角对员工进行综合考评的方法。可以把这种考评方法设想为一个圆圈，被考核者处于中心，考核者分布在周围，如图 3-4 所示。

这种方法就是要扩大考核者的范围，通过被考核者的上级、同事、下级和内外部客户，从四面八方对被考核者进行全方

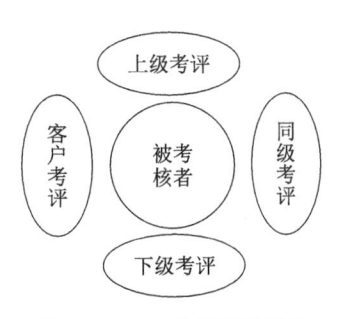

图 3-4　360 度考评示意图

位匿名评价，然后由专业人士根据各方面的评价结果，对比被考核者的自我评价，向被考核者提供反馈，使其知晓各方面的意见，清楚自己的长短，达到帮助被考核者改变行为、提高能力水平和绩效的目的。

(1) 360度考评法的特点

①全视角。从任何单一的方面去观察一个人，做出的判断都难免有片面性，360度考评的考核者来自企业内外的不同层面，得到的考评信息角度更多，考核更全面、更客观。

②考核结果误差小。360度考评的考核者不仅来自不同的层面，而且每个层面的考核者都有若干名，考核结果取其平均值，从统计学的角度看，这种结果更接近于客观情况，可减少个人偏见及评分误差。

③针对性强。360度考评对不同的被考核人分别使用不同的考核量表，针对性更强。

④匿名考核。360度考评采用匿名方式，减少了考核者的顾虑，便于考核者客观地进行评价，以保证考核结果的可靠性。

(2) 360度绩效考评的程序

360度考评法是一个系统工程，其成功实施首先要获得高层管理人员的支持与协助，其次要让所有的参与者了解360度考评法，对考评的目的与内容有着清楚地认识，最后要努力营造利于360度考评法实施的氛围。

为了确保考核能够达到预期目的，360度绩效考评对实施过程有着严格的要求，必须根据企业的实际情况和需要，设计正规的、有针对性的360度绩效考评方案和实施过程。

①明确360度考评法的目的。要让所有的相关人员，包括所有的考核者与被考核者以及所有可能接触和利用考核结果的管理人员，正确理解企业实施360度考核评价的目的和作用，进而建立起对考评方法的信任。

②考核问卷设计。问卷的形式分为两种：一种是给考核者提供5分等级或7分等级的量表，称之为等级量表，让考核着选择相应的分值；另一种是

让考核者写出自己的意见,称之为开放性问题。二者也可以综合采用。

③组建考核队伍。无论是由被考核者自己选择还是由上级指定,都应该得到被考核者的同意,这样才能保证被考核者对结果的认同和接受。

360度考评法一定要选那些与被考核者在工作上接触多、没有偏见的人充当考核者。即使这样,也不一定要求所有的考核者对被考核者的所有方面进行考核,可以让被考核者确定由谁来对他(她)的哪些方面进行考核。

①培训考核者。运用这种方法进行绩效考评之前,必须对考核者进行有效的指导和培训,使他们熟悉并能正确应用该技术,让考核者对被考核者的职位角色有所了解,让考核者知道如何来做出正确的考核,让考核者知道在考核过程中经常会犯哪些错误。

②实施360度考评法。在考核过程中,除了上级对下级的考核无法实现保密之外,其他几种类型的考核最好是采取匿名的方式,必须严格维护填表人的匿名权以及对考核结果的保密性。

③考核效果评价。由于360度绩效考核中包括了下级、同事和其他人员的评价,所以要检查信息收集过程是否符合考核的要求,同时在信息处理时,还应充分考虑不同信息来源的评价准确性的差异。

④反馈与辅导。一方面应该就考核的准确性、公正性向考核者提供反馈,指出他们在考核过程中所犯的错误,以帮助他们提高考核技能;另一方面应该向被考核者提供反馈,以帮助被考核者提高能力水平和业绩水平。

对被考核者的反馈和辅导应在考核完成以后及时进行,一般可由被考核者的上级、人力资源工作者或者外部专家,根据考核的结果,面对面地向被考核者提供反馈,帮助被考核者分析在哪些地方做得比较好,哪些地方还有待改进和提高,该如何改进,在此基础上,帮助被考核者制订职业生涯发展规划。

反馈还可以以被考核者的自评结果和他评结果对比为基础、找出考核结果的差异,并帮助被考核者分析其中的原因,让被考核者全面了解自己的长处和短处，更清楚地认识到公司和上级对自己的期望及目前存在的差距。

（3）应用360度考评法应注意的问题

360度考评法作为企业管理者一个有效的管理工具，在实际应用中应注意以下几点。

首先，在实施360度考评之前，应对公司广大员工和管理人员进行有关360度考评法的培训，使其对该系统有一个正确的认识，并努力得到管理层及员工们的支持，这对于考核结果的客观性和考核功能的实现都是至关重要的。

只有全员掌握了考评技能，才有可能使360度反馈做到公开、公平、公正。

其次，在实施360度考评时，先要明确进行360度考评的目的和要达到的具体目标，再设计具体的操作方法。

如果进行考核的主要目的是对过去业绩的鉴定，并强调考核结果和奖金直接挂钩，在考核中最好是偏重直接上级的考核，因为直接上级是对下属的业绩负责的。但在具体运作中，直接上级要充分听取本人和其他人的意见，并强调彼此的沟通。

考核的目的不同，考核的方法就会有相应的变化。但是，考核的目的往往是多元的，既希望通过考核进行奖金的合理分配，又希望通过考核指导员工的未来发展，还希望通过考核选拔优秀的管理人才。通过合理的设计，三个目标是可以同时实现的。

最后，在运用360度考评时，不要进行笼统的考核，应该结合不同岗位的能力要求设计不同的考评问卷，要将岗位目标细分为若干个项目进行考核。

在设计考核项目时，要清晰地界定它的含义，并与考核人进行充分的沟通，达成一致的理解。

考核人进行考核时，要求更多地关注被考核人的行为表现，而不是个人如何如何。另外，要选择熟悉被考核人的考核人进行反馈。

严格考评程序，做到程序的规范化。在初期阶段，应尽可能采取匿名制度，做到保密性，并采用集体反馈的方式，消除考核人担心被考核人报复的恐惧和疑虑。

同时，公司应在规章制度和激励制度上对360度绩效考评活动提供保障，以提高员工在考核中的参与性。

从考核工具方面来讲，考核材料的设计可采用强迫排序方式，也可以采用关键事件法，以减少评价中的自我拔高倾向；同时，考核材料应定量与定性相结合，以丰富反馈的实质内容，提高反馈的效果。

借助于局域网等高科技手段使员工信息分享。如考评流程、考评要点、考评周期要求、考评表格等在内部网里可以随时提供，每位员工的工作计划、成果记录、人事记录、工作进度表等让人一目了然，这样有助于不同考评者根据自己的角色及其价值判断对员工进行考核，做到有根有据、有的放矢。同时，在互动沟通中也可以在对称信息中讨论，容易达成一致意见。

此外，在实施360度考评时，观念的引导是非常重要的。在大家的认知中，更多地把考评理解成一种评定或监控的管理方法，而360度考评是以员工的未来发展为导向的。因此，营造一种团队共同发展的氛围非常重要，这样考评别人的员工就会真诚地提供信息，被考评的员工也会真诚地接受大家的意见。

3. 平衡计分卡

（1）平衡计分卡概述

平衡计分卡（BSC）主张的是一种认识，即任何单一的绩效指标都难以反映出组织绩效全貌，必须用一套"平衡的"指标体系来要求组织才能使之健康发展。

平衡计分卡是一个具有多维度的绩效衡量模式通过四个层面（财务、客户、内部流程及员工学习与成长）来实施策略管理。其最大的价值功能在于能保持财务指标与非财务指标之间的平衡；成果与成果的执行动因之间的平衡；管理业绩与经营业绩之间的平衡等。

平衡计分卡作为一种战略绩效管理及评价工具，主要从四个重要方面衡量企业，如图 3-5 所示。

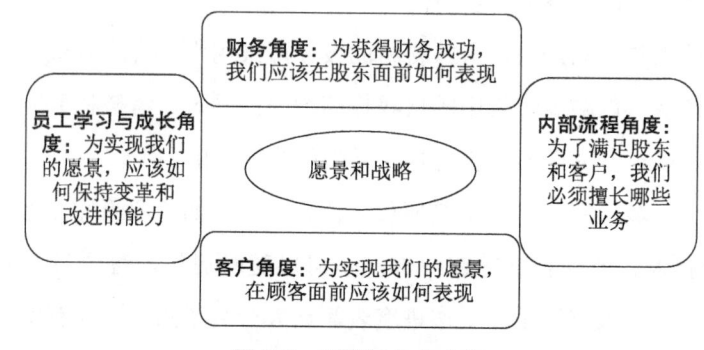

图 3-5　平衡计分卡内容

①财务角度。企业经营的直接目的和结果是为股东创造价值。尽管由于企业的战略不同，在长期或短期对于利润的要求方面会有所差异，但从长远角度来看，利润始终是企业所追求的最终目标。

②客户角度。如何向客户提供所需要的产品和服务，从而满足客户的需要，提高企业的竞争力。客户角度正是从质量、性能、服务等方面考验企业的表现。

③内部流程角度。企业是否建立起合适的组织、流程、管理机制，在这些方面存在哪些优势和不足？内部流程角度从以上方面着手，制定考核指标。

④员工学习与成长角度。企业的发展与员工素质的提高息息相关，唯有员工不断学习与创新，企业才能实现长远的发展。

（2）平衡计分卡的特点

平衡计分卡反映了财务与非财务衡量指标之间的平衡、长期目标与短期目标之间的平衡、外部和内部的平衡、结果和过程的平衡、管理业绩与经营业绩之间的平衡等多个方面。

平衡计分卡方法突破了财务唯一指标，做到了多个方面的平衡，与传统评价体系比较，有如下特点。

①平衡计分卡为企业战略管理提供强有力的支持。平衡计分卡的评价内容与相关指标和企业战略目标紧密相连，企业战略的实施可以通过对平衡计分卡的全面管理来完成。

②平衡计分卡可以提高企业整体管理效率。平衡计分卡所涉及的四项内容，都是企业未来发展成功的关键要素，通过平衡计分卡所提供的管理报告，将看似不相关的要素有机结合起来，大大节约了企业管理者的时间，提高了企业管理的整体效率，为企业未来成功发展提供了坚实的基础。

③注重团队合作，防止企业管理技能失调。团队精神是一个企业文化的集中体现，平衡计分卡通过对企业各要素的组合，让管理者能同时考虑企业各职能部门在企业整体中的不同作用与功能，使他们认识到某一领域的工作改进可能是以其他领域的退步为代价换来的，促使企业管理部门考虑决策时要从企业整体出发，慎重选择可行方案。

④平衡计分卡可提高企业激励作用，提高员工的参与意识。平衡计分卡强调目标管理，鼓励下属创造性地（而非被动）达成目标，这一管理系统强调的是激励动力。

⑤平衡计分卡可以使企业信息负担最少。在当今信息时代，企业很少会因为信息少而苦恼，随着全员管理的引进，当企业员工或顾问向企业提出建议时，新的信息指标总是不断增加。这样，会导致企业高层决策者处理信息的负担大大加重。而平衡计分卡可以使企业管理者仅仅关注少数而又非常关键的相关指标，在保证满足企业管理需要的同时，尽量减少信息负担成本。

（3）平衡计分卡的实施流程

总结成功实施平衡计分卡企业的经验，可以将平衡计分卡的实施概括为以下六个步骤。

①战略分析与制定。企业发展面临多种内外环境的挑战，尤其是外部瞬息万变的商业形式、日益激烈的竞争格局，以及与日俱增的客户期望，因此企业高层面临的关键问题是如何在充满挑战的动态环境中立于不败之地。为此，企业高层管理者首要的任务是在全面准确的战略环境分析的基础上，明确公司的使命、愿景，为企业发展制定清晰的公司战略。

②公司目标的设定。在定义或明确了公司使命、愿景和战略之后，管理层还需要制订公司的战略绩效目标。

③战略分解。平衡计分卡小组负责解释公司的愿景和战略，并建立财务、客户、内部业务流程、员工学习与成长四类具体的目标。这一过程中还要加强内部的沟通和教育，通过定期或不定期的刊物、公告、会议等，让各级管理者和员工了解公司的愿景、战略等。

④链接人力资源和IT系统。项目组应该考虑把平衡计分卡绩效管理系统与能力发展联系起来，员工不仅重视了自己的平衡计分卡目标，还关注了与战略执行有关的关键能力，如团队合作和沟通能力。

平衡计分卡系统应该和浮动薪酬联系起来，以激励全体员工共同实现公司的战略目标。设计浮动薪酬时，要考虑各个角度，同时还要看到不同层次目标的相对重要性和优先顺序，目的是让所有经理和员工都能更好地把握自己的工作重点。

此外，要顺利实施平衡计分卡，还要借助于信息系统，使高层管理可以轻松跟踪公司绩效，及时调整战略，实现公司目标。

⑤链接流程改进和再造项目。要实现平衡记分卡的目标，许多企业需要重新设计或持续改进主要业务流程。考虑到大多数公司资源有限，一个关键的战略点是，最先注重哪些流程？如何利用公司有限的资源？平衡计分卡提

供了清晰的答案：应该注重对公司战略实现影响最大的流程。

流程改进项目的来源往往出自公司、部门或下属单位平衡计分卡的流程角度，当然不排除其他三个角度也有流程改进的需求。把流程绩效的目标值与历史绩效进行对比，可以明确流程改进需要达到的程度。

⑥成果分析。公司应该定期汇报和分析绩效成果，再调整战略，修正平衡计分卡，并循环上述过程。

当前企业战略管理系统中存在一个挑战是：如何说服终日忙碌的经理们总结分析数据，并根据结果采取恰当行动或做出相应决策。

（4）运用平衡计分卡需要注意的几个问题

平衡计分卡作为企业的一种战略管理模式，它是对欧美国家先进企业管理经验的高度概括和总结，是现代企业管理模式上的一种创新和进步。运用平衡计分卡时，应当注意处理好以下几个问题。

①必须量身定做。实践证明，只有将平衡计分卡的原理与企业的具体情况相结合才能发挥平衡计分卡的功效，不能简单地模仿其他公司已经开发完成的平衡计分卡。

②坚持全员参与。平衡计分卡关系到企业的方方面面，涉及企业的各个子系统和分支系统，要设计出科学可行的平衡计分卡，并得到很好的实施，离不开企业全员参与，因为平衡计分卡的应用不但涉及企业未来发展和整体利益，而且也涉及每一个岗位、每一个部门乃至每个员工的工作和切身利益。

③平衡计分卡的执行要与奖励制度结合。为充分发挥平衡计分卡的效果，需要将平衡计分卡的实施结果与奖励制度挂钩，注意对员工的奖励与惩罚。

④提高企业管理信息质量的要求。信息的精确度与质量的要求不够，会影响企业实施平衡计分的效果，如导致所设计与推行的考核指标过于粗糙，或不真实准确，无法有效衡量企业的经营业绩。

⑤组织上下需要反复沟通。平衡计分卡不是一个单薄的平面，而是一个

分层次的立体网络，不管是设计还是运用平衡计分卡，均需要组织上下的反复沟通与磨合，只有这样才能减少组织的能耗，实现最佳的协调与平衡。

⑥及时进行调整。平衡计分卡形成后并非一成不变，在实施的过程中可能出现一些不合理、不完备的地方，需要及时进行修正和调整。

⑦正确对待平衡计分卡实施时投入成本与获得效益之间的关系。关键的问题是在实施平衡计分卡的时候一定要清楚，非财务指标改善所投入的大量投资，在可以预见的时间内，可以从财务指标中收回，不要因为实施了6个月没有效果就没有信心了，应该将眼光放得更远一些。

3.4 绩效反馈面谈

绩效考核经过了经理、员工、客户等多方评定之后，管理层与被考核者之间就应当对工作中不够完善或令人不满意的地方进行面对面的沟通。

所谓绩效反馈面谈就是指主管和下属员工之间，共同针对绩效考核所做的面对面的交流和沟通。下面以一个实例对此进行进一步的说明。

被人们称为"现代经营管理之父"的法国著名管理学家亨利·法约尔曾经做过这样一个实验：他挑选了20名技术水平相当的工人，每10人一组，把他们分成了两组。然后，在相同条件下，让他们同时进行生产。每隔一个小时，他就回去检查一下工人们的生产情况。对第一组工人，法约尔只是记录下他们各自生产的产品数量，但是并不告诉工人生产速度。对第二组工人，法约尔不但对生产的产品数量进行了登记，而且告诉每个人各自的生产速度。

每一次考核完，法约尔根据考核的结果，给第二组生产速度最快的两个工人的机器上各插一面小红旗；速度居中的4个人，每人各插一面小绿旗；最后的4个人，各插一面黄旗子。这样一来，每个工人对自己的生产速度到底如何就一目了然了。

实验的结果表明：第二组工人的生产效率远远高于第一组工人。可见，把考核的结果反馈给员工是非常重要的,不仅能为员工的努力指明方向,而且还可以激发员工的上进心和工作的积极性。

1. 绩效考核面谈准备

主管应决定面谈达到什么目的,安排妥当的设备,通知员工,并计划好采取何种方式。员工事先也应有所准备,以便在会谈时能参与讨论并使考核比较公平。

(1)绩效反馈面谈应达到的目的

一般而言,在考核面谈结束后,至少应该能达到以下目的:①就员工个人的表现双方有一致的看法;②明确优点所在;③找出待改进的缺点,并就改进计划达成共识。

(2)主管人员的准备

①收集绩效考核资料。在与员工进行绩效反馈面谈之前,主管人员必须对有关的各种资料烂熟于胸,并准备好绩效反馈面谈记录表(见表3-4),需要的时候可以随时找到相关的内容。

表3-4　企业员工绩效反馈面谈记录表

部门名称:　　　　　　　　　面谈时间:　　年　　月　　日

姓名		职位	
评价区间	年　月— 年　月		
工作中哪些方面做得较好、较成功?			
工作中的不足、需要改善的地方?			
是否需要接受一定的培训?			
你认为自己的工作在本部门和全公司中处于何种状况?			
你认为本部门工作最好和最差的是谁?			
你认为全公司谁最好和谁最差?			

续表

你对本次绩效评价有什么意见？	
备注	①此表的目的是了解员工对绩效评价的反馈信息，并最终提升员工业绩 ②面谈应在评价结束一周内由上级主管安排，并报人力资源部备案

被考核人：　　　　　面谈人：　　　　　审核人：

②确定最恰当的时间。"最恰当的时间"是要主管和员工双方都能匀得出来，而且在不受干扰的情况下进行。主管人员确定面谈时间时，一定要询问员工这个时间是否可行，这样一方面表示对员工的尊重，另一方面也可以确认员工在这段时间是否有其他的安排。

③选定和布置面谈的场所。单独一间办公室是最理想的场所，因为面谈时不宜让其他人看到里面的过程。另外，还应该注意安排好谈话者的空间距离和位置，这是面谈沟通中一个非常重要的问题。

④计划好如何进行面谈。采取什么样的方式开始面谈取决于具体的谈话对象和情境。不论用哪一种方式，一定要是最自然，而且是能造成最佳面谈气氛的。

一般来说，在双方对绩效考核中的各项内容基本达成一致意见之后，就可以结束面谈了。

（3）员工的准备

①收集与先前绩效有关的资料或证据，包括行为、成就等详尽的资料，对于完成得好的工作任务，需要以事实为依据说明具体在哪些方面做得好。

②准备好一份对自己的绩效评估。绩效反馈面谈注重现在的表现，更注重将来的发展。主管人员除了想听到员工对个人过去的绩效的总结和评价外，也希望了解员工个人未来的工作计划，特别是针对绩效中不足的方面如何进一步改进和提高的计划。

③准备好向主管人员提出的问题。绩效反馈面谈是一个双向沟通的过

程，员工也可以主动向主管人员提出一些自己所关心的问题。因此在接到反馈面谈的通知之后，员工可以准备好一些与绩效管理有关的问题，以便在面谈中向主管人员提问。

④面谈前安排好自己的工作。这一点很重要，因为工作交代妥当，才能集中心思在面谈上。

总之，考核面谈的准备工作，应该是主管领导及下属员工双方面的事，主管领导应先决定面谈要完成的目的有哪些，应安排妥当通知下属员工，并计划好要采用哪种方式。下属应该先有准备，以便在面谈时能参与讨论使考核更公平。如果需要自我评估，应及早通知下属，以便有足够的时间准备。

2. 绩效反馈面谈的十项原则

①建立和维护彼此之间的信任。要建立这样一种信任关系，双方都必须摆正自己的心态，开诚布公，坦诚沟通。

②清楚地说明面谈的目的。清楚地让下属明了此次面谈要做什么。可选用较积极的字眼，如："今天面谈的目的是希望大家能一起讨论一下你的工作成效，并希望彼此能有一致的看法，肯定你的优点，也找出你有待改进的地方。紧接着要谈谈你的未来及将来如何合作而达成目标。"

③鼓励员工说话。面谈一定要是双向的沟通，必须让下属充分得到表达的机会。

④认真倾听，不要打断。主管人员在鼓励员工说话的同时，要认真倾听，要用心且能站在对方的角度和立场去理解对方的话语，发现对方的想法。

⑤避免对立和冲突。主管人员应就一些不同意见的问题向员工沟通清楚原则和事实，争取员工的理解，同时也要多站在员工的角度，设身处地地为员工着想，对自己错误的观点要勇于当着员工的面承认。

⑥主题在绩效。绩效考核面谈，重点应摆在绩效问题上，而不在个人的性格方面。

⑦集中于未来而非过去。任何对过去绩效的讨论都应着眼于未来，核心目的是制订未来发展的计划。

⑧优点和缺点并重。员工的优点和缺点都应在绩效反馈面谈中找出来，不能只重视其中的一个方面而忽视另一个方面。

⑨该结束时立即结束。当绩效反馈面谈的目的已经达到或者信赖瓦解时，就应该结束面谈，不要拖延。

⑩以积极的方式结束面谈。应多给员工一些鼓励，至少让员工感觉到：虽然我的绩效考核成绩不理想，但是我知道自己达到了怎样的程度，也知道以后要怎样做，并且在我前进的过程中会得到主管人员的帮助。

3. 绩效反馈面谈的技巧

①时间、场所的选择。避开上下班、开会等让人分心的时间段，与员工事先商讨双方都能接受的时间。选择安静、轻松的小会客厅，双方呈一定夹角而坐，给员工一种平等、轻松的感觉。

②认真倾听员工解释。尽量抛开自己的偏见，控制情绪，耐心听员工讲述并不时地概括或重复对方的谈话内容，鼓励员工继续讲下去。

③学会提问。在面谈中提问是非常重要的一种获取信息的手段。在绩效反馈面谈中，为了让员工更多地表达对绩效的看法，主管人员应多提一些开放性的问题，激起员工的兴趣，消除戒备心理，慢慢调动员工的主动性。

④"我们－你们"技巧。简单地说，就是要用"你们"去称赞员工，而用"我们"来批评自己，例如："你们正从事着一个伟大的工作""我们工作中还存在许多问题"。

⑤使用"第三者称赞"。"第三者称赞"是管理人员使用从第三方那儿得到的有关员工表现的赞扬来对员工进行称赞。比如"听xx说，你为他帮

了一个大忙，我觉得你这种团队精神很好"。

⑥善于给员工下台阶。在面谈中，员工有时清楚自己做得不好，却不好意思直接承认错误，主管人员就不要进一步追问，而应设法为对方挽回面子，可以这么说："我记得以前这一项你们做得相当棒，这次可能是大意了。"

⑦探求员工的建议。问一名员工对于一些事的看法或如何处理一项他干得很好的特殊工作，管理者能发现员工知道的要比你多，而且能使员工感到主管人员对自己能力的欣赏和认可。

⑧结束面谈的技巧。当因信任关系出现裂痕而被迫结束面谈时，也要不谈分歧，而是肯定员工的工作付出，真诚希望对方工作绩效能提高，并在随后的工作中抽空去鼓励员工，给予其应有的关注。如果面谈目的顺利达到，主管人员要尽量采取积极的、令人振奋的方式结束，或紧握员工的手，或拍拍对方的肩，与其亲切而诚恳地说"所有的问题都能解决，真令人高兴"，或"辛苦了，好好干吧"，这可以使面谈更加完美。

不管反馈面谈在什么时间、场所，以何种方式进行，过去的行为已不能改变，而未来的业绩与发展则是努力的目标。面谈反馈应尽量传递给员工鼓励、振奋的信息，使员工摆脱信息劣势，与上司一道以平等、受尊重的心态制订下一个绩效期的发展目标与可行方案，实现组织目标与员工个人发展，这才是绩效反馈面谈的最大成功。

3.5 绩效考核实践中的问题与处理方法

1. 企业绩效考核中常存在的问题

（1）指标不合理

指标设置过于单一，仅关注业绩等少数方面，忽略了工作态度、团队协作、创新能力等重要维度。例如，销售部门只以销售额作为唯一考核指标，可能导致员工为追求业绩而采取不正当手段，忽视客户服务和团队合作。

指标难以量化，模糊不清。比如，用"工作积极主动"这样的表述，缺乏明确的衡量标准，使考核者和被考核者在理解上容易产生偏差。

（2）缺乏动态调整

考核指标一成不变，不能随着企业战略、市场环境和岗位职责的变化而及时调整。当企业进入新的发展阶段或业务重点发生转移时，旧的考核指标可能不再适用，影响考核的有效性。

（3）主观性强

考核主要依赖上级的主观评价，缺乏客观的数据支持。上级的个人喜好、偏见等因素可能会影响考核结果的公正性。例如，上级对某个员工有好感，就可能在考核中给予较高的评价，而忽视其实际工作表现。

同事互评和自我评价也容易受到人际关系等因素的影响，导致结果不准确。

（4）缺乏沟通与反馈

考核过程中，上下级之间、考核者与被考核者之间缺乏有效的沟通。员工不了解考核的标准和流程，也不知道自己的工作表现哪些方面需要改进。

考核结果公布后，没有及时给予员工反馈，员工不清楚自己的优势和不足，无法针对性地进行自我提升。

（5）奖惩不合理

考核结果与奖惩措施脱节，或者奖惩力度不当。例如，优秀员工没有得到应有的奖励，而表现不佳的员工也没有受到相应的惩罚，这会降低员工对考核的重视程度。

此外，过度强调惩罚，而忽视激励，可能会打击员工的积极性，导致员工产生抵触情绪。

（6）与发展脱节

考核结果没有与员工的职业发展相结合，不能为员工提供有针对性的培训和晋升机会。员工看不到考核对自己职业发展的帮助，从而对考核失去兴趣。

2. 实践中企业绩效考核问题处理方法

（1）考核指标设置坚持全面性与针对性结合

确保考核指标涵盖工作业绩、工作态度、团队协作、创新能力等多个方面。例如，对于销售人员，除了考核销售业绩外，还可设置客户满意度、市场开拓情况、团队合作贡献等指标。

能够根据不同岗位的特点和职责，定制个性化的考核指标。比如，技术研发岗位可重点考核项目完成进度、技术创新成果等。

（2）考核指标设置坚持量化与定性结合

尽可能将指标量化，明确具体的数值目标。如生产岗位可设定产品合格率达到×%、产量达到×件等指标。对于难以量化的指标，如工作态度、团队协作等，采用定性描述与分级评价相结合的方式。例如，将工作态度分为积极主动、一般、消极三个等级，明确每个等级的具体表现。

（3）考核指标要做到动态调整

定期评估考核指标的有效性，根据企业战略调整、市场变化和岗位职责变化及时进行调整。例如，当企业推出新产品时，相应地调整销售岗位的考核指标，增加对新产品销售业绩的考核权重。

（4）考核过程力求客观

建立多维度的考核体系，综合上级评价、同事互评、自我评价和客户评价等。不同评价主体的权重可根据岗位特点进行合理设置。

收集客观数据作为考核依据，如销售数据、生产数据、项目进度数据等。对于无法直接获取数据的指标，可通过调查问卷、访谈等方式收集信息。

（5）加强沟通与反馈

在考核前，组织培训和沟通会议，向员工详细介绍考核的目的、标准、流程和方法，确保员工充分理解考核要求。

考核过程中，及时与员工沟通，了解其工作进展和遇到的问题，给予必要的指导和支持。

考核结果公布后，与员工进行一对一的反馈面谈，肯定成绩，指出不足，并共同制订改进计划。面谈时要注重倾听员工的意见和想法，鼓励员工积极参与讨论。

（6）依据考核结果公正奖惩

根据考核结果，严格执行奖惩措施。对优秀员工给予物质奖励（如奖金、晋升、荣誉称号等）和精神奖励（如表扬、表彰等），激励其继续努力。

对表现不佳的员工进行适当的惩罚，如警告、降职、调岗等，但同时要给予帮助和支持，促使其改进提高。

（7）把考核结果与员工发展相结合

将考核结果与员工的职业发展规划紧密结合。对于有潜力的员工，提供培训、轮岗、晋升等发展机会，帮助其提升能力，实现职业目标。

根据员工的考核结果，为其制订个性化的培训计划，针对不足之处进行有针对性的培训，提高员工的整体素质。

（8）营造公平公正的考核环境

企业高层领导要以身作则，严格遵守考核制度，确保考核过程和结果的公平公正。加强对考核者的培训，提高其考核能力和公正性，避免主观偏见和人情因素的影响。

（9）鼓励员工参与考核之中

鼓励员工积极参与考核过程，提出自己的意见和建议。例如，在制定考核指标时，广泛征求员工的意见，提高指标的合理性和可接受性。

建立员工申诉机制，当员工对考核结果有异议时，可以通过合理的渠道进行申诉，确保员工的权益得到保障。

中阶：实用管理技能

第4章 有效沟通

4.1 有效沟通的定义、条件与作用

1. 沟通的定义与形式

沟通是人与人之间、人与群体之间思想与情感的传递和反馈的过程，以求思想达成一致和感情的通畅。

时刻牢记：沟通的目的是达成共识，不是为了证明对错！

沟通形式不仅包含口头语言和书面语言，也包含语气语调、形体、个人的习气和方式等能够赋予信息含义的任何东西，如图4-1所示。

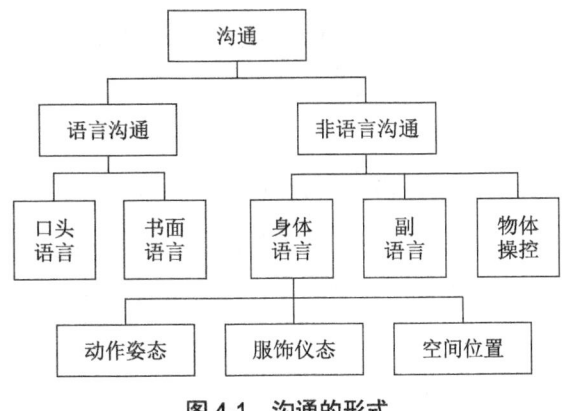

图4-1 沟通的形式

2. 有效沟通定义、实现条件与评价标准

有效沟通指的是在信息传递与分享的基础上，以认知与思想观念达成一致为前提，影响对方的行为，从而满足自己的期望与达到自己的目的。

有效沟通以结果圆满性为评判标准。实践中达成有效沟通须具备两个必要条件：一是信息发送者能清晰地表达信息的内涵，以便信息接收者能确切理解；二是信息发送者重视信息接收者的反应并根据其反应及时改变信息的传递方式。

沟通是否有效有三个评价标准：一是信息发送者的表达是否清晰完整；二是信息接收者的理解与信息发送者所要表达的意思是否一致；三是信息接收者对于信息发送者的观点是否认同。

3. 有效沟通在企业管理中的作用

在管理工作实践中，沟通是为了一个设定的目标，把信息、思想和情感在特定个人或群体间传递，并且达成共同协议的过程。它不仅是管理者应具备一项基本技能，也是提升管理工作成效的一个必要的手段。

具体来讲，有效沟通在企业管理中的作用有以下三个方面。

（1）帮助员工准确理解公司决策，提高工作效率，化解管理矛盾

由于人们对信息的接收存在过滤、保留、忽略或扭曲等特征，加之在企业内部成员所处的环境、位置、年龄、教育程度等存在差异，所以员工不可避免地对企业决策信息感知存在差异性，这就需要管理者通过有效的沟通来弥合这种差异性。

换句话说，公司决策要得以高效执行，必须要有员工的理解与支持。因此在决策下达时，管理者要和相关人员进行必要的沟通，以对决策达成共识，使执行者准确无误地按照决策执行，避免因为对决策的曲解而造成的执行失误。

（2）控制与激励员工的行为，形成健康、积极的企业文化

每个人都希望得到别人的尊重、社会的认可和自我价值的实现。一个优秀的管理者就要通过有效的沟通影响甚至改变员工对工作和生活的态度。在影响那些视工作为负担、对工作三心二意的员工的同时，激发其行为向自发性、创造性方向转变，形成健康、向上的企业文化。

（3）有利于管理者从根本而不是表象上解决问题

对于企业经营管理中出现的各种各样问题，如果单纯从事物的表面现象来解决，不深入了解情况，不接触问题本质，会给企业带来灾难性的损失。一方面，有效沟通能够让管理者获得最及时、最前沿、最实际、最能够反映当前工作情况的信息，对问题的本质有深层次的认识。另一方面，在企业中与个人、与群体开展积极、公开的沟通，能够让管理者从多角度看待一个问题，做到统筹兼顾、未雨绸缪。

4.2 有效沟通的步骤与障碍克服

沟通要有效开展必须做好沟通前的准备工作、正确理解并确认对方的需求等六个方面。

1. 做好沟通前的准备工作

"凡事预则立，不预则废。"管理者在进行沟通之前首要的是设定好自己的目标。只有明确通过这次沟通自己要达到什么样的目的，沟通中才能做到有的放矢，不至于迷失方向和浪费宝贵的时间。

明确沟通目的之后，还要确定如何通过沟通来实现这一目的，这就要制订沟通计划。首先，管理者要整理好自己要表达的信息，使其条理化。条理化信息包括目的、时间、地点、事件、人物和材料六个要素。其次，管理者要考虑好怎么去与人沟通，先说什么、后说什么，如何恰当地运用说话的技

巧。最后，管理者要对沟通过程中可能遇到的障碍和异议进行预测，周密地做好各种应对准备。

2. 正确理解并确认对方的需求

沟通中除了明确自己的目的之外，确认对方的需求也是非常重要的。

（1）有效提问

提问的主题是对方在沟通中要达到的目的，也就是对方的真正需求。

在沟通开始时以提问的形式来确认对方的需求，并不意味着沟通开始的第一句就立即提出问题，而是要先营造出比较轻松的氛围，待到合适的时机再恰当地提出相关的问题。问题的数量要适中，不可过多，每一个问题最好能经过仔细地斟酌再提出，这样既不会使对方产生反感，又能获得自己所需要的关于对方需求的信息。

提问有开放式和封闭式两种不同的表达方式。前者虽然能获取较大的信息量，但它给予对方的压力也较大，运用不好时常常会被对方拒绝回答。后者恰好相反，虽然每个问题获取的信息量较少，但它能够引导对方的思维走向，不会被拒绝。沟通时，管理者要根据具体的情况，以及想获取的信息类别灵活运用两种提问方式。

（2）积极聆听

如果我们在聆听别人讲话的同时思考着自己的事情，结果就会导致信息遗漏，无法很好地把握对方要表达的真实意图，所以沟通过程中聆听时一定要专注。

另外，聆听一定要有目的性，不要盲目。虽然在聆听时不应该放过每一个细节，但也要有所选择，对那些和聆听目的密切相关的信息要特别关注。

聆听也是一个互动的过程。对方在讲话时我们可以用点头表示赞同对方的观点，也可以用一些语句、语气词、表情等做相应的适时配合，这样做能够鼓励对方表达，让我们获取更多的信息。

（3）及时确认

虽然在对方讲话的过程中不要轻易地去打断，但在对方讲话告一段落之后，必须进行相关内容和观点的确认。可以用提问的方式来确认，也可以用总结的形式来确认。在没有完全把握对方的意图时，应该用提问的方式，这样既可以确认信息的准确性，又可以引导对方在这一方面做进一步的解释。如果已完全明了对方的意图，可以用总结的形式来确认，这样既能避免误解，又能让对方感受到我们对他（她）的重视。

（4）最后总结

经过提问、聆听和确认，我们要把有效的信息汇集到一起，抛弃所有的个人偏见，总结出对方的真正需求。

3. 准确阐述自己的观点

有效沟通就是使信息在双方间自由流动，我们不仅要明白对方的真实需求，也要让对方准确理解我们的观点。

（1）观点阐述要清晰

首先，语句要清晰。我们表达观点的语言在结构上尽量要完整，除非在双方都熟悉的背景下，我们可以省略一部分句子成分，一般情况下都应该把句子说完整。这样对方在听我们讲话时就不会产生疑问，既能让对方明白我们的意思，减少误解，也能节省沟通的时间。

其次，条理要清晰。在阐述自己的观点时应把想说的话在心里先梳理一下，先说什么、后说什么条理分明，不要给人语无伦次的感觉。要表达多个观点，在说清楚一个之后，要谈论下一个观点时，切不可将二者混在一起。

最后，吐字要清晰。吐字清晰是使沟通顺畅的基本要素。如果对方连我们说的话都听不清楚，那么沟通就很难再进行下去了。要做到吐字清晰，注意发音一定要标准。可以针对自己所存在的问题反复练习，如可以对着镜子练习发音的口型，或者找专门的老师来辅导。

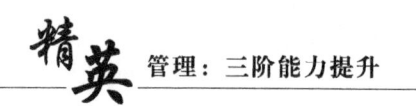

（2）观点阐述要全面

首先，内容要全面。当我们准备阐述自己的观点时先要考虑一下我们对这个观点的看法是否比较全面、客观，而不是自己一时的冲动。

其次，表述要全面。确认自己的观点比较全面之后，归结出几个内容要点，逐一说明。在我们讲完之后，最好能够简单回顾一下所表达的内容，这样一方面让对方能够明白我们的主要观点，另一方面可以检查我们是否遗漏了什么内容。

最后，考虑要全面。除了把我们的观点阐述清楚之外，还应该预测一下对方有可能的反应，并且依据这些不同的反应来制定相应的对策。

（3）观点阐述要讲究艺术

如上所述，阐述观点时要内容清晰全面，但并不是说所有的内容同等重要。表述过程中要突出主要内容，可以用比较多的语言，配合语气、眼神、肢体动作等辅助手段，把重要的信息准确无误地传递给对方。

此外，要理清所表达内容的逻辑顺序。是按照事情的重要性还是按照人们接受事物的思维或者逻辑顺序来讲，这要看具体的沟通环境。

4. 有效沟通的"三让"原则

沟通是一种态度，效果取决于你在心目中把别人放在什么位置。因此，要实现有效沟通必须坚持"三让"原则。

（1）让对方听得进去

①沟通时机选择一定要合适。

②沟通场所选择一定要合适。

③沟通气氛营造一定要合适。

（2）让对方听得乐意

①采取对方爱听方式说。

②使对方情绪放松为前提。

③以对方比较容易接受内容为切入点。

（3）让对方听得合理

①先说对方有利的。

②再指出彼此互惠的。

③最后指出一些要求。

5. 有效克服沟通中的障碍，化解双方之间的异议

（1）沟通障碍的克服

沟通障碍指的是影响沟通双方之间信息传递效果、增加意见交流难度的所有因素。管理沟通中常见的障碍主要包括以下六个方面：

①年龄差异，沟通双方年龄有显著差别；

②文化背景差异，沟通双方来自于不同的区域或者成长在不同的文化背景之下；

③岗位、专业与受教育程度的差异，沟通双方所处的工作岗位、所学的专业或者受教育程度有着明显的差别；

④人为的信息操控，不管是为了迎合对方还是为了规避风险，沟通过程中一方或者双方有意对信息进行选择操控；

⑤缺乏信任或者感受到威胁，沟通的一方或者双方彼此之间缺乏信任基础，或者感受到来自对方的威胁；

⑥丧失理性，沟通中的一方或者双方丧失理性，代之以情绪化来判断信息。

管理者在沟通前最好能明确自己在沟通中的角色，了解沟通对象与自己在社会地位、价值观念、宗教派别、教育背景、岗位特征等方面的差异。沟通开始时，敞开心扉说明沟通的目的，赢得对方的信任。沟通过程中选择对方习惯的语言表达方式，充分利用反馈，在控制好自己情绪的同时，时刻关注对方的情绪变化，让双方都能保持在理性范围之内。

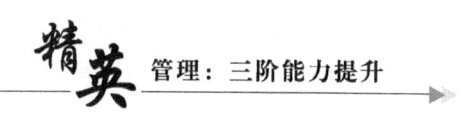

（2）双方异议的化解

沟通异议指的是沟通双方之间在观点上的分歧。沟通过程中，当对方提出与我们不同的观点时，一定要重视。如果我们认为自己的观点已经表达清楚了，同意不同意那是对方的事情，那么这次的沟通就不会有什么结果。

沟通异议的处理应坚持"尊重、理解"的原则，创造人人平等、大家畅所欲言的沟通环境。当异议出现时，一定要认真聆听，了解其表述的主要内容、核心观点是什么，然后要向对方表示理解，尊重对方的情绪和意见。并且可以适当地解释一下具体在哪些方面可以理解或者支持对方的观点，让对方有备受重视的感觉，并且在某种程度上得到了理解，为进一步说服对方创造良好的沟通环境和氛围。

当我们自己的观点本身确实存在一定的问题时，要敢于坦承自己观点的某些不合理之处，在综合双方的意见与观点之后，达成一个双方都能接受和认可的新观点。

6. 有效沟通之后及时达成协议

沟通过程中双方就某一问题经过多次、反复的讨论和磋商，最终达成一致意见。为确保沟通的后续效果，双方应及时以协议的形式对沟通结果加以约定。

协议有书面协议和口头协议之分，书面协议较正式，口头协议则为一般性的约定。如果仅就一般性的问题进行探讨，可以采用口头协议的形式；如果是比较重要的会谈，或者是就某一关键问题进行交流，那么采取书面协议的形式才能令人感到更为妥善和安全。

4.3　有效沟通的技巧

1. 有效倾听

倾听不是简单地用耳朵来听,它也是一门艺术。其不仅仅是要用耳朵来听说话者的言辞,还需要一个人全身心地去感受对方的谈话过程中表达的言语信息和非言语信息。狭义的倾听是指凭助听觉器官接受言语信息,进而通过思维活动达到认知、理解的全过程;广义的倾听包括文字交流等方式。

(1) 倾听的要点

①克服自我中心。不要总是谈论自己。

②克服自以为是。不要总想占主导地位。

③尊重对方。不要打断对话,要让对方把话说完;不能因深究那些不重要或不相关的细节而打断对话。

④控制好自己的情绪。不要匆忙下结论,不要急于评价对方的观点,不要急切地表达建议,不要因为与自己想象的不一致而激动,不要把精力放在思考怎样反驳对方所说的某一个具体的小的观点上。

(2) 有效倾听的行为

①话尽量少一点。把时间留给别人去说,这样你才会有机会听。

②设身处地。尝试站在对方的角度理解他所说的话。

③保持目光接触。倾听过程中要注视对方眼睛,既让对方感受到你的专注,也可以观察对方的内心活动。

④赞许性地点头和微笑。表示对对方观点的认同和理解。

⑤提问题。引导对方继续说下去。

⑥重点记录。做好重点信息记录,既让对方感受到重视,又能避免遗忘。

⑦避免分心的动作和手势。这会让对方觉得我们对他(她)不够尊重。

⑧复述对方的意思。既让对方感受到重视，又能避免理解上的歧义。

⑨避免打断对方说话。这是非常不礼貌的。

（3）有效倾听的禁忌

①心不在焉。表面上在听，但心思却在其他事情上，比如想着接下来自己要说什么或者被周围的环境干扰。这种情况下，对方会感觉到你没有真正关注他，从而降低沟通的效果。

②中途打断。在别人说话的过程中，突然打断对方会让对方感到不被尊重，也可能导致对方思路中断，无法完整地表达自己的观点。

③过早下判断。在没有听完对方全部内容之前就轻易下结论，可能会误解对方的意思。例如，听到朋友说最近遇到了一些困难，你就马上认为是他自己的问题，而没有耐心听他解释具体的情况，这样很容易引发矛盾。

（4）克服有效倾听的障碍

①学习多种语言和方言。如果你经常与使用不同语言或方言的人交流，可以通过学习他们的语言或了解其方言特点来减少沟通障碍。例如，学习一些常用的外语短语或了解当地的方言词汇，以便更好地理解对方的意思。

②保持开放心态。在与来自不同文化背景的人交流时，要保持开放的心态，尊重对方的文化差异，不要轻易评判或批评。当听到与自己文化观念不同的观点时，不要急于反驳，而是尝试从对方的角度去理解。

③自我觉察情绪。在沟通前，先觉察自己的情绪状态。如果发现自己处于愤怒、焦虑等不良情绪中，可以先进行一些情绪调节的活动，如深呼吸、冥想等，让自己平静下来后再进行沟通。

④理解对方的情绪。当对方情绪激动时，不要被对方的情绪所影响，而是尝试理解对方的情绪来源，并以平和的态度回应。

⑤专注于问题解决。在讨论问题时，避免陷入情绪的争论中，而是以理性的思维分析问题，提出建设性的解决方案。

⑥选择合适的场所。选择较为安静的场所，减少环境噪音的干扰。

2. 管理者实现有效倾听的要点

（1）营造良好氛围

管理者要在团队中营造一个开放、信任的沟通氛围，让员工感到可以自由地表达自己的想法和意见。在日常工作中，多与员工进行轻松的交流，拉近与员工的距离。

（2）给予员工充分时间

管理者不能总是急于表达自己的观点或做出决策，也不要匆忙打断他们或者在他们还没说完时就开始下结论，而要给予员工足够的时间来阐述他们的想法。

（3）保持专注态度

在倾听过程中，管理者要全神贯注，避免分心。保持与员工的眼神交流，用点头、微笑等方式表示自己在认真倾听。

（4）避免先入为主

管理者不能带着既定的观点和偏见去倾听，要以开放的心态接受新的信息。即使对某个员工或某个问题有过不好的印象，也要在倾听时摒弃这些先入为主的观念。对员工提出的新想法和建议，不要轻易否定，而是认真思考其可行性。

（5）积极反馈回应

管理者在倾听过程中要给予员工积极的反馈，可以用简短的语言概括员工的主要观点，既要让员工知道自己的话被听到和理解，也要确保自己的理解正确。

3. 肢体语言

肢体语言又称身体语言，是指经由身体的各种动作，从而代替语言借以达到表情达意的沟通目的。广义言之，肢体语言也包括前述之面部表情在内；狭义言之，肢体语言只包括身体与四肢所表达的意义。

有研究表明，高达93%的沟通信息传递都是通过非语言完成的，其中55%是通过面部表情、形体姿势和手势等各种肢体语言传送的，38%是通过语气、语调等辅助语言传送的。可见，身体的各个部位都在沟通中起着十分重要的作用，而且比语言传递的信息更多更有效。

（1）常见的肢体动作的含义

①点头，通常表示同意、认可、理解或打招呼。比如在交谈中，你提出一个观点，对方点头表示他对你的观点表示赞同。

②摇头，一般表示否定、不同意或拒绝。例如，当你询问某人是否愿意做某件事时，他摇头则意味着他不愿意。

③挥手，可以是打招呼、告别或示意。在远处看到熟人时挥手表示问候；离开时挥手则表示再见。

④握拳，可能表示决心、愤怒或力量。当一个人准备迎接挑战时，可能会握拳给自己打气；在生气时也可能握拳表达愤怒。

⑤竖起大拇指，通常表示赞赏、鼓励或认可。比如，看到别人的优秀表现时，竖起大拇指表示称赞。

⑥挺胸抬头，往往显示自信、自尊和积极的态度。一个人在重要场合或感到自信时，会挺胸抬头，展现出良好的精神状态。

⑦弯腰驼背，可能表示沮丧、缺乏自信或疲惫。长期保持弯腰驼背的姿势也可能对身体健康产生不良影响。

⑧双臂交叉，有时表示防御、抗拒或自我保护。在与他人争论或感到不安时，人们可能会交叉双臂。

⑨掌心向上，表示坦诚、顺从，不会给对方产生压力和威胁。

⑩掌心向下，代表优越感或者控制欲，给对方一种高高在上、命令式的感觉。

⑪伸出食指，指责、压制或者命令。

需要注意的是，肢体动作的含义可能因文化、情境和个人习惯的不同而有所差异。在理解他人的肢体动作时，要结合具体的情境进行综合判断。

（2）灵活运用眼睛的表情语言

①注视对方的恰当部位。正式的商务沟通，目光要大多数时间停留在对方双眼以上到额头的三角区域内；非正式的社交沟通，目光应停留在对方的嘴及双眼之间的三角区域内。

②把握好和对方的目光交流时间。一般与对方的目光接触时间大约为谈话时间的三分之二为佳。

③运用恰当的注视方式。要依据不同的沟通对象和沟通场合表现出严厉、温和、诚恳、善意等不同种类的目光。

（3）恰当地运用空间距离

①亲密距离一般为 0.15～0.5 米，适合亲人或者特别要好的朋友。

②人际距离一般为 0.5～1.2 米，是非正式个人交谈时经常保持的距离。

③社交距离一般为 1.2～3.6 米，是非个人事务、社交性聚会或者访谈等正式场合距离。

④公共距离一般为 3.6 米以外，一般适合公众演说、讲话或者做报告。

4. 面谈沟通

虽然当今社会信息技术的发展让沟通空间无限制、沟通手段极丰富，但管理者的日常工作和商务会谈还是需要借助面谈来取得更加理想的效果。

（1）面谈前要做好准备

①确定面谈沟通的必要性。当出现比较重要的问题或者需要深度了解情况时，就需要面对面沟通。

②确定好面谈主题并了解相关信息。这次谈话主要针对什么问题而展开，希望达到一个什么样的沟通效果。

③收集面谈对象的相关资料。

④制定面谈的具体策略和流程。先谈什么、后谈什么，主要表达什么样的思想，如何应对对方的不同反应等。

⑤选择好面谈时机和场地。

（2）面谈中要用好几个方面

①用脑。牢记沟通的目的。

②用心。开放心胸、以真诚感染对方，引导对方积极互动。

③用嘴。把握好语言沟通的技巧和尺度。

④用耳。积极倾听。

⑤用身体。正确运用自身肢体语言。

⑥用眼睛。通过对方的肢体语言获取有效信息。

（3）面谈结束时要注意圆满

①做好面谈总结。面谈最后需要总结一下主要的面谈内容，哪些方面已经达成共识，哪些方面还有分歧，该如何妥善处理等。

②做好双方共识的行动安排。依据面谈达成的共识，双方确定下一步的改进计划。

5. 书面沟通

书面沟通是以文字为媒体的信息传递，形式主要包括文件、报告、邮件、书面合同等。

口头沟通虽然比较灵活、简便，双方可以自由交换意见，但容易受到时间空间的限制，交流后保留的信息相对较少。书面沟通能够弥补口头沟通的缺陷，不仅不受时间空间限制，而且让沟通内容有据可查。此外，书面沟通还能增加表述的准确性、条理性。

（1）职场文书写作应遵循 7C 原则

①完整（Complete），职场文书应完整表达所要表达内容和意思，如何人、何时、何地等。

②准确（Correctness），表达用词用语及标点符号应正确无误。

③清晰（Clearness），所有的词句都应能够非常清晰明确地表现真实意图。

④简洁（Conciseness），在无损于礼貌的前提下，文字清楚地表达自己的真实意思。

⑤具体（Concreteness），内容要具体、明确。

⑥礼貌（Courtesy），文字表达的语气应表现出一个人的职业修养，客气且得体。

⑦体谅（Consideration），站在对方的立场上，为对方着想。

（2）职场文书写作应做好以下几个方面

①资料收集。为了确保论证有力，就一定要利用多种途径广泛收集有用资料。

②观点组织。明确表达的中心思想，以及每一部分的核心观点。

③材料提炼。要做到重点突出、条理分明，适合阅读对象，就需要对收集的资料进行重新组织加工，确保表达方式的针对性。

④文稿起草。不要过分追求一步到位，把前期所做的准备和写作时的灵感相结合，把各种可能都列出来，把草稿写完整。

⑤文稿完善。依据沟通对象、所要表达的核心观点首先从宏观上对草稿进行加工处理，确保文稿条理分明、逻辑合理，对方能快速捕捉到重要信息。然后再从微观上对草稿进行加工，注意文体格式前后一致，语言不啰唆冗长。

（3）职场文书写作的几个技巧

①换位思考。

②强调积极面，合理处置负面信息。

③要在书面沟通中注意书写语气。

④突出重点内容。

⑤注重文章格式排版。
⑥学会插入图表。

4.4 管理沟通不畅的原因及管理者沟通技能

管理沟通是指社会组织及其管理者为了实现组织目标,在履行管理职责,实现管理职能过程中的有计划、规范性的职务沟通活动和过程。换言之,管理沟通是管理者履行管理职责,实现管理职能的基本活动方式,它以组织目标为主导,以管理职责、管理职能为基础,以计划性、规范性、职务活动性为基本特征。

1. 管理沟通的特殊性

(1) 管理沟通是一种独特类型的沟通

管理活动中的沟通是一种独特类型的沟通形式,是管理者在履行管理职责的过程中,为了有效地实现管理目标而进行的一种职务沟通活动。因此,管理沟通不仅是与管理有联系,其实它本身就是管理的内容。

(2) 管理沟通有着特定的内容目标要求

作为管理活动之内容的沟通有别于任何随意的、私人的、无计划的、非规范的沟通。尽管管理沟通也可能是信息、思想、观点、感情、意见等任何内容的交流,这些交流却与组织目标、任务和要求等密切相关。管理沟通的任何内容的实施和展开都是受组织目标导引的一种有计划的自觉的规范性的活动和过程。

(3) 管理沟通是一种制度上的安排

管理沟通应该包括现代组织信息活动与交流的一般管理要求和现代管理方式在内。这就意味着管理沟通不仅是一种活动,同时也是一种制度或体制。具体说来，就是组织结构的选择和组织制度、体制的建设要成为了有效沟通和有利于组织特定管理沟通要求的形式或模式。

2. 管理沟通的形式

按照不同的分类标准，管理沟通有不同的形式。

（1）正式沟通与非正式沟通

从组织系统来看，正式沟通就是通过组织明文规定的渠道进行信息传递和交流。非正式沟通是在正式沟通外进行的信息传递或交流。它起着补充正式沟通的作用，因为人们的真实思想和动机都是在非正式的沟通中表露出来的，且信息传递快、不受限制。

（2）上行沟通、下行沟通和平行沟通

上行沟通是指下级的意见、信息向上级反映。下行沟通是指组织中的上层领导按指挥系统从上而下的情报沟通。平行沟通是指组织中各平行部门人员之间的信息交流，包括一个部门的人员与其他部门的上级、下级或同级人员之间的直接沟通。

（3）单向沟通和双向沟通

作报告、发指示、作讲演等是单向沟通；交谈、协商、会谈等是双向沟通。如果需要迅速地传达信息，单向沟通的效果好，但准确性较差；如果需要准确地传递信息，双向沟通的效果较好，但速度较慢。

（4）口头沟通和书面沟通

口头沟通就是指人们之间的言谈，或通过别人打听，询问其他人的情况，也可以是委托他人向第三者传达自己的意见等。书面沟通则是用图、文的表现形式来联络沟通。前者的优点是具有迅速和充分交换意见的潜力，能够当面提出或回答问题。后者使传递的情报作为档案或参考资料保存下来，往往比口头情报更仔细、更正式。

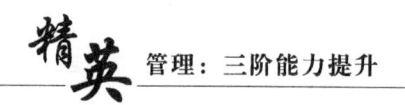

3. 管理沟通的方法

（1）发布指示

指示是指导下级工作的重要方法，可使一个活动开始着手、更改或制止，具有强制性的意思。如果下级拒绝执行或不恰当地执行指示，而上级主管人员又不能对此使用制裁办法，那么今后的指示可能失去作用，其地位将难以维持。

（2）会议制度

会议是整个活动包括社会活动的一个重要反映，会议集思广益。会议可使人们彼此了解共同的目标，明确自己怎样为组织做出贡献。通过会议对每一位与会者产生一种约束力，发现人们所未注意到的问题。例如，工作汇报会、专题讨论会、职工座谈会等。

（3）个别交谈

个别交谈就是指领导者用正式的或非正式的形式，在组织内或组织外，同下属或同级人员进行个别交谈，征询谈话对象中存在的问题和缺陷，提出自己的看法，对别人或其他的上级，包括对主管人员自己（谈话者）的意见。这种方法在认识、见解、信心诸方面易取得一致。

（4）建立沟通网络

沟通网络实际上是对各种沟通形式的概括。有链式、圆周式、轮式和"Y"式。

4. 组织内管理沟通不畅的原因

客观上，导致管理沟通不畅原因有：

①信息的发送与接受者在空间的距离大、接触机会少、社会文化背景存在差别；

②组织机构过于庞大、中间层次太多；

③年龄差异等原因导致员工间的语言系统不一致；

④组织内沟通渠道不畅通。

主观上，导致管理沟通不畅原因有：

①缺少"胆""心""肺"，即对上沟通没有胆量，对下沟通没有真心，横向沟通没有肺腑之言；

②组织内的沟通氛围、组织文化不佳；

③管理者的沟通理念和员工的沟通意识缺乏；

④相互之间不信任。

除此之外，造成管理沟通不畅还有管理者自身原因：

①高高在上，对沟通对象不愿意做更多的了解；

②沟通安排很随意，目的不清楚；

③沟通之前准备不足；

④沟通以自我为中心，缺乏过程技巧；

⑤沟通方式选择不当；

⑥自己说的太多，不考虑下属意愿，追求下属被动服从。

管理者应时刻牢记，无论我们是否同意下属的观点，我们都要尊重下属，给予他说出观点的权利，并从下属的立场与角度去理解他的观点。

5. 提高管理沟通效果的方法

①确定目标：组织目标、沟通目的。

②自我分析：可信度、影响可信度的因素。

③听众分析：听众范畴、态度、如何激励。

④文化背景分析：价值观、行为习惯差异等。

⑤信息组织：内容、论证及结构安排。

⑥渠道选择：语言、非语言、个体和群体。

⑦寻求反馈：反馈的途径、反馈评估。

6. 管理者应掌握的沟通技能

①语言交往能力：语言知识与语言运用。

②非语言交往能力。

③超语言交往能力：社会文化能力。

④沟通策略、策划能力。

⑤管理沟通能力：管理文书写作、会议管理、演讲、交谈、谈判、冲突管理、授权技巧、鼓励说服、对外沟通等能力。

⑥现代化通信技术的综合利用能力。

在此基础上，沟通过程中管理者还要注意做好图 4-2 中的相关事项。

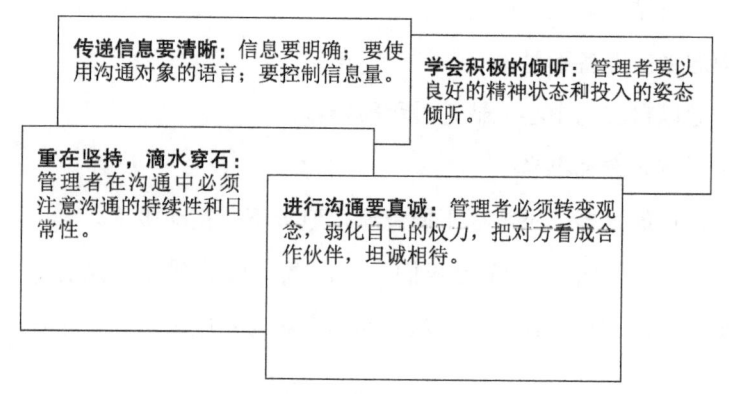

传递信息要清晰：信息要明确；要使用沟通对象的语言；要控制信息量。

学会积极的倾听：管理者要以良好的精神状态和投入的姿态倾听。

重在坚持，滴水穿石：管理者在沟通中必须注意沟通的持续性和日常性。

进行沟通要真诚：管理者必须转变观念，弱化自己的权力，把对方看成合作伙伴，坦诚相待。

图 4-2　管理者沟通要特别注意的事项

7. 掌握主持会议的语言艺术

会议是管理者常用的一种沟通方式，要达到预期的会议沟通目标，会议主持者语言要求主要有以下四个方面。

（1）突出中心，紧扣主题

在主持会议前，管理者要进行必要的准备，把会议的主题分解成几个方面；会议开始，主持人要用简明扼要的语言向与会者介绍会议中心议题；会议进行过程中，要做好适当的控制和引导，确保会议的中心突出。

（2）严谨、灵活

主持人讲话要力求周全，不允许海阔天空地闲扯。灵活是指善于临场随机应变，适时调整，以适应变化的情况。

（3）关注与会者的情绪

如果会场出现冷场，主持人可以抛出一个大家感兴趣的话题，或者指明让某一个人就某个问题发言；如果出现大家都激烈发言的场面，主持人可以适当地给予降温或者升温。

（4）通俗易懂，幽默生动

主持人要兼顾全局，不能用太深奥的语言。观点表达时，要让人觉得不枯燥，容易理解和接受。阐述过程中，可以插入一些幽默的语言材料，增强趣味性，产生感染力，使与会者在轻松愉快中接受相应的观点。

第 5 章　有效授权

5.1　有效授权概述

授权指主管将职权或职责授给某位部属负担，并责令其负责管理性或事务性工作。授权是一门管理的艺术，充分合理的授权能使管理者们不必亲力亲为，从而把更多的时间和精力投入企业发展上，以及如何引领下属更好地运营企业。

授权是组织运作的关键，它是以人为对象，将完成某项工作所必须的权力授给部属人员。即主管将处理用人、用钱、做事、交涉、协调等决策权移转给部属，不只授予权力，且还托付完成该项工作的必要责任。

1. 授权的必要性

管理的最终目标在于提高经营绩效。

要提高经营绩效，必须做到专门化与人性化的有机结合。换句话说，提高经营绩效最为关键的是调动下属的工作积极性和主动性。

从管理的实践来讲，要做到专门化与人性化的有机融合，调动下属的工作积极性和主动性，管理者除了做好工作计划、协调和控制之外，最为关键的是要将授权与目标管理落到实处。

授权的必要性具体表现如下。

（1）授权能够让管理者有更多的时间去进行更重要的工作

管理者忙常常会导致"盲"和"蛮"。前者会让管理者看不清未来，导致组织和部门在错误的道路上奔跑；后者会让管理者管理手段粗暴，伤了下属的工作激情。

（2）授权能够让管理者有时间发展新的技能

社会与科技的发展日新月异，管理者只有不断学习、提升自己才能不被社会所淘汰。

（3）授权是确保下属完成目标责任的基础

用权是尽责的需要，权责对应或权责统一，才能保证责任者有效地实现目标。

（4）授权是调动下属积极性的需要

对下属的激励，是通过激发下属人员的动机，将人们的行为引向目标来实现的。授权是给予下属的认可与肯定，是对下属人员尊重与成就动机的满足，对调动下属的积极性非常有效。

（5）授权是提高下属能力的途径

授权管理是一种能力开发体制，这主要是通过下属在管理过程中的自我控制、自主管理实现的。实行自我控制与自我管理，下属必须有一定的自主权。在运用权限自主决策、自我解决问题和控制中，将促使下属对全盘工作进行总体规划，改变靠上级指令行事的局面，有利于能力发挥并不断提高。

（6）授权是增强组织应变能力的条件

现代管理环境情况多变，要求管理组织系统要有很强的适应性和应变能力。而实现这一点的重要条件就是各级管理者手中要有自主权。

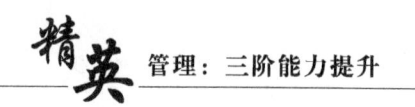

2. 有效授权的基础

授权是给予下属履行责任所需的相应权力，确保下属工作决策高效、执行有力。

有责无权，下属很难履行好自己的职责。与之相对，有权无责，则很容易导致下属权力的滥用。

正因如此，有效授权应力求做到权责对等。要实现这一目标，授权之前必须做好以下几点：

①明确下属的岗位职责，组织要编制好《岗位职责说明书》；

②设定清晰的岗位目标，明确考核标准与规范；

③做好下属岗位权力分解，将人事权、财务权、业务权分开，确定授权的性质和范畴。

在此基础上，还要明确授权的工作类型，如图 5-1 所示。

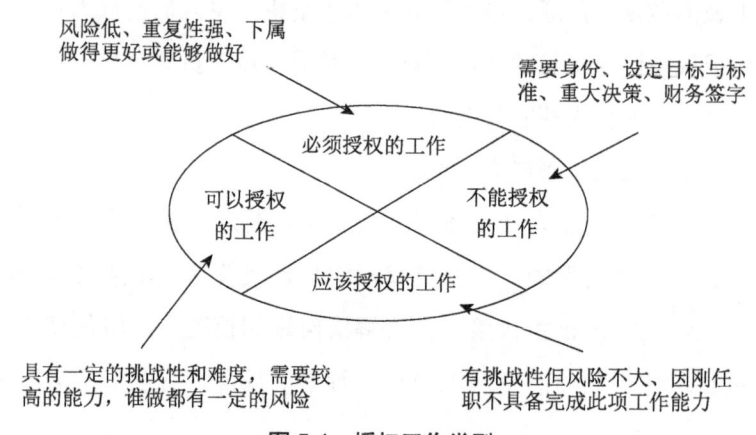

图 5-1 授权工作类型

3. 有效授权的原则

授权的基本依据是目标责任，要根据责任者承担的目标责任的大小授予一定的权力。在授权时还要遵循以下四大原则。

（1）相近原则

这有两层意思：一是给下级直接授权，不要越级授权；二是应把权力授予最接近做出目标决策和执行的人员，一旦发生问题，其可立即做出反应。

（2）权责对等原则

所谓权责对等原则也就是权责一致原则，是指管理者授予下属的权力应该与其所承担的责任相适应的准则。

贯彻权责对等原则是有效授权的必要条件，同时也是对被授权对象从两个方面进行约束的重要标准。即不能滥用权力，授权对象在其位要担其责。

（3）个性化原则

从系统的观点而言，影响授权有效性的主要因素，可以归纳为六个方面：被授权人的责任感和能力（被授权人的职业成熟度）、授权者的领导与管理水平、任务和目标的清晰度、完成任务的资源条件、环境、被授权人应得的利益。

其中被授权人的职业成熟度对授权有效性有着极其重要的影响。所以，在管理工作实践中，授权不是福利，不能一刀切，不能找公平，一定要做到因人而异。

（4）循序渐进原则（动态原则）

针对下级的不同环境条件、不同的目标责任及不同的时间，应该授予不同的权力。贯彻动态原则体现了从实际需要出发授权，具体可采取以下措施：

①单项授权，即只授予决策或处理某一问题的权力，问题解决后，权力即行收回；

②条件授权，即只在某一特定环境条件下，授予下级某种权力，环境条件改变了，权限也应随之改变；

③定时授权，即授予下级的某种权力有一定的时间期限，到期权力应该收回。

管理者向下属授权要高效，除了坚守以上四大原则之外，还要做到以下十点。

①把握好受权时点，及时及地授权，不要等到自己干不了，才将事情交给下属去干。

②找准适合的人授权，根据工作的特点，交给合适的人去干，做到人与事相匹配。

③向下属授权时，要明确期望与目标，为被授权者指明方向，给工作压力和动力。

④将总目标进行分解，提出节点工作目标，让被授权者清楚要做什么，怎么去做。

⑤工作任务授权之后，不能一放了之，要定期进行检查和评估，了解工作执行情况，促进任务执行到位。

⑥坚持以结果为导向，不能授权的同时规定下属的操作步骤与方法，应立足工作结果，这样才能激励被授权者，充分调动其积极性和创造性。

⑦不重复授权，同一件事不要分配两个人以上去做。这样做的话，只会越授权管理越乱。

⑧工作授权之后，要主动跟进，在下属遇到困难时，要主动协助寻找解决困难的办法。

⑨做人做事敢于担当，一项工作即使已授权给别人，自己仍是任务的承担者，不要推卸责任。

⑩认真把握好授权度，明确哪些可以授权，哪些不可以授权，小心放权后自己没有权。重要的任务、核心的事情，还是要自己承担，亲力亲为。

4. 基于授权的管理方式

根据授权程度不同，管理者的管理工作方式可以分为五级：

第一级，指挥式：下属只能按照上司的命令或指示工作；

第二级，批准式：下属工作方案必须在取得上司批准后才能进行；

第三级，把关式：上司只要求下属在关键环节请示批准；

第四级，追踪式：上司允许下属采取"先斩后奏"的方式工作；

第五级，委托式：上司给予下属工作过程的充分授权，只关注结果。

五级管理方式示例说明如表 5-1 所示。

表 5-1 五级管理方式示例说明

管理方式	示例描述
指挥式	下属只能把事实告诉我，由我决定如何解决（例如：小张，你想想看这次的工程可能有哪些问题，把情况告诉我，我再决定用什么方法）
批准式	下属必须提出一套完整行动计划，经我核阅后才能行动（例如：小张，请提出这次工程的详细计划，后天前交给我看）
把关式	下属要先将关键环节报告给我，让我知道他打算做什么，我确认后他即可去做（例如：小张，把工程前期进展情况及下一步的打算报告给我，我审核后再确定下一步行动）
追踪式	下属可以先去做起来，但事后要让我知道他在做什么和结果（例如：小张，这次工程你就好好去做，但要随时向我报告工程进度情况）
委托式	下属放心去做吧，没有必要和我来说（例如：小张，这次工程你就全权处理吧，做完后把结果告诉我）

5.2 授权开展与授权障碍克服

正确的授权开展方式不仅能使授权工作更顺利进行，而且有助于增进授受双方的感情，强化组织内部联系，优化组织结构。

授权开展方式不当，不仅会造成授权对象的理解错误，影响授权效果，而且容易产生组织结构混乱、上下猜忌的危险。

1. 正确的授权开展方式

从前文基于授权的管理方式划分可以看出,授权开展有很多方式,每一种方式下放权力的多少不同,控制的严格程度不同,达到的目标和效果也会不同。

在各种授权开展方式中,充分授权和模糊授权是两种具有代表性的授权方式。

(1) 如何进行充分授权

充分授权是指授权事项充分明确,管理者将权力最大限度地授予下属,让下属在一定范围内拥有决策、行动的自主权。

1) 有效的充分授权首先要明确授权范围

①确定具体的任务和目标。清晰地告知被授权者要完成的工作任务以及期望达成的目标。例如,在一个项目中,明确规定项目的进度要求、质量标准以及预算限制等。

②界定权力边界。明确被授权者在执行任务过程中可以自主决策的范围,包括财务审批额度、人员调配权力等。

2) 有效的充分授权要慎重选择被授权人

①评估能力和经验。选择具备完成任务所需能力和经验的人。如果是一项技术难题的解决任务,应选择具有相关专业知识和技能的员工。

②考察责任心和忠诚度。确保被授权者有足够的责任心去认真对待任务,并且对组织忠诚,不会滥用权力。

3) 有效的充分授权还要提供必要的支持和资源

①做好信息共享。确保被授权者能够获得完成任务所需的信息,包括市场动态、客户需求、内部数据等。

②提供必要资源。给予被授权者必要的人力、物力和财力支持,例如为一个新产品研发项目配备足够的研发人员和资金。

4）有效的充分授权必须以高效的沟通机制为前提

①定期沟通。设定固定的沟通时间，了解任务进展情况，及时解决被授权者在执行过程中遇到的问题。

②开放沟通渠道。鼓励被授权者随时提出问题和建议，保持沟通的畅通无阻。

5）有效的充分授权离不开监督与评估

①设定监控指标。充分授权并不意味着彻底地放弃了干预和控制的权力，管理者不仅应该而且必须保留对授权工作的监督，通过确定一些关键指标来监控任务的进展和质量，如项目进度完成率、成本控制情况等。

②进行评估反馈。在任务完成后，对被授权者的表现进行评估，给予肯定和反馈，同时总结经验教训，为今后的授权提供参考。

除此之外，要保证充分授权效果，最好将授权中各项工作程序化，检查与评价标准化。

①工作过程程序化，将工作阶段及工作方式程序化、固定化，让意外情况降至最低。

②控制过程程序化，对于控制的方式、途径应该有详尽的规范，力求做到程序化。

③评价依据标准化，检查和评估依据的理论或标准，授受双方事先要统一好。

（2）如何进行模糊授权

现实中，并不是所有的授权都能做到充分的。有的任务虽然能够描述但是难以确定，目标可以预测但是无法计算；它需要灵活的工作方式，虽有着巨大的收益，但也存在巨大的风险；它的期限难以确定，只能是大概。

模糊授权是指领导者只给出工作的大致方向、目标和要求，给予被授权者较大的自主决策空间，而不明确具体的操作方法和步骤。在工作中，做好模糊授权要做到以下六个方面。

1) 要明确大方向和目标

①清晰阐述愿景。向被授权者传达工作的整体愿景和最终期望达成的结果。例如，在开拓新市场的任务中，明确提出要在一定时间内提高市场占有率，但不具体规定采用哪些营销手段。

②确定关键目标。设定几个关键的目标指标，让被授权者围绕这些目标开展工作。比如，规定新业务的销售额增长幅度、客户满意度提升目标等。

2) 要选择合适的人选

①具备创新能力。挑选那些富有创造力、敢于尝试新方法的员工进行模糊授权。他们能够在不明确的任务环境中主动探索，提出独特的解决方案。

②有较强的责任心。被授权者需要对工作结果负责，因此要有高度的责任心，确保在自主决策过程中始终以实现目标为导向。

3) 要建立信任关系

①给予充分信任。领导者要相信被授权者的能力和判断力，不要过度干预他们的工作过程。让他们感受到自己被信任，从而更有动力和信心去完成任务。

②展示信任的行为。例如，在公开场合表达对被授权者的信任，赋予他们更多的自主权，让他们参与重要决策等。

4) 要给予被授权者必要的支持

①资源支持。确保被授权者在需要时能够获得必要的资源，如资金、人力、技术等。例如，为一个创新项目提供专项研发资金和专业技术人员的支持。

②信息支持。及时提供与任务相关的信息和数据，帮助被授权者更好地了解工作背景和市场动态。可以定期组织内部培训和分享会，让大家交流信息。

5) 要保持沟通与反馈

①定期沟通。虽然是模糊授权，但仍需要保持一定的沟通频率。通过沟

通了解工作进展，解答被授权者的疑问，提供必要的指导和建议。

②鼓励反馈。鼓励被授权者主动反馈工作中的问题和困难，以及他们的新思路和新发现。及时给予反馈，肯定他们的努力和成果，同时对存在的问题共同探讨解决方案。

6）要及时进行评估与调整

①设定评估标准。在授权之初就明确评估工作成果的标准，这些标准可以是定性和定量相结合的。例如，既考虑项目的经济效益，也考虑对团队协作和创新能力的提升。

②适时调整。根据工作进展和实际情况，适时调整授权的范围和方式。如果发现被授权者在某些方面遇到困难，可以适当给予更具体的指导；如果他们表现出色，可以进一步扩大授权范围。

总之，进行模糊授权不是什么都没有、什么都不清楚。事实上，要进行模糊授权的任务是真实存在的，并且授受双方对于要达到的目的也会有一个大致的判断，只是权力分配、工作进程、实现的目标都需要随着实际情况的不断变化而做出修改。

模糊授权特别适用于重大而复杂的创新性事务。

2. 授权中的主要障碍

（1）管理者层面

①怕被超越。一些管理者常常会因为担心下属做得比自己更好等原因不愿意授权。

②缺乏信任。管理者对下属不够信任，担心他们不能胜任工作或会犯错误，从而不愿意授权。这种不信任可能源于对下属能力的不了解，或者过去的不良经历。

③权力欲作祟。部分管理者热衷于掌控权力，认为授权会削弱自己在组织中的地位和影响力，因此不愿意将权力下放给下属。

④缺乏授权意识。有些管理者没有认识到授权的重要性，习惯亲力亲为，不懂得通过授权来提高管理效率和培养下属。

(2) 下属层面

①能力不足。下属可能缺乏完成被授权任务所需的知识、技能或经验，导致管理者不敢授权。

②缺乏自信。下属对自己的能力缺乏信心，不敢承担责任，害怕失败，因此不愿意接受授权。

③缺乏责任感。部分下属在接受授权后，没有认真履行职责，敷衍了事，导致管理者对授权产生疑虑。

(3) 组织层面

①制度不完善。组织缺乏明确的授权制度和流程，导致授权过程不规范，容易出现混乱和矛盾。

②文化不支持。如果组织文化强调等级制度和集权管理，那么授权就会受到阻碍。相反，如果组织文化鼓励创新和自主决策，那么授权就会更容易实现。

③沟通不畅。管理者与下属之间、部门之间沟通不畅，可能导致授权不明确、任务分配不合理，从而影响授权的效果。

3. 授权障碍的克服

授权意味着权力和利益的重新分配，意味着下属从依靠管理者"扶着走"变为"自己走"，对于授受双方来说都面临着挑战，授权要有效进行，必须克服授权中可能遇到的种种障碍。

(1) 来自管理者层面的授权障碍克服

明确授权并不等于失去控制，而是通过合理的监督和反馈机制来确保工作朝着正确的方向进行。制定明确的目标和绩效指标，定期与下属沟通，了解工作进展，这样既能给予下属足够的自主权，又能保持对工作的掌控。

要认识到每个人都有成长和发展的潜力，通过观察下属的日常表现、以往的成功案例等，逐渐建立对他们的信任。在授权初期，可以从一些较小的任务开始，随着下属不断取得成果，逐步扩大授权范围。

明白授权对组织与个人发展的重要性，它不仅可以减轻自己的工作负担，还能激发下属的积极性和创造力，提高团队的整体绩效。管理者要多参加管理培训、阅读相关书籍、与其他成功的领导者交流，提升自己的授权意识。

具体来讲，管理者必须懂得授权是决定其能否成为一个优秀的管理者的关键所在，要做到以下几点：

①克服自我感觉良好心态，正视自身的局限；

②不害怕员工挑战，将其视为自我成长的动力之源；

③坚信授权是组织、员工和自我三赢选择；

④信任下属，将帮助下属成长视为自己的责任；

⑤坚持学习，做一个持续进步的管理者。

（2）来自下属层面的授权障碍克服

对于害怕承担责任的下属，领导者要让其明白只有敢于承担相应的责任，才能有成长和发展的机会。并给予下属充分的支持和鼓励，帮助他们树立信心，勇敢地承担起责任。同时，在下属遇到困难时，及时提供指导和帮助。

对于缺乏能力和经验的下属，领导者在授权之前要对其进行必要的培训和指导，提升他们的能力和技能。可以安排内部培训、外部学习机会或者让有经验的同事进行辅导。在授权过程中，根据下属的实际情况，逐步增加任务的难度和复杂性。

对于那些对授权不理解的下属，领导者要与其充分沟通授权的目的、意义和范围，让他们明白自己在授权中的角色和责任。解答下属的疑问，消除他们的顾虑，确保他们对授权有正确的认识。

不管怎样，实践中不是要不要授权，而是采取什么方法让下属尽快适应授权工作，因此管理者还要做到：

①给予下属培养，帮助其快速成长；

②帮助下属正确认识自己的能力，树立自信心；

③改变下属"等""靠"的依赖心理，让其独立开展工作；

④为接受授权工作的下属解除后顾之忧；

⑤合理确定权责分担比例；

⑥在下属需要时能够给予他们足够的支持。

（3）来自组织层面的授权障碍克服

领导者可以通过以身作则、宣传成功案例等方式，逐步改变组织文化，营造一个支持授权的氛围。鼓励员工提出新想法和建议，对积极参与授权的员工给予奖励和认可。

建立健全的授权制度，明确授权的流程、范围、责任和监督机制。确保授权有章可循，避免出现混乱和风险。同时，定期对制度进行评估和调整，以适应不断变化的业务需求。

5.3　授权后的控制与误区防范

没有控制的授权不是授权，而是放弃权力；控制太多太严的授权也不是授权，而是分派任务。

授权离不开监督和控制，但授权后的监督和控制却是一门艺术，过头和不及都会影响授权的正常进行。

1. 通过目标设定建立授权控制体系

贯穿于整个监督与控制过程的主线是预先设定任务和目标，在此基础上评价员工工作的成败得失，纠正错误，奖励创新；使授权工作始终沿着目标设定的方向发展，不偏离轨道。

良好的控制，首先取决于事先良好的计划。计划之所以能够对授权工作进行控制，就在于它包含有对未来状态预期、对授权工作发展方向作了规定的目标。

（1）所设定的目标应以预期成果为内容

目标的主要内容就是对成果的预期。管理者可以把组织的发展需要、组织所能提供的资源以及受权者个人能力和社会环境因素影响作为条件，合理确定应该达到的预期成果。

好的目标设定应该注意四个方面的问题：

①预期成果必须具有合理性，即逻辑上行得通；

②预期成果必须是可实现的，即现实中可执行；

③预期成果应该是综合考虑多方面因素，即包括组织、个人和大环境影响；

④预期成果应该考虑到突变事件的影响，即管理者要尽可能预估会出现哪些突变及突发事件出现的概率。

（2）目标应该是阶段性和综合性的成果体系

没有时间限制的目标起不到任何控制作用，没有时间限制的任务也没有进行控制的可能。

预期成果不能只是一个最终的结果，而应该是各个阶段有不同的成果要求，综合起来又有一个总体的成果要求，是一个目标成果体系。

（3）目标体系应尽可能量化

量化明确才能考核，模糊定性的目标很难判定它的实现程度，从而监督与控制的有效性会大打折扣。

实践中无法直接用数字来表达的目标，比如企业内部的员工培训，不能说员工掌握了多少数量的知识，但是我们可以通过等级评价来实现成果量化。比如，通过考核达到A、B、C、D、E等级的人数，这就量化了。

(4) 目标设定应该具有灵活性，能够做出调整

目标与计划是对未来预期性的行动要求，作为对受权人工作效果的评定标准虽然要保持严谨性，但如遇到突变事件发生、环境发生根本性变化的情况下，必须能够适应新情况做出调整。

2. 通过定期与突击检查相结合进行监督与控制

管理者授权下属完成一定的任务，下属就必须接受管理者的监督和控制。实践中要做好这方面的工作，确保授权效果，可采取定期检查与突击检查相结合的方式实现对授权的控制。

（1）定期检查

定期检查是一种正式的、常规的监督控制方式。授权计划中应该列出有关定期监督的规定。

①时间确定。一般而言，任务比较复杂，时间跨度比较长的授权工作，可以月为周期甚至以季度为周期进行定期检查，而任务管理出现错误率比较大的授权工作，可以半月、一周甚至更短的时间为周期进行检查。

②检查内容确定。检查内容最好能够反映授权工作各个方面的情况，并且能够形成对授权工作有指导意义的结论。

③检查评价标准确定。这一方面让受权者有明确的规则可循，以便于按标准化模式安排工作，另一方面也便于管理者做出科学评价。

（2）突击检查

与定期检查相比，不定期的突击检查更能得到真实的检查结果。

但突击检查并不是想什么时候检查就什么时候检查、想怎么检查就怎么检查的，它也需要符合一定的要求。

①应该在授权计划中被认可。检查的时间、方式、内容及评价标准等都可以由管理者自由选择，但作为一种监督手段，它本身也需要下属的认同，让下属面对突如其来的检查时有心理准备。

②突击检查应该有所侧重。突击检查应该有针对性，有所侧重点。比如，对一项新产品生产的授权任务，第一次突击检查可以侧重于生产线安全性、工人操作的规范性等；第二次突击检查可以侧重于产品质量、性能等；第三次突击检查可以侧重于授权者财务收支情况等。

③突击检查不能太频繁。为了不给受权者造成过多的干扰和太大的心理压力，突击检查应该作为定期检查的一种辅助手段，只是在问题暴露或有可能暴露的情况下运用，不能过于频繁。

④突击检查中应注意对下属的尊重。突击检查旨在帮助下属发现问题，改进工作。所以管理者应该真诚的帮助下属寻找解决方案，即使批评也要给下属留下面子，不做过火的举动。

（3）检查要防止形式化及虚假信息的出现

防止形式化及虚假信息有以下两个主要手段。

①扩大检查面。检查内容不仅要能反映工作本身的情况，检查对象还应多涉及与工作相关的人，不能仅限于授权工作的主要承担者，以获得更全面客观的信息。

②对虚假信息进行严厉处罚。管理者要克服只看好不看坏的心态，对于下属虚报、瞒报信息给予严厉的处罚，那么下属就不敢报喜不报忧了。

（4）检查评定结果要能切实指导工作的继续开展

要使检查结果真正对授权工作起到控制作用，就必须要求下属认真对待检查结果，以检查中的评价和意见作为改善工作的依据。下属对于检查中被发现的问题要做出解释并拟出修改计划，对于可能出问题的一些做法要向上面说明情况，征求上面意见后决定是否修改。

3. 授权误区的防范

授权工作有很多认识和操作上的误区，如果走入了这些误区，授权不但不会给组织带来任何好处，反而可能造成工作上的障碍。

主要的授权误区如推卸责任、滥用权力、授权后无信息反馈等，这些会导致组织权力结构体系混乱，而选择对象的误区和结果至上误区则可能伤害员工的积极性，破坏组织内部的人际关系和凝聚力。

（1）防范授权变为管理者推卸责任的理由

防止授权变为管理者推卸责任的理由，可从以下三个方面入手。

①授权前确定职责。在进行授权时，明确管理者与被授权者各自的责任范围。例如，管理者对整体目标的设定、资源的提供，以及对重大风险的把控负责；被授权者则对具体任务的执行、成果的达成，以及在授权范围内的决策负责。

②书面记录责任。将双方的责任以书面形式记录下来，包括任务描述、权力范围、责任界定等，以便在出现问题时有据可查。

③强化责任意识。管理者要认识到授权并不意味着推卸责任，而是为了更好地实现组织目标。通过培训、案例分享等方式，强化管理者的责任意识，让他们明白自己在授权过程中的领导和监督责任。

（2）防止被授权者滥用权力

为防止被授权者在授权中滥用权力，可以做好以下八点。

①详细界定任务。在授权时，明确被授权者需要完成的具体任务、目标和期限。例如，在一个市场营销项目中，明确规定要在特定时间内提高产品的市场占有率，以及具体的推广渠道和活动方案。

②划定权力范围。清晰地确定被授权者在执行任务过程中可以行使的权力，如财务审批额度、人员调配权限、决策范围等。同时，明确哪些事项必须经过上级批准。

③制定行为准则。建立一套明确的行为准则，规范被授权者在行使权力时的行为。例如，要求遵守公司的规章制度、职业道德规范，不得利用权力谋取私利等。

④定期检查与汇报。要求被授权者定期向上级汇报工作进展情况，上级

可以通过检查汇报内容、实地考察等方式，及时了解被授权者的工作情况和权力行使情况。

⑤设立监督岗位。可以设立专门的监督岗位，如内部审计、监察部门等，对被授权者的行为进行监督和检查。监督岗位应具有独立性和权威性，能够及时发现和纠正滥用权力的行为。

⑥建立反馈渠道。建立畅通的反馈渠道，让员工和其他利益相关者能够及时反映被授权者滥用权力的情况。上级应认真对待反馈信息，及时进行调查和处理。

⑦奖励正确行为。对正确行使权力、出色完成任务的被授权者给予适当的奖励，如晋升、奖金、荣誉称号等。奖励可以激励被授权者更加积极地履行职责，正确行使权力。

⑧惩罚滥用行为。对滥用权力的被授权者进行严肃的惩罚，如警告、降职、罚款、解除授权等。惩罚应具有威慑力，让被授权者认识到滥用权力的严重后果。

（3）预防授权后信息反馈缺失

为预防授权后信息反馈缺失，可以采取以下措施。

①设定反馈时间节点。在授权时，明确规定被授权者在特定的时间点进行信息反馈，比如每周五汇报工作进展、每月底提交详细的工作总结等。

②确定反馈内容范围。清晰地告知被授权者需要反馈的具体内容，包括任务进度、遇到的问题、取得的成果、下一步计划等。例如，在一个项目授权中，要求反馈项目的阶段性成果、成本控制情况、团队协作问题等。

③定期沟通会议。安排定期的沟通会议，让被授权者有机会集中汇报工作进展和问题。会议可以是团队会议，也可以是一对一的沟通，以便管理者及时了解情况并给予指导。

④培训与教育。对被授权者进行信息反馈重要性的培训，让他们认识到及时反馈信息有助于任务的顺利进行和问题的及时解决。可以通过案例分

析、角色扮演等方式进行培训。

⑤激励机制。建立激励机制，鼓励被授权者积极反馈信息。例如，对及时、准确反馈信息的员工给予表扬、奖励或晋升机会，对反馈不积极的员工进行适当的提醒和督促。

⑥主动询问。管理者不能被动地等待被授权者反馈信息，要主动地询问工作进展情况。可以定期与被授权者进行沟通，了解任务的执行状态，及时发现问题并采取措施。

⑦检查与核实。对被授权者反馈的信息进行检查和核实，确保信息的真实性和准确性。可以通过实地考察、数据核对等方式进行检查，避免被授权者虚报或隐瞒信息。

（4）避免越级授权

作为一种管理手段的授权，应该遵循组织管理的层级划分，千万不能越级授权，尤其不能越过直接下属，向更低级别的下属授权。即：

①正确理解自己的权力；

②只找直接下属安排授权工作；

③对授权决定进行通报并做备案；

④逐级授权。

第6章 时间管理

6.1 时间管理概述

时间管理是指以效率、效果、效能提升为目的，通过事先规划和运用一定的技巧、方法与工具实现对时间的灵活及有效运用，保证各项重要的事务与工作完成的一系列管理活动。

时间管理的目的：通过事先的规划，提升时间利用效率，改善工作与生活品质。

时间管理的核心：决定什么事该做、什么事不该做，以及做事的先后顺序。

1. 四代时间管理思想

（1）便条与备忘录管理

第一代的理论着重利用便条与备忘录，在忙碌中调配时间与精力。

便条与备忘录管理的特色就是写纸条，把要做的事情记录下来，可以随身携带，忘了就把它拿出来看一下。当一天结束后，完成了的事情，就在纸条上划掉，没完成的就增列到明天的便条上。这一代时间管理的特点是较为随意和简单，主要是为了避免遗忘任务。

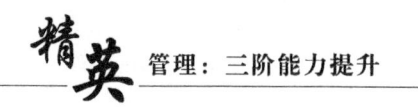

（2）行事历与日程表

第二代强调行事历与日程表，反映出时间管理已注意到规划未来的重要。

行事历与日程表的特色是使用记事簿事先制定时间安排表，将各项任务按照时间顺序进行规划，以提高工作的有序性和效率。

（3）优先级与价值法

第三代是目前正流行、讲求优先级和价值观念。

讲究优先顺序也就是依据事情的轻重缓急和设定的短、中、长期目标，决定做事的先后顺序，优先处理重要且紧急的任务，同时合理安排时间处理重要但不紧急的任务，以避免它们变成紧急任务，旨在将有限的时间、精力加以分配，争取最高的效率。

这种做法有它可取的地方，但也有不足。过分强调效率，把时间绷得死死的，有时会使人失去增进感情、满足个人需要及享受意外之喜的机会。

（4）分工合作的个人管理

第四代是强调分工合作的个人管理。

分工合作的个人管理以授权管理特色，从社会系统的角度进行时间安排，立足人尽其才来提高时间利用效率。这种时间管理模式注重个人使命、价值观与目标的明确，通过平衡工作与生活、关注人际关系等多方面来实现高效的时间管理。它不仅仅关注任务的完成，更注重个人的成长和发展，以及生活的整体质量。

企业管理者应具备第四代时间管理理念，毕竟我们追求的是部门或团队的目标与业绩，我们的时间效率不是取决于我们自己一个人的效率，而是团队的效率。

四代时间管理优缺点比较如表6-1所示。

表 6-1　四代时间管理优缺点比较

时间管理方式	优点	缺点
便条与备忘录管理	①易于上手和执行，可操作性强 ②心理压力小，没有太多的束缚感 ③提示性较好，便于追踪那些待办的事项	①缺乏规划性，不利于长期目标的实现和工作的统筹安排 ②无优先级判断，容易导致人们在处理事务时缺乏重点 ③有时会流于形式，时间管理效果较差
行事历与日程表	①具有前瞻性，可以提前安排好未来的工作和事务 ②提高效率，避免了工作的混乱和无序 ③培养时间观念，有利于养成良好的工作习惯 ④通过制订目标与计划来完成事情，达成率比较高	①事情安排没有优先顺序，时间利用效率比较差 ②遇到突发情况或意外事件时，容易导致计划的执行受到影响 ③制订计划耗时，对于工作任务变化频繁或者工作性质较为灵活的人来说，过于烦琐，浪费时间
优先级与价值法	①以价值为导向统筹安排，提高了时间利用效率 ②优先处理重要的事情，能够在最短的时间内取得最大的效益 ③以优先顺序进行安排，让工作变得井然有序	①排序安排不当，会造成时间管理效率下降 ②可能会过于关注工作的优先级和目标的实现，影响工作的综合效果 ③缺乏生活平衡，影响生活的质量和幸福感
分工合作的个人管理	①有利于人尽其才，团队整体时间利用效率较好 ②注重个人价值，有助于人们在工作和生活中找到平衡，实现自我价值 ③能够根据个人的实际情况和变化及时调整时间管理策略，具有较强的灵活性 ④与管理者工作性质相吻合	①理念较为抽象，难以理解和掌握 ②执行难度大，很难找到一种通用的方法和标准，需要人们根据自己的情况不断地进行探索和调整 ③缺乏明确的监督机制和考核标准，容易使人产生懈怠和放松的情绪，影响时间管理的效果 ④授权不当或授权没有得到有效的控制，会增加管理风险

2. 管理者开展时间管理的必要性

管理者为什么要对时间进行管理，这虽是个见仁见智的问题，但由于很多管理者未对时间进行科学有效的管理，往往造成疲于奔命，大事抓不了、小事抓不到，以致浪费时间的现象广泛存在。

造成管理者时间浪费的原因是多方面的。从主观上说，一方面可能是因为管理者想做的事情太多，但确因没有科学区分事情的轻重缓急，甚至缺乏明确的目标，导致各项工作缺乏优先顺序，最后是顾此失彼、很多事情呈现有头无尾的状态；另一方面也可能是因为不擅于授权，导致自己不得不花费大量的时间于具体事务，或因仓促决策导致整个组织时间以及其他资源的浪费。从客观上说，管理者时间浪费的原因也可能来自于上级领导、工作系统以及生活工作条件等方面。

不管是何种原因，管理者的时间一旦出现浪费，对整个部门甚至整个组织的伤害极大，严重的可能会导致部门、组织低效率重复劳动，最终成效不彰。为了避免浪费时间的现象，管理者必须对时间进行管理。特别要提醒的是，管理者永远没有时间做每件事，但应通过对时间进行管理，保证自己永远有时间做最重要的事。

此外，在当今这样一个动荡多变的环境下，管理者固有知识与经验的时效性会越来越低。管理者只有通过有效的时间管理，才能让自己有足够的思考与学习时间。这对于保证组织决策的科学性与管理者素质能力的提升也是非常必要的。

3. 管理者时间管理的内容

管理者的时间管理并非是对时间这一资源进行管理，而是对管理者自身进行管理，目的是通过提高管理者时间使用效率，减少浪费，实现提高工作效率的目标。

基于上述目的，对管理者自身进行管理主要包括六个方面的内容。

（1）明确并牢记工作的长期和短期目标

管理者的工作不能为做而做，应该立足目标导向，需要明确自己在工作中的长期目标，如提升团队业绩、拓展业务领域等，并将其分解为具体的短期目标，只有这样才能弄清自己的工作内容，更好地规划时间。

（2）掌握工作的关键

不同层次的管理者尽管工作任务和工作责任不尽相同，但管理活动的关键点却是一致的，可简单归结为三个关键，即掌握关键工作、掌握关键人物、掌握关键活动。抓住了这三个关键，管理者基本就解决了组织发展的制约性因素。

所谓"大智有所不虑，大巧有所不为"，之所以成为大智大巧者，在于能够扬其长而避其短。管理者不可能是全能的，也不需要面面俱到，因此只要掌握了关键也就抓住了时间管理的要诀。

（3）简化工作程序

工作流程越简化，越不容易出问题，执行部门及人员在工作过程中会越加细致，执行效果越好。同时，简化程序有利于解决组织中出现的"文山会海"现象，不该发的文不发，不该开的会不开，提高行文和会议效率，降低管理成本。

（4）制订计划与日程安排

结合目标和任务优先级，制订详细的工作计划。明确每个任务的具体步骤、所需时间和负责人，确保工作有条不紊地进行。

将任务分配到具体的时间段，合理安排工作、会议、休息等时间。同时，预留一定的弹性时间，以应对突发情况。

（5）合理授权

任何一位管理者都不可能独自完成本部门的所有工作，也不可能独自对所有的事情做出科学决策，因此应学会识别那些可以授权给下属的任务，做到人尽其才，将自己从烦琐的事务中解放出来，专注于更重要的决策和领导

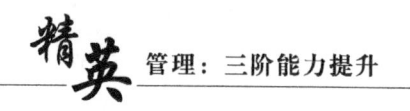

工作。

（6）学会拒绝与减少干扰

对于那些与目标无关或不重要的任务和请求，管理者要学会果断拒绝，避免时间被浪费在无关紧要的事情上。

尽量减少工作中的干扰因素，如关闭不必要的通知、避免无关的会议和闲聊等。可以设置专门的"专注时间"，提高工作效率。

6.2 时间管理基本方法与举措

1. 时间管理基本方法

（1）GTD 时间管理法

GTD 是 Getting Things Done 的缩写，来自于戴维·艾伦（David Allen）的畅销书 *Getting Things Done: The Art of Stree-Free Productivity*，中文译本《尽管去做：无压工作的艺术》。

GTD 时间管理法可以分成收集、整理、组织、回顾与行动五个步骤。

①收集。就是将你能够想到的所有的未尽事宜统统罗列出来。

②整理。定期或不定期地对罗列出来的未尽事宜进行整理，按是否可以付诸行动进行区分。对于不能付诸行动的内容，可以进一步分为参考资料、日后可能需要处理及垃圾等几类；对可行动的内容再考虑是否可在接下来的时间内完成，如果可以则立即行动完成它，如果不行对下一步行动进行组织。

③组织。组织主要分成对参考资料的组织与对下一步行动的组织。对参考资料的组织主要就是建立一个文档管理系统，而对下一步行动的组织一般可分为：下一步行动清单、等待清单和未来某个时候清单。下一步清单是具体的下一步工作，等待清单主要是记录那些委派他人去做的工作，未来某

个时候清单则是记录延迟处理且没有具体的完成日期的未来计划、电子邮件等。

④回顾。一般需要每周进行回顾与检查，通过回顾及检查你的所有清单并进行更新，可以确保 GTD 系统的运作，而且在回顾的同时可能还需要进行未来一周的计划工作。

⑤行动。根据时间的多少，精力情况以及重要性来选择清单上的事项来行动。

（2）六点优先工作法

六点优先工作法是效率大师艾维·利（Ivy Lee）在向美国一家钢铁公司提供咨询时提出的。

这一方法要求把每天所要做的事情按重要性排序，分别从"1"到"6"标出 6 件最重要的事情。每天一开始，先全力以赴地做好标号为"1"的事情，直到它被完成或被完全准备好，然后再全力以赴地做标号为"2"的事，以此类推……

艾维·利认为，一般情况下，如果一个人每天都能全力以赴地完成 6 件最重要的大事，那么他一定是一位高效率人士。

（3）帕累托优先法

帕累托优先法又叫时间"四象限"法（见图 6-1），最早由 19 世纪意大利经济学家帕累托提出，其核心内容是生活中 80% 的结果几乎源于 20% 的活动。

根据这一时间管理方法，我们首先要依据重要性和紧迫性对我们要做的工作进行分类，然后按照下列规则去安排我们的时间。

A．重要且紧急（比如抢险、顾客重大质量问题投诉）——必须立刻做。

B．紧急但不重要（比如有人因为打麻将"三缺一"而紧急约你、有人突然打电话请你吃饭）——有选择地去做，只有在优先做好重要的事情后，

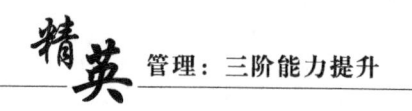

再来考虑这类事。

人们常犯的毛病是把"紧急"当成优先原则。其实,许多看似很紧急的事,拖一拖,甚至不办,也无关大局。

C．重要但不紧急(比如提升自己的能力,做规划,解决下属的工作心态)——平时重点做,只要是没有 A 类事的压力,应该当成紧急的事去做,而不是拖延。

现实中管理者之所以会陷入 A 类事情的包围当中,把自己搞得焦头烂额,很多时候恰恰是 C 类工作没有做到位造成的。

D．既不紧急也不重要(比如游戏娱乐、消遣)——尽量不做,等有闲工夫再说。

时间"四象限"法一个重要的观点是,时间管理是应有重点地把主要的精力和时间集中地放在处理那些重要但不紧急的工作上,这样可以做到未雨绸缪,防患于未然,慢慢地会减少重要且紧急象限里的事项。

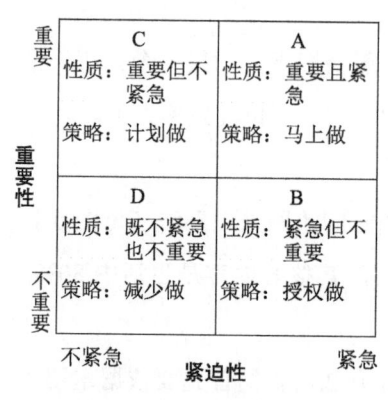

	不紧急	紧急
重要	C 性质:重要但不紧急 策略:计划做	A 性质:重要且紧急 策略:马上做
不重要	D 性质:既不紧急也不重要 策略:减少做	B 性质:紧急但不重要 策略:授权做

图 6-1　时间"四象限"法

(4)计划管理法

关于计划,有日计划、周计划、月计划、季度计划、年度计划。时间管理的重点是待办单、日计划、周计划、月计划。

①待办单。将你每日要做的一些工作事先列出一份清单,排出优先次

序，确认完成时间，以突出工作重点（见图6-2）。这样做既能避免遗忘，也能避免半途而废，尽可能做到今日事今日毕。待办单主要包括的内容：非日常工作、特殊事项、行动计划中的工作、昨日未完成的事项等。待办单的使用注意：每天在固定时间制定待办单（一上班就做），只制定一张待办单，完成一项工作划掉一项，待办单要为应付紧急情况留出时间，其中最关键的一项是每天坚持。

每日待办单

时间：　　年　　月　　日

序号	待办事项	优先顺序	计划完成时间	执行人	完成情况
1					
2					
3					
……					
说明：优先顺序可依据时间"四象限"法填写					

图6-2　每日待办单示例

②日计划。日计划是最接近执行层面的计划，通常用于安排当天的具体任务。

③周计划。周计划用于掌握全局，将月度计划细分到每周。可以每周周末做出下周工作计划。

④月计划。月计划用于规划一个月的工作和任务。可以每月月末做出下月工作计划。

（5）有效时间管理法

美国管理学者彼得·费迪南德·德鲁克（Peter Ferdinand Drucker）认为，有效的时间管理主要是做好自己的时间消耗记录，这样就可以清楚地看出自己的时间浪费在什么地方；管理自己的时间，就是要设法减少非生产性工作的时间；集中自己的时间，由零星而集中，成为连续性的时间段。

（6）麦肯锡30秒归纳法

世界上著名的管理咨询公司麦肯锡曾经有过一次沉痛的教训：该公司曾经为一家重要的大客户做咨询。咨询结束的时候，麦肯锡的项目负责人在电梯间里遇见了对方的董事长，该董事长问麦肯锡的项目负责人："你能不能说一下现在的结果呢？"由于该项目负责人没有准备，而且即使有准备，也无法在电梯从30层到1层的30秒钟内把结果说清楚。最终，麦肯锡失去了这一重要客户。从此，麦肯锡要求公司员工凡事要在最短的时间内把结果表达清楚，凡事要直奔主题、直奔结果。

麦肯锡认为，一般情况下人们最多记得住一二三，记不住四五六，所以凡事要归纳在三条以内。这就是如今在商界流传甚广的"30秒钟电梯理论"或称"电梯演讲"。

（7）莫法特休息法

《新约圣经》的现代英文翻译者詹姆斯·莫法特（James Moffat）的书房里有三张书桌：第一张摆着他正在翻译的《圣经》译稿；第二张摆的是他的一篇论文的原稿；第三张摆的是他正在写的一篇侦探小说。

莫法特的休息方法就是从一张书桌搬到另一张书桌，继续工作。

"间作套种"是农业上常用的一种科学种田的方法。人们在实践中发现，连续几季都种相同的作物，土壤的肥力就会下降很多，因为同一种作物吸收的是同一类养分，长此以往，地力就会枯竭。

人的脑力和体力也是这样，如果每隔一段时间就变换不同的工作内容，就会产生新的优势兴奋灶，而原来的兴奋灶则得到抑制，这样人的脑力和体力就可以得到有效的调剂和放松。

2. 管理者的时间管理举措

（1）重新审视与明确自己的价值观

价值观是我们对于事物是与非、对与错、好与坏、应该与不应该等的评价标准。实践中管理者要提高时间管理效率，首先要能依据个人利益服从组织利益的原则，立足自身角色与肩负的职责，明确自己的价值观。反之，如果一个管理者价值观不明确，或者价值观存在问题，那么他就很难知道什么工作对自己最重要，时间分配一定不好。

记住，我们永远没有时间做每件事，但我们有足够的时间做对自己来说最重要的事。时间管理的重点不在于管理时间，而在于如何分配时间。

（2）设立明确的工作目标

时间管理的目的是让我们在最短时间内实现更多我们想要实现的目标。如果目标不明确，时间管理也就没有了方向。

（3）学会列清单

每日清晨或前一天晚上，列出当天或等二天的任务清单，按照优先级排序。明确哪些任务是必须当天完成的，哪些可以适当延迟。不要轻信自己可以用脑子把每件事情都记住；另外，当我们看到自己长长的任务清单时，也会产生紧迫感。

（4）习惯将事情分类

将要做的事情根据时间"四象限"法进行归类，分先后顺序。80%的事情只需要20%的努力，其余20%的事情才是值得做的，应当享有优先权。因此要善于区分这20%的有价值的事情，然后设定具体的时间期限，增加紧迫感，避免拖延。

（5）严格规定完成期限

帕金森在其所著的《帕金森法则》中，写下这段话："你有多少时间完成工作，工作就会自动变成需要那么多时间。"如果你有一整天的时间可以做某项工作，你就会花一天的时间去做它。而如果你只有一小时的时间可以做这项工作，你就会更迅速有效地在一小时内做完它。

（6）保持灵活性

在不确定环境中，管理者不可能对未来出现所有的情况都能预知，如果事先对时间做好100%的安排，这样的时间管理就不具备可操作性。因此管理者对自己的时间进行管理要保持灵活性。一般来说，只将时间的50%计划好，其余的50%应当属于灵活时间，用来应对各种打扰和无法预期的事情。

（7）安排"不被干扰"的时间

每天至少要有半小时到一小时"不被干扰"的时间。假如你能有一个小时完全不受任何人干扰，把自己关在自己的空间里思考或者工作，这一个小时可以抵过你一天的工作效率，有时候这一小时甚至比你3天工作的效率还要好。

（8）做好时间日志

你花了多少时间在做哪些事情，把它详细地记录下来，早上出门（包括洗漱、换衣、早餐等）花了多少时间，搭车花了多少时间，出去拜访客户花了多少时间……把每天花的时间一一记录下来，一段时间以后，你就会清晰地知道你的时间跑哪里去了。这和记账是一个道理；当你找到浪费时间的根源，你才有办法改变。

（9）善于有效授权

管理的本质是利用他人来实现自己的想法，换句话说，管理者的责任之一就是集合多人的努力，共同完成一份工作。因此，管理者的时间效率并不完全取决于你自己，更多的时候会取决于你的团队时间利用效率。在授权时，要明确任务的目标、要求和时间节点，同时给予必要的支持和指导。

（10）运用沟通技巧

一方面管理者工作有很大的一部分需要与别人互动，另一方面管理者遇到的矛盾与误解90%以上是源于沟通出了问题。由此，善于运用沟通技巧，不仅能提高互动效率，还能够减少在这些方面的不必要的时间浪费。

最好能设定特定的沟通时间，如每天固定的半小时用于回复邮件和消息，在获取必要信息的同时，避免随时被打扰。

（11）遵循你的生物钟

你办事效率最佳的时间是什么时候？将优先办的事情放在最佳时间里。同时要合理安排休息时间，保证充足的睡眠和适当的运动。良好的身体状态和精神状态可以提高工作效率。

（12）行动起来更重要

凡事不要为追求完美而等待，要在行动中完善，注重追求办事效果。

（13）学会说"不"

对于那些与工作目标无关或不重要的事情，果断拒绝，避免分散精力。

（14）探求自己的最好方式

不断学习和提升时间管理技能，尝试新的方法和工具，找到最适合自己的时间管理方式。

6.3　管理者"忙"的原因与如何避免浪费时间

1. 管理者"忙"的常见原因

（1）工作任务

①任务过多。承担了过多的工作职责和任务，包括决策、规划、执行监督等多个环节的工作。

②缺乏重点。没有明确的工作重点，对所有任务一视同仁，导致精力分散。

（2）人员管理

①下属能力不足。团队成员的能力不够，需要管理者花费大量时间进行

指导和培训。

②沟通不畅。与下属、上级及其他部门之间沟通不顺畅,信息传递不准确或不及时,增加了协调工作的时间成本。

(3) 自我定位

事必躬亲。管理者角色定位不准确,管理工作性质认识不到位,喜欢做具体的工作,陶醉在自己个人的工作成绩中。

(4) 个人习惯

①拖延。凡事都要等待,不到最后时刻没有行动的动力。

②文档管理不规范。办公室、办公桌堆放混乱,电子资料没有有效归档,难以查找。

(5) 时间管理

①缺乏规划。没有合理的时间规划,工作安排随意性大,导致效率低下。

②不会拒绝。不懂得拒绝不合理的工作安排和请求,使自己的工作量不断增加。

(6) 外部环境

①会议太多。不是在开会就是在为开会做准备。

②市场变化快。行业竞争激烈,市场变化迅速,需要管理者不断调整策略以应对。

③突发事件多。不可预见的突发事件频繁发生,如处理客户投诉、设备故障等占用了大量时间。

2. 管理者"忙"的应对策略

(1) 工作任务"忙"的应对

①明确职责。重新梳理工作职责,去除不必要的任务,将精力集中在核心工作上。

②确定重点。根据组织目标和工作实际，确定工作重点，优先处理重要紧急的任务。

（2）人员管理"忙"的应对

①提升团队能力。加强对团队成员的培训和发展，提高他们的工作能力和业务水平。

②改善沟通。建立有效的沟通机制，明确沟通渠道和方式，提高信息传递的准确性和及时性。

（3）自我定位"忙"的应对

抓住管理内涵。重新温习管理的本质，懂得管理是利用别人来实现自己的想法，再对自己的工作进行性质划分，该授权的绝不自己做。

（4）个人习惯"忙"的应对

①运用科学手段。利用"六点优先工作法""计划管理法"等时间管理方法，明确自己每日的工作内容和完成期限，改变拖延的毛病。

②分门别类。分类归档，明晰目录，所需的资料随时都能方便获取，避免不必要的重复劳动。

（5）时间管理"忙"的应对。

①制订计划。制订详细的工作计划，合理安排时间，确保各项工作有序进行。

②学会拒绝。对于不合理的工作安排和请求，要学会委婉拒绝，保护自己的时间和精力。

（6）外部环境"忙"的应对

①学会算账。核算会议的时间成本，确定会议的必要性，精简会议。

②增强应变能力。关注市场动态，提前做好应对市场变化的准备，提高应变能力。

③建立应急预案。针对可能出现的突发事件，建立应急预案，以便在事件发生时能够迅速做出反应。

3. 管理者时间浪费的几种情形

①做事无轻重缓急和主次之分,经常本末倒置,终日埋头于无关重要的事务上。

②为展示自己的权力,喜欢下属事事请示和汇报的官僚作风,浪费自己的时间。

③对下属缺乏信任,对他们工作不放心,喜欢替下属做工作,结果整天被埋在事务性的工作里。

④没有主动让上司了解自己的工作计划和时间安排,导致上司不定期的召见,进而使自己的时间具有很大的随意性。

⑤不是根据事情本身的重要性,而是按照自己熟悉程度和喜好来安排工作,导致大量的时间浪费。

⑥过分追求工作的完美程度,在一些细节上花费过多时间,而忽略了整体效率。

⑦参加或组织过多冗长、无效率的会议,没有明确的议程和目标。

4. 管理者如何避免浪费时间

(1) 算清自己的时间价值,树立时间管理意识

"时间就是金钱""时间是有成本的",这样的话对于大多数管理者来说,恐怕只是模糊的概念。

在实践中,我们要提高自己的时间管理意识,对浪费时间保持一种敬畏心,首先要准确地算清楚自己的时间成本,如表6-2所示。

表6-2 我的时间成本

公司为我的总付出	年工作时间/天	月工作时间/小时	每天时间成本/元	每小时时间成本/元	每分钟时间成本/元
去年/万元					
期望/万元					

在表 6-2 中，"公司为我的总付出"不仅是你工资单上的工资总额，还包括公司为你承担的社保、住房公积金，以及公司提供的其他福利支出。

"去年"一栏填写的是上一年度发生的实际数据。

"期望"一栏填写的是你心目中的预期报酬，让自己明白目标期望状态下的时间成本。

依据你自己表 6-2 中计算出的时间成本，你要成为公司的盈利资产，你的时间价值应该是多少呢？

（2）减少电话、微信、QQ 等通信手段的干扰

根据自己的时间管理计划，在"不受干扰"的时间段，让所有的通信工具静音，安排专门的时间进行通信联络的集中回复处理。

（3）确保与上下级沟通的有效性，避免工作反复

每次沟通前都要清楚沟通的具体目标，选择恰当的时机和沟通形式，准备好充足的资料；沟通过程中学会倾听，保持沟通的双向性；沟通结束时双方对沟通的结果及下一步的改进方案要做进一步的明确。

（4）依靠团队，提高管理者自己的时间利用质量

管理的效率取决于团队而不是个人，因此管理者的时间利用效率也要放在团队环境中考虑。

管理者要充分运用"四象限"法对自身的工作事务进行分类，利用有限的时间重点做好工作计划与标准的制定、激励与培养员工，以及工作绩效管理等工作，通过授权，将日常的例行工作交由团队成员办理。

（5）利用"员工日工作汇报表"提高管理者时间利用效率

管理者如果出于权力欲的展示，喜欢听员工的请示汇报，那么从时间管理的角度来讲，必须通过自我修养提升，改变心态。

如果担心管理工作（包括授权）失控，要求员工请示汇报，那么可以采取员工晚上上报"日工作汇报表"的形式了解员工的工作情况，有针对性地沟通与知道，提高自身的时间利用效率，如表 6-3 所示。

（6）改变自己的认识

没有完美的人，也没有完美的事，行动永远是第一位的，也只有在行动中我们才能不断地完善提升。

表 6-3　员工日工作汇报表

年　月　日

今日工作小结	
主要工作内容	
遇到问题与麻烦	
解决对策与建议	
明日工作计划	
计划工作内容	

5. 管理者提高时间利用效率的方法

①确定短期和长期目标，使工作有明确的方向。

②根据自身的工作内容，将事务整理归类，并根据轻重缓急来进行安排和处理。

③详细周到地制订工作计划——确定实现工作目标的具体手段和方法，预定出目标的进程及步骤。

④善于将一些工作分派和授权给他人来完成，提高工作效率。

⑤根据不同情况选择面对面交流、电话、邮件等方式，提高沟通效率。

⑥模块化分配自己的时间，在每一个时间模块内处理同一类工作。

⑦在时间计划中预留时间，并掌握一定的应付意外事件或干扰的方法和技巧。

⑧提高自身业务能力和决策水平，减少因能力不足而浪费的时间。

6. 管理者争取支配时间主动权的对策

管理者要提高工作效率，首先要做好以下六点，学会主动支配时间。

①办事果断、不拖延。办任何事情，都要迅速果断，把办事的思路系统化，到期必办，绝不拖延。

②做好工作记录。准备一个专门的笔记本，把要办的事情记录下来，并按时间顺序加以系统安排，随时翻阅、及时处理。

③做好安排。掌握重点，分清轻重，事先做好活动计划。

④善于利用零星时间。管理者工作中有很多细小的事情，比如打一个电话、发一个邮件、清理一下桌面等，这些事没有必要安排专门的时间做，可以利用零星间隙来完成。

⑤控制电话与自媒体的时间和次数。

⑥集中一段黄金时间办理最重要的事情。根据个人情况，选择打扰少、精力好的一段时间集中办理一天最重要的事情。

7. 管理者革除拖延不良习惯的做法

①细化目标。将大目标分解为具体的小目标，使其更具可操作性和明确性。例如，如果目标是完成一个重大项目，可以将其分解为不同阶段的任务，明确每个阶段的具体成果和时间节点。

②为每个任务设定明确的时间期限。根据任务的难度和重要性，合理分配时间。这可以增加紧迫感，促使自己更加专注和高效地完成任务。例如，规定自己在两小时内完成一份报告的初稿。

③认识拖延的危害。反思拖延给自己带来的不良后果，如工作压力增加、效率低下、影响职业发展等，从而增强克服拖延的动力。

④培养积极的心态。将任务视为挑战和机会，而不是负担。告诉自己"我可以做到""现在就开始行动"，以积极的心态面对工作。

⑤自我奖励。当按时完成任务或克服拖延时，给自己一个小奖励，如吃一顿喜欢的美食、看一场电影等。这可以增强成就感，激励自己继续保持良好的习惯。

⑥自我惩罚。如果没有按时完成任务，可以对自己进行适当的惩罚，如减少娱乐时间、做一些额外的工作等。这可以让自己更加重视时间管理，避免再次拖延。

⑦寻求外部监督。与同事、朋友或家人合作完成任务，可以互相监督和鼓励，减少拖延的可能性。

⑧寻求专业帮助。如果拖延问题比较严重，可以考虑寻求专业的时间管理培训或心理咨询，学习更有效的方法来克服拖延。

8. 时间管理小故事及启示

课上，教授在桌子上放了一个玻璃罐子，然后从桌子下面拿出一些正好可以从罐口放进罐子里的鹅卵石。教授把鹅卵石放完后问他的学生："你们说这个罐子是不是满的？""是。"所有的学生异口同声地回答。教授笑着从桌底下拿出一袋碎石子，把它们从罐口倒下去，摇一摇，问："现在罐子是不是满了？"大家都有些不敢回答，一位学生怯生生地细声回答："也许没满。"教授不语，又从桌下拿出一袋沙子，慢慢倒进罐子里，然后又问学生："现在呢？""没有满！"全班学生很有信心地回答说。是的，教授又从桌子底下拿出一大瓶水，缓缓倒进看起来已经被鹅卵石、碎石子、沙子填满的玻璃罐。

一个平常的玻璃罐就这样装下了这么多东西，但如果不先把最大的鹅卵石放进罐子，也许以后永远没机会把它们再放进去了。

生活中那么多事情，其实都可以像往这个玻璃罐里放东西那样，先进行时间级别分类，如根据管理者的日常安排，按照"事分轻重缓急"进行组合，确定先后顺序，做到不遗不漏。

A级别：时间紧、具有一定的挑战性、非常重要的事情。如客户的重大质量问题投诉，必须多花时间立即处理。要注意的是，很多人惧怕A级别的事情，觉得太复杂，要耗费太多的精力，同时因为怕困难完不成或者完成得不完美而采取逃避的态度。

B级别：时间上紧迫、但并不是很重要的、可以授权下属去做。如广告合作客户的贸然拜访、取快件等，此类工作都可以安排他人去处理。

C级别：很重要、但在时间上没有特别要求。这一级别的事情当前不需要马上交差，但又非做不可，容易在不急的心理中被人遗忘，在最后关键时刻演变成A级别事件，如激励员工、制定工作目标与考核标准等，这些工作看似不是非常紧急，但实际中常常因为这些方面的欠缺，导致下属工作态度不端正、执行不到位，工作出现混乱，管理者要应急处理的A级事件才会频频发生。

D级别：时间上不紧迫也不是很重要的事情，有些可以请别人做；有的可以降低标准；有的必须要做则放在零碎时间中进行完成；有的对生活没有益处的事件则建议选择放弃，如毫无意义的闲逛。

第 7 章　会议的组织与管理

7.1　会议与会议管理

会议管理是一个动态的合成词。从字面含义上讲,"会"的基本意思是聚会、见面、集会等;"议"的基本意思是讨论、商议;会议管理就是对会议进行控制、执行、检查和改进。

现代意义上的会议,是有组织、有领导地召集人们商议事情的活动。

一个会议的构成,包括会议名称、会议时间(含开始时间和终止时间)、会议地点、会议人员(出席人员、列席人员和工作人员)、会议主题、会议议程、会议组织等。

会议管理是为了保证会议的正常进行并提高会议的效率,而对会议的筹备、组织、保障等工作的一种有效的协调。

1. 会议的目的

会议是解决问题的手段之一,是领导工作的一种重要方式,作为管理人员,应该认识到会议的重要性,有效运用会议实现管理的目的。

①提供信息。大部分会议最重要的目的就是将有用的信息提供给与会人员,让与会人员了解公司发展或某一方面的最新情况。

②收集信息。参加会议的人在会议上就自己某一阶段的工作进行汇报,

与会的其他人员可以完整地收集某一工作阶段的相关信息。

③解决问题。针对企业工作实践中遇到的问题，召集会议的人或部门希望通过会议达成解决方案或决议。

④统一思想。通过会议让企业各部门、不同岗位人员的思想保持统一，凝聚人心。

⑤决定事项。通过与会人员的充分沟通达成共识，或通过表决的方式形成相关问题的决策。

⑥进行培训。利用例会培训员工，也可以使员工通过互动讨论增进了解。

⑦进度报告。许多例行会议的目的并不是讨论或解决问题，而是将一段时间内的工作情况通报给其他人知道。

2. 有效开会的基本步骤

（1）会议召开之前

①明确会议目的。确定会议要解决的问题、达成的目标或做出的决策。

②确定参会人员。只邀请与会议主题直接相关的人员参加，避免无关人员浪费时间。

③提前发送通知。包括会议主题、时间、地点、议程及需要参会人员提前准备的资料等。

④准备会议资料。如报告、数据、案例等，确保参会者在会前对讨论内容有一定了解。

（2）会议开场

主持人开场。简要介绍会议目的、议程和参会人员，营造良好的会议氛围。

（3）会议讨论

①按照议程进行。严格遵循既定的议程，确保讨论不偏离主题。

②鼓励发言。主持人要鼓励参会人员积极发表意见和建议，尤其是不同的观点。

③控制发言时间。避免有人长篇大论，确保每个人都有机会发言。可以设置发言时间限制。

④做好记录。安排专人记录会议中的重要观点、决策和任务分配等内容。

（4）会议决策

①明确决策方式。如投票、领导决定等，确保决策过程公正、透明。

②及时做出决策。对于重要问题，在充分讨论的基础上尽快做出决策，避免拖延。

（5）会议总结

①回顾会议内容。主持人对会议讨论的重点内容进行回顾，确保大家对会议结果有清晰的认识。

②总结决策和任务。明确会议做出的决策和分配的任务，包括责任人、完成时间等。

（6）会议结束

①准时结束会议。遵守预定的时间，不要超时。

②感谢参会人员。对大家的参与和贡献表示感谢。

（7）会后跟进

①发送会议纪要。在会议结束后尽快整理并发送会议纪要，确保参会人员和相关人员了解会议结果。

②监督任务执行。按照会议确定的任务和时间节点，对责任人进行监督和跟进，确保任务按时完成。

3. 会议管理的核心内容

①制订会议计划。根据组织的工作安排和需求，提前规划好各类会议的时间、主题和参会人员，尽可能避免临时召集会议导致的混乱。

②选好参会人员。精心挑选与会议主题紧密相关的人员参加，避免无关人员出席浪费时间。

③提前准备资料。组织者要提前收集、整理和准备好与会议主题相关的资料，如报告、数据、案例等，以便在会议中进行讨论和决策。

④掌控会议节奏。主持人要确保会议按照既定的议程进行，严格控制每个环节的时间，避免讨论偏离主题或超时。

⑤协调冲突矛盾。当出现不同意见或冲突时，主持人要及时进行协调和引导，促使大家通过理性的讨论达成共识。

⑥跟进任务执行。会议结束后，要按照会议确定的任务和时间节点，对责任人进行监督和跟进，确保任务按时完成，实现会议目标。

⑦评估会议效果。定期对会议的质量和效果进行评估，包括会议目的的达成情况、决策的合理性、参会人员的满意度等，总结经验教训，不断改进会议管理的方法和流程，提高会议的效率和质量。

7.2 会前准备

会前准备工作主要包括拟定会议议题、确定会议名称、确定会议时间、选择会址、制定会议议程、确定与会人员名单、制发会议通知、安排会议食宿、准备会议资料和用具、布置会场、检查会场设备等多项工作。

做好会前准备工作既是开好会议的基础，也是会议发起者必须掌握的一项基本技能。

1. 会前准备的主要内容

根据会前准备工作范围，实际操作时重点要做好以下几点。

（1）质疑会议的必要性

会议特别耗费时间、人力、财力、物力，即会议是有成本的。在某些情况下，会议并不是沟通信息的最佳方式，也不是任何问题都可以通过开会来解决，所以每次开会前都有必要对开会的必要性进行质疑，做到能不开的会坚决不开，可开可不开的会尽量不开，必须召开的会尽量少开、短开。

（2）明确会议目标

会议目标越明确越具体越好，比如说会议目标"探讨下一季度如何将公司新品销售收入提升50%"就比"做好公司新品销售工作"更加具体、明确。明确的会议目标能够让会议讨论的效果更好。

由于不同的目标涉及人员有差异，所以原则上一次会议只能有一个目标。

（3）确定会议议题

会议议题是指根据会议目的确定的要讨论的话题或决策的对象。确定会议议题应遵循以下四原则：一是议题必须紧扣会议目标；二是议题数量要适中，不能太多，也不能太少；三是各项议题之间保持有机联系，并按照议题解决的逻辑顺序排列；四是明确讨论各项议题所需的时间。

切记，高效会议的首要原则就是要做到会而有议，即没有议题，就没有会议。

（4）通知与会人员

提前发送会议通知，明确会议时间、地点、主题和议程，提醒参会人员做好相关准备，如准备资料、思考问题等。

参加会议人员包括两类：一是对会议主题有深入研究或对情况较为熟悉的人；二是对会议目标达成起关键性作用的人。

（5）确定会议的基本程序

确定会议的基本程序，就是明确会议先做什么，后做什么，再做什么。详细的会议议程要包括各个环节的时间安排。会议议程要合理、紧凑，避免会议时间过长或过短。一般在安排会议议题顺序时需要注意的是：主要的议题往前排，相对次要的议题往后排；时间紧迫的议题往前排，时间余地大的议题往后排；需要与会者高度集中讨论的议题往前排，与会者兴趣较大、已经掌握相关知识的议题往后排。

（6）安排会议场地。

选择合适的会议室，确保场地大小、设施设备满足会议需求。检查会议室的音响、投影、照明等设备是否正常运行。布置会议室，如摆放桌椅、准备纸笔等。

此外，会前就要做好后勤保障的准备工作，包括安排会议期间的餐饮、茶歇等服务。如有特殊人员参会，还要考虑好他们的特别需求，如残疾人通道、翻译服务等。

2. 确定会议时间的要领

确定会议时间要力求紧凑科学，避免耗时耗财，要领如下。

①了解主要参会人员的日程安排，避免与他们的重要工作、出差或休假时间冲突。

②选择在工作相对不那么繁忙的时间段，避免在业务高峰期或紧急任务期间安排会议。

③考虑会议的性质和目的，如果是需要深入讨论和决策的会议，可安排在相对充裕的时间。

④预留充分的准备时间，避免在通知时间过短的情况下安排会议，以免影响会议质量。

⑤根据会议议程和内容，合理估算会议所需的时间，避免时间过长导致参会人员疲劳，或时间过短无法充分讨论。

⑥对于涉及不同时区人员参加的线上会议，要选择一个对各方都较为合适的时间。

⑦安排会议时间要考虑人们的生物钟，一般情况下，上午9:00—11:30、下午2:00—4:30的效率比较高。

3. 与会人员的类型与确定原则

（1）与会人员类型

与会人员一般由会议的主办方根据会议的内容、主题和所要达到的目的来确定，规模较大的正式会议主要包括主持人、正式代表、列席代表、会议嘉宾和工作人员，如表7-1所示。

表7-1　与会人员类型与作用

与会人员类型	在会议中的作用	担任者
主持人	主持会议、引导会议议程，保障会议顺利召开	通常由有经验、有能力、懂专业或者是有相当的地位、有威望的人担任
正式代表	在会议上发言、讨论会议内容、行使表决权，是会议活动的主要成员	正式邀请或组织要求参加会议的人员
列席代表	不具有正式的资格，能对会议内容提出意见和建议，无表决权、但有会议内容保密义务	能帮助与会人员及时了解情况、沟通信息的人员，组织者根据会议内容需要确定
会议嘉宾	提高会议规格、权威性	外部行业或专业资深人士、利益相关方与上级领导、政府官员等
工作人员	承担会议筹备、记录以及会议期间其他事务性工作，保障会议顺利召开	记录人由组织内部或专业会议机构专业人员担当

（2）与会人员确定原则

与会人员的确定应该以有利于工作的角度出发，严格控制与会人员范围。通常与会人员确定应遵循以下原则。

①相关性原则。选择对会议讨论的问题具有专业知识、经验或职责的人，他们的参与能够为会议提供有价值的观点和解决方案。

②必要性原则。只邀请那些对会议结果有实质性影响的人员，对于一些仅需要了解会议结果而不需要参与讨论的人员，可以通过会议纪要等方式进行传达，而不必让他们亲自参加会议。

③权威性原则。如果会议涉及重要决策或需要专业判断，应邀请具有相应权威和影响力的人员参加。对于一些需要协调各方利益的会议，邀请具有较高职位或影响力的人员可以更好地推动问题的解决。

④代表性原则。对于涉及多个群体或利益相关方的会议，要确保各个方面都有代表参加。

⑤效率原则。人数过多可能会导致讨论混乱、时间过长；人数过少则可能无法充分收集意见。要根据会议的性质和目标，选择能够积极参与、发表有建设性意见的人员，合理控制参会人数。

4. 会议议程的编制方法

会议议程是为使会议顺利召开所做的内容和程序工作，是会议需要遵循的程序。它包括两层含义，一是指会议的议事程序，二是指列入会议的各项议题。

①按照重要性和逻辑顺序排列议程项目。一般来说，重要的决策性事项或紧急问题应放在前面，保密性强的议题一般放在后面。

②尽量将同类性质的议题集中排列在一起，例如做出决策、汇报工作进展、讨论问题解决方案等，既便于讨论，也便于相关人员到会和退席。

③考虑议题所涉及的各种事项的习惯性排列顺序。

④根据议程项目的复杂程度和重要性，合理分配每个项目的讨论时间，以便与会人员和会议主持人控制时间。

⑤预留一定的弹性时间，以应对可能出现的意外情况或讨论超时。

⑥如果会议涉及的内容多，时间过长（一般超过两小时以上），可以考虑安排休息时间或安排一系列短时间会议。

⑦请相关领导或主要参会人员对议程进行审核，根据他们的意见进行调整。

⑧在会议通知中附上议程，提前发送给参会人员，让他们有足够的时间准备。

⑨在会议开始前，可以再次简要介绍议程，确保大家对会议的流程和重点有清晰的认识。

会议议程参考样式如图7-1所示。

按照****************，为确保公司******************，并对******************做出安排，特召****************会议。

相关事宜安排如下：

一、会议时间：****年**月**日14：30至17：00

二、会议地点：公司3楼会议室

三、会议议程：

序号	时间	会议内容	报告人
1	14：00-14：30	与会人员签到	
2	14：30-14：45	领导讲话	xxx
3	14：45-15：30	审议公司职能部门调整方案	xxx
4	15：30-15：35	休息	
5	15：35-16：00	审议公司采购部工作计划	xxx
6	16：00-16：25	审议公司销售管理制度	xxx
7	16：25-16：40	审议公司差旅费管理办法	xxx
8	16：40-17：00	会议总结及任务分派	xxx

四、参加人员：

公司中层以上所有管理人员

五、注意事项：

1.参加人员要事先安排好，务必准时参加，如无特殊原因不得请假；

2.鉴于会议的重要性，请做好必要的记录。

图7-1 会议议程参考样式

5. 做好会场布局安排

会场的总体布局形式，要根据会议的性质、规模和需要来确定。常见的会场总体布局有上下相对式、课堂式、U 形式、圆桌式和分散式五种，具体特点与适应的会议类型如表 7-2 所示。

表 7-2　会场总体布局特点与适应会议类型

会场布局形式	特点	适合会议
上下相对式	主席台和代表席采取上下面对面的形式，突出主席台的位置；会场气氛比较严肃和庄重	大中型报告会、总结表彰会、代表大会
课堂式	桌椅排列成整齐的行列，类似教室布局；有较大的书写板或投影屏幕，方便进行讲解和记录；参会者可以较好地观看演示和做笔记，但互动性也有限	各类培训会、学术研讨会等，需要进行讲解和学习交流的场合，比如职业技能培训、学术交流会议等
U 形式	将桌椅摆放成 U 字形，开口处可以设置主席台或演讲区域。方便参会者之间进行面对面的交流，也便于主讲人与参会者互动。但容纳的人数相对较少	小型研讨会、工作坊、小组讨论等，强调互动和交流的活动，例如项目团队的头脑风暴会议、专业小组的讨论会议等
圆桌式	参会人员围坐在圆形或椭圆形的桌子周围，没有明显的主次之分；营造出平等、开放的氛围，有利于充分的交流和讨论，每个人都能方便地参与发言；但对于大型会议不太适用	小型商务洽谈、座谈会、决策会议等，需要平等交流和共同决策的场合，比如高层管理团队的战略讨论会议、合作洽谈会议等
分散式	将会场座位分解成若干个会议桌组成的格局，每一桌形成一个谈话交流中心，与会人员根据一定的规则安排就座，领导和会议的主席就座的桌席称作"主桌"	规模较大的联欢会、茶话会、团拜会

7.3　会中控制与会后跟踪

高效会议不仅要做到会而有议，还必须做到议而有论、论而有行。实践中要做到这一切，会议进程中的控制与会后跟踪就显得尤为的重要。

1. 会中议题和进程的控制

①牢记议题的目标。会议进行中讨论任何议题时，都要牢记议题的目标是什么、议题内容是什么，以及为什么要讨论该议题。

②及时澄清误解或错误。如果与会者对议题内涵了解有误，或者表述使用的概念不当等，主持人应及时予以澄清说明，并再次界定议论的范围。

③控制好讨论进程。当与会者发言与会议议题不相符合时，主持人应及时将其发言拉到会议主题上来；对那些停留于解释层面，只强调背景、原因的发言者，主持人应提醒对方言简意赅地表达观点，或及时中断其发言，将发言的机会交给其他人；对那些缺乏主动性、不善言辞的人，主持人应主动询问和引导其积极发言；对那些情绪化表现强烈、讨论中以人为目标的人，主持人应引导其客观理性地表达看法，一定要强调所有的讨论应立足于事，而不是人。

④有效处理意见分歧。当会议出现不一致意见而引发争论时，主持人要对各方的观点进行梳理与归纳总结，帮助与会人员厘清思路、把握要点。同时还要时刻提醒会议的目的，千万不要为争论而争论。

⑤控制好会议时间。按时开始，准时结束。

⑥总结议题成果，确认行动。每一议题讨论结束后，主持人应就已经达成一致的内容进行清晰、简短的概括，如果该决议需要某人采取行动，主持人还应要求他确认在该行动中应当承担的责任。

2. 会中与会人员行为的控制

①严格要求准时开会。一定要养成准时开会的习惯，不要因为某些人的迟到而推迟开会；记录下那些迟到的人，给他们造成压力，促使他们改变迟到的习惯。

②控制好会场纪律。严禁进进出出、接打电话；对与会议议题无关话题的交流要及时制止。

③鼓励下级积极发言。由于害怕招致上级的反对，下级往往不敢自由发表自己的见解，这时上级应鼓励下级积极发言，即使不完全同意其观点也应肯定其发言中有价值的部分，或者对他们的观点进行记录，强化和鼓励他们的行为。

④让下级先发言。为避免领导发言给后来发言者造成心理压力，可以考虑把领导安排在下级之后发言。

⑤鼓励思想交锋。会议期间应鼓励大家自由发表意见，鼓励不同思想观点的交锋、争论，但争论的内容必须和会议主题有关，争论时切忌感情用事，严格禁止对他人进行人身攻击。

⑥避免压制建议。如果提出的建议遭到嘲笑和压制，那么人们将害怕和没有热情提出建议。所以，会议主持与领导者应对提出的建议给予特别的关注和表现出足够的热情，限制与会人员对别人建议的过多评价，禁止与会人员攻击与压制他人建议的做法。

3. 会后跟踪

会议结束后，应将会议内容整理成会议纪要，会议纪要中应包括相关部门应承担的责任、责任人，完成时间及验收标准等内容。会议的关键在于落实，应根据会议纪要的内容检查会议决定的落实情况，确保会议做到"议而有决、决而有行、行必有果"。

7.4 公司中常召开的会议

1. 干部早会

关于干部早会有这样一句顺口溜："干部早会开得好，昨日准备少不了；干部早会开得好，今日工作没烦恼。"

干部早会是公司高层上班前给职能部门负责人开的会，时间一般15分钟，它具有强化干部出勤、凝聚主管向心力、安排工作重点、落实追踪管理、加强干部队伍教育和提升主管素质的功能。

（1）干部早会的流程

一般来说，干部早会的流程分为开场、工作、协调三个环节，如图7-2所示。

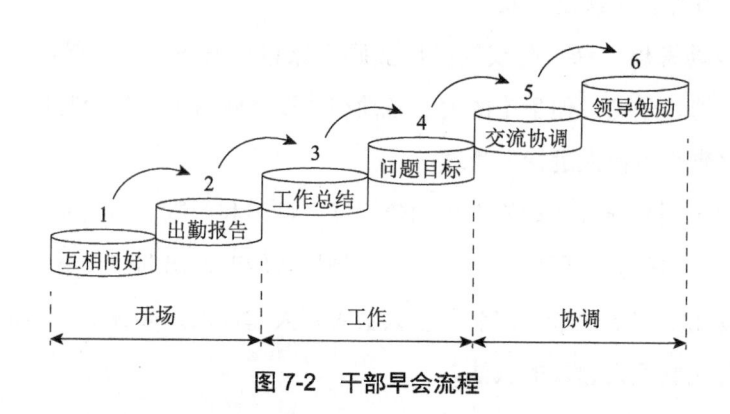

图 7-2　干部早会流程

干部早会的开场就是管理高层对下属表示关怀，进行问候，报告出勤。具体而言，开场需要做好以下几个方面。

①关心下属的生活与健康，拉近和下属的关系。

②表扬最近有明显变化的人和事。

③及时肯定、表彰部门与团队成绩。

④了解下属的出勤情况。

干部早会说工作不是想到哪说到哪，应该以干部自己的"每日待办单"作为支撑，重点做好两个方面。

①昨日工作总结。对昨天的工作进行全面系统的检查、评价、分析，在理性思考的基础上，找出不足、得出经验。工作总结要以前期的计划为依据，重点是进行工作反思，后期的计划要以工作总结为基础。

②今日的工作计划。计划是为了协调各部门的行动，增强工作的目标性与主动性，提高工作效率。

协调环节是要保证公司各部门之间在统一目标下自觉合作，发挥集体力量。提示下属应该做什么、注意什么问题。

（2）干部早会的目标

①增强凝聚力。

②推动工作顺利进行。

③总结工作中的经验教训。

④分解落实目标。

⑤提升干部管理能力。

⑥互相协调解决问题。

（3）干部早会注意点

①由高管主持，部门负责人参加。

②员工上班前15分钟召开。

③开会时最好保持站立。

④地点可选在召集者的办公室。

2. 部门早会

部门早会就是在每个工作日内，开始正常工作之前的简短会议。部门早会集全日的管理于30分钟之内，全方位地对每个人、每件事进行清理和控制，达到改善员工精神面貌，创建组织学习文化，建立相互检查、监督考核机制，聚焦公司文化、引导员工行为，提高公司核心竞争力。

（1）部门早会目的与意义

①增强团队凝聚力。早会为部门成员提供了一个共同交流的平台，让大家在一天工作开始之前有机会聚在一起，增强彼此之间的联系和团队归属感，促进团队成员之间的合作与协作。

②提高工作效率。成员在早会上汇报工作进展和问题，有助于及时发现工作中的瓶颈和障碍，共同探讨解决方案，从而避免问题的积累和拖延，提高工作效率。明确新一天的工作任务和目标，使大家能够更加有针对性地开展工作，合理安排时间和资源。分享行业动态和公司政策变化等信息，让成员了解工作的大环境，更好地适应变化，调整工作策略。

③促进个人成长。成员在早会上分享工作心得和经验教训，为其他人提供了学习和借鉴的机会，有助于个人的成长和进步。此外，通过参与问题讨论和提出建议，也锻炼了成员的思维能力和解决问题的能力。

④加强沟通与协作。早会是一个开放的沟通平台，成员可以畅所欲言，表达自己的想法和观点，促进信息的流通和共享。

（2）部门早会的形式与流程

部门早会形式可以也应该是多种多样的，可专题分享，也可分组竞赛；可自我展示成功之术，也可请公司员工交流心得；可公司政策解读，也可进行新技术、新产品学习。

部门早会的主持人也可以轮流担当。

总体来讲，部门早会的形式还是较为简单的，核心流程主要有工作汇报、问题讨论、任务安排、辅导训练四个方面，如图7-3所示。

（3）早会应有的效果

早会应使每一位员工都能够有所思、有所得、有所动。

第7章 会议的组织与管理

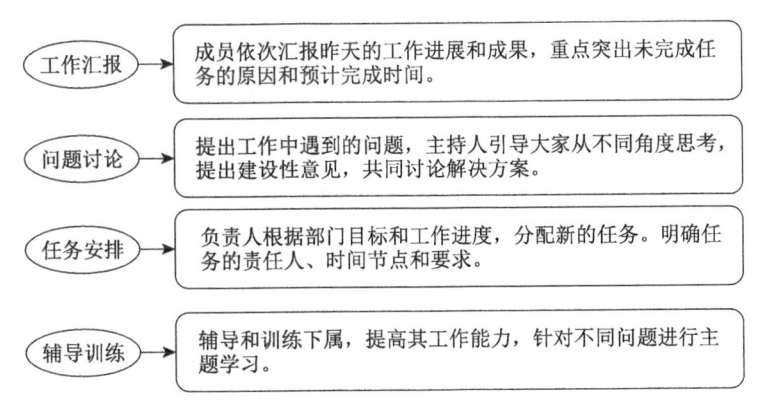

工作汇报	成员依次汇报昨天的工作进展和成果，重点突出未完成任务的原因和预计完成时间。
问题讨论	提出工作中遇到的问题，主持人引导大家从不同角度思考，提出建设性意见，共同讨论解决方案。
任务安排	负责人根据部门目标和工作进度，分配新的任务。明确任务的责任人、时间节点和要求。
辅导训练	辅导和训练下属，提高其工作能力，针对不同问题进行主题学习。

图 7-3　部门早会的主要流程

①有所思。通过早会，让员工回顾他们的工作历程，"过去那样做到底效果如何？""怎样才能做得更好？"让他们思索，并受到启发和触动。

②有所得。通过早会，让员工在磨炼中成熟，在辅导中成长，在参与中提高，在实践中进步。学习新制度、新条款、新规则；学习新信息、新技术、新方法；提高素质。

③有所动。通过早会，让员工精神饱满、斗志昂扬，结束后即可马上开始行动。

部门早会全方位的管理效果如图 7-4 所示。

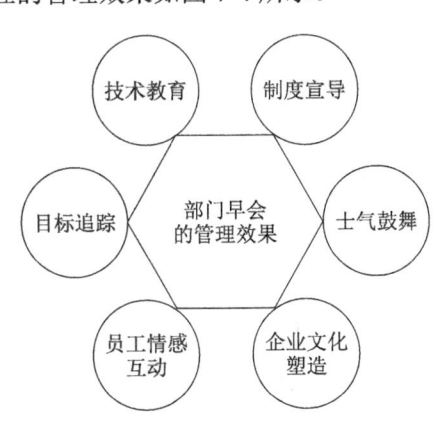

部门早会的管理效果：技术教育、制度宣导、士气鼓舞、企业文化塑造、员工情感互动、目标追踪

图 7-4　部门早会全方位的管理效果

（4）部门早会的注意点

部门早会可以使管理工作更有成效，要想开好需要注意以下几点。

①避免流于形式，内容要实在，解决具体问题。

②防止主题不鲜明，部门主管对早会的效果要有预估。

③早会的内容和形式要常更新。

④调动员工参与，保持早会融洽的氛围。

⑤不论谁主持，部门负责人对早会都要做好统筹和控制。

3. 业务检讨会

业务检讨会是公司例行性经营管理会。通过召开业务检讨会，管理者可以了解下属工作业绩的达成情况、市场动态和下属亟待解决和协调的事。

业务检讨会又可分为例行经营分析业务检讨会和例外问题分析业务检讨会两种。前者采取定期例行召开的方式，后者针对企业经营管理中出现的问题临时召开的方式。

（1）例行经营分析业务检讨会

在例行经营分析业务检讨会中，参会者主要讲两个方面：一是上阶段的工作总结；二是下阶段的工作计划，如图 7-5 所示。

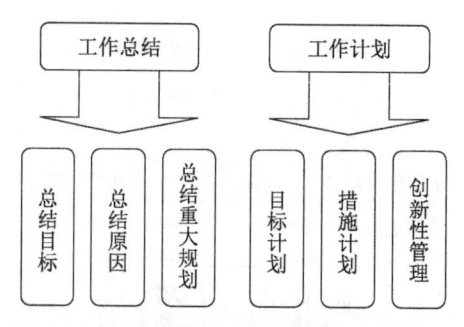

```
        工作总结                    工作计划
    ┌──────┼──────┐          ┌──────┼──────┐
  总结目标  总结原因  总结重大规划   目标计划  措施计划  创新性管理
```

图 7-5　例行经营分析业务检讨会主要内容

①总结目标。总结目标有情况达成、情况未达成和超额达成三种情况。对目标完成情况的总结要实事求是，用具体数字来表达。

②总结原因。不管目标是否实现,都要做一个具体的原因分析,让管理者清晰地了解基层在完成工作中能力、资源、技术上的匹配度,清楚地掌握基层工作的核心和问题在哪里。原因分析一定要深刻清晰。

③总结重大规划。总结上阶段制定的重大活动的完成情况。

④目标计划是对下一步工作的计划、方向,目标制定要合理可行。目标尽可能用可量化的数字表达,避免含糊不清的文字描述。

⑤措施计划突出"具体"、可操作性,要明确达成目标具体该怎么做。另外,管理者还必须对自己的措施给予充分的解释和说明。

⑥重大创新性管理规划之所以要把重大的、创新性的管理活动规划单列出来,是为了达到论证可行性、调配资源、强调重要性和鼓励创新的目的。

(2)例外问题分析业务检讨会

例外问题分析业务检讨会是针对企业经营与管理过程中出现的较为严重问题、临时组织召开的检讨分析与协调会。参会者主要分析解决两个方面的问题:问题分析和后续措施,如图7-6所示。

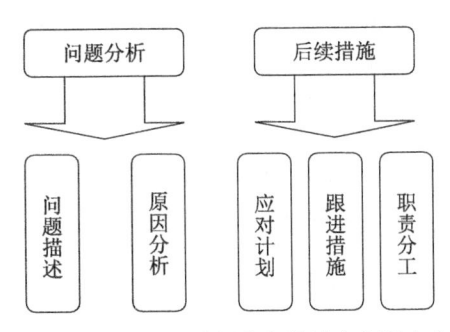

图 7-6 例外问题分析业务检讨会主要内容

①问题描述。对问题出现的时间、表现及给公司经营管理造成的影响进行详细说明。

②原因分析。不仅要看到直接造成问题的原因,更要结合公司流程和制度进行深层次思考。

③应对计划。针对问题直接原因的解决方案与对策。

④跟进措施。针对问题深层次原因的后续流程与制度的完善方案。

⑤职责分工。所有的计划和措施的执行、检查与结果评估必须落实到部门与人。

（3）业务检讨会注意点

①管理者对总结计划的点评要对事不对人。

②管理者必须用激励和积极的语言批评或鼓励下属。

③对后续计划与措施管理者要做出工作导向提示和重点提醒。

④业务检讨会的目的在于查找不足、改进工作，责任追究不属于会议讨论的内容。

⑤例外问题分析业务检讨会可采取"原因是什么、当前环境下能否解决、具体解决对策是什么"三段式召开步骤，责任由相关职能部门事后根据公司制度划定，以免失去中心。

（4）业务检讨会议禁忌事项特别提示

①发言时不可长篇大论，滔滔不绝(原则上以三分钟为限)。

②与会人员不可从头到尾沉默到底。

③不可取用不正确的资料。

④不要泛泛而谈，或只讲期待性的预测。

⑤就事议事，不可做人身攻击。

⑥不可随意打断他人的发言。

⑦不可不懂装懂，胡言乱语。

⑧不要只谈抽象的、虚的东西，不要讲无依据的观点。

⑨不可对发言者的观点吹毛求疵或妄加评论。

⑩不要做与会议主题无关的事情或中途离席。

4. 头脑风暴会

头脑风暴会是一种激发集体智慧、产生创新想法的会议形式。在头脑风暴会上，一群人围绕特定的主题或问题，在轻松、自由、开放的氛围中，无拘无束地提出各种想法和建议。参与者被鼓励突破传统思维的限制，大胆想象，畅所欲言，不进行批评和评判。

（1）头脑风暴会的目的

①激发创新思维。头脑风暴会议鼓励参与者突破常规思维模式，大胆提出各种新颖的想法和观点，从不同的角度去思考问题，从而激发创新思维，为解决问题或实现目标提供独特的解决方案。

②促进团队合作。头脑风暴会议将不同背景、专业和经验的人聚集在一起，共同为一个目标努力。通过充分交流、分享知识和见解，能增进彼此之间的了解和信任，提高团队的凝聚力和协作能力。

③收集广泛的意见和建议。头脑风暴会议旨在收集尽可能多的想法，通过广泛地征求意见和建议，有助于拓宽思路，避免片面性，为决策提供更多的参考依据。

④提高问题解决能力。头脑风暴可以帮助团队快速找到多种可能的解决方案。通过对各种想法的评估和筛选，可以确定最适合的解决方案，提高问题解决的效率和质量。团队成员也可以学习到不同的问题解决方法和技巧，提升自身的问题解决能力。

⑤增强团队的积极性和创造力。参与头脑风暴会议可以让团队成员感受到自己的创造力得到了充分的发挥，从而增强他们的积极性和自信心。

（2）头脑风暴会的特点

①自由开放。鼓励参与者自由地提出任何想法，无论多么奇特或不切实际，不进行批评和评判，营造一个无压力的环境，让创意能够充分涌现。

②数量至上。追求想法的数量而非质量。大量的想法中往往会包含一些有价值的创意种子，通过进一步的提炼和组合，可以产生优秀的解决方案。

③结合改善。鼓励参与者在他人想法的基础上进行补充、扩展和改进，以产生更多更好的创意。

（3）头脑风暴会的议程

①开场。主持人介绍头脑风暴会的目的和主题，明确规则和期望。营造轻松愉快的氛围，让参与者放松心情，准备好投入创意的产生中。

②创意产生阶段。参与者围绕主题自由地提出想法，可以采用口头表达、写在便签纸上或使用电子工具记录等方式。主持人确保每个人都有机会发言，不打断他人的思路，保持会议的流畅性。可以设置时间限制，例如20～30分钟，以增加紧迫感和激发更多的创意。

③整理和归类阶段。暂停创意产生，对所有提出的想法进行整理和归类。可以按照相似性、主题或其他逻辑关系进行分组。这个过程可以由主持人引导，也可以让参与者共同参与，以确保对想法的理解一致。

④评估和筛选阶段。对整理后的想法进行评估和筛选。可以采用投票、打分或讨论的方式，确定哪些想法具有较高的可行性和价值。在评估过程中，可以邀请参与者提出进一步的问题和建议，以完善和优化想法。

⑤总结和结束。主持人总结头脑风暴会的成果，包括提出的想法数量、筛选出的重点想法以及下一步的行动计划。感谢参与者的贡献，强调头脑风暴会的价值和意义，鼓励大家在今后的工作中继续保持创新思维。

（4）头脑风暴会注意事项

①明确主题和目标。一次头脑风暴会只能有一个主题。确保参与者清楚地了解头脑风暴会的主题和目标，避免讨论偏离方向。可以在会前提供一些背景资料和问题描述，帮助参与者更好地准备。

②选择合适的参与者。邀请具有不同背景、经验和专业知识的人参加头脑风暴会，以增加想法的多样性。同时，要确保参与者对主题有一定的兴趣和热情，能够积极参与讨论。参与人数不能太多，保持在个位数为宜。

③营造良好的氛围。主持人要善于营造轻松、开放、信任的氛围，让参

与者感到舒适和自由。可以通过幽默、鼓励和积极的反馈来增强参与者的信心和积极性。

④控制时间和节奏。合理安排头脑风暴会的时间,避免过长或过短。在每个阶段,主持人要控制好节奏,确保会议的高效进行。

⑤记录和整理想法。安排专人记录头脑风暴会的过程和提出的想法,以便后续的整理和评估。记录可以采用文字、图片、音频或视频等方式,确保信息的完整性和准确性。

⑥避免批评和争论。严格遵守自由开放的规则,避免在头脑风暴过程中进行批评和争论。如果出现不同意见,可以在评估阶段进行讨论和解决。

⑦跟进和落实想法。头脑风暴会的成果只有通过实际的行动才能转化为价值。会后,要制订具体的行动计划,明确责任人和时间节点,跟进想法的落实情况。

第8章　团队建设管理

8.1　团队建设基础

有一则古老的寓言故事：在非洲的草原上如果见到羚羊在奔跑，那一定是狮子来了；如果见到狮子在躲避，那就是象群发怒了；如果见到成百上千的狮子和大象集体逃命的壮观景象，那一定是——蚂蚁军团来了！

蚂蚁很小，成团力量就无限！这就是人们常说的，也是组织常常期盼的1+1＞2，也是人们追求团队的根本。

遗憾的是，现实并不常如我们所愿。

德国心理学家马克斯·瑞格尔曼（Max Ringelmann）曾做过一个拉绳实验：参与实验者被分成四组，每组人数分别为1人、2人、3人和8人。实验时要求各组用尽全力拉绳，同时用灵敏的测力器分别测量拉力。

结果显示，二人组的拉力只为单独拉绳时二人拉力总和的95%，三人组的拉力只为单独拉绳时三人拉力总和的85%，而八人组的拉力则降到单独拉绳时八人拉力总和的49%。

可见，组织中的群体并不一定是1+1＞2的结果，1+1＜2有时也是一种普遍现象。

1. 团队的认定

虽然企业中的团队（Team）大多是由员工和管理人员组成的群体，但并不是每一个部门和群体都能称为团队。

真正的团队是能合理利用每一个成员的知识和技能、在协同的基础上解决问题，达到共同目标的群体。

换句话说，只有具备以下特征的群体才能称为团队：

①追求上高度一致；

②能力上相互支撑；

③心理上彼此认同；

④感情上交互依赖；

⑤行动上协调规范；

⑥地位上彼此平等。

归结起来看，团队具有普通集体（群体）所不具备的三种特征，如图8-1所示。

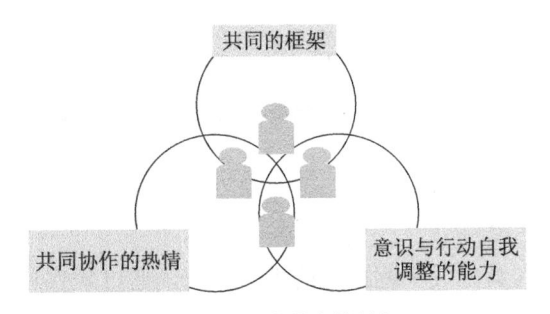

图8-1 团队固有的特征

2. 团队的类型

根据团队存在的目的和拥有自主权的大小，可将企业组织中的团队分成四种类型。

（1）问题解决型团队

问题解决型团队是指组织成员就如何改进工作程序、方法等向问题交换看法，对如何提高生产效率和产品质量等问题提出建议。

本类型团队的工作核心是提高生产产量、提高生产效率、改善企业工作环境等。20世纪80年代流行的QC（质量控制）小组属于典型的问题解决性团队。

（2）自我管理型团队

自我管理型团队是工作团队的一种，保留了问题团队的基本性质，但运行模式方面增加了自我管理、自我负责、自我领导的特征。

自我管理型团队承担着以前上司所承担的一些责任，包括控制工作节奏、决定工作任务的分配、安排工间休息等。彻底的自我管理型团队甚至可以挑选自己的成员，并让成员相互进行绩效评估。

（3）多功能型团队

多功能型团队由来自同一等级、不同工作领域的员工组成，他们走到一起的目的就是完成某项任务。

多功能型团队是一种有效的团队管理方式，它能使组织内（甚至组织之间）不同领域员工之间交换信息，激发产生新的观点，解决面临的问题，协调复杂的项目。

（4）虚拟型团队

虚拟团队是人员分散于远距离的不同地点，通过现代通信技术一起工作的团队。

3. 高效团队应做好的九个方面

在实践中，团队要高效运行必须做好以下九个方面，如图8-2所示。

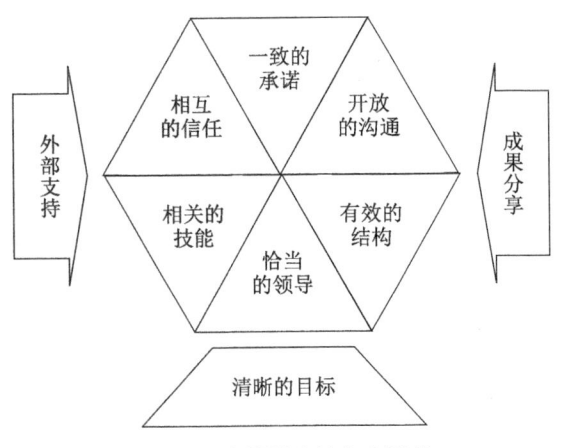

图 8-2　高效团队的九大要素

（1）清晰的目标

团队必须有清晰的目标为团队成员导航，让每个成员都知道向何处去，没有目标团队就没有存在的价值。

（2）恰当的领导

这有两层含义：一是团队领导者选择要恰当，要为每个成员所敬畏；二是领导方式要恰当，实行民主化管理。一般而言，好的团队领导应具有以下特质：善于沟通、视野广阔、有合作精神、有想象力、有先见之明、自信、正直、有勇气、守诺等。

（3）相关的技能

团队运行要达到 1+1 > 2 的效果，成员的专业技能与特长必须具有互补性。

（4）有效的结构

团队应破除等级观念，不同技能的成员角色定位要清晰准确，在平等的基础上实现成员间的充分协同。

（5）相互的信任

相互的信任是彼此默契的基础，是分工的基础上实现协作的前提。

（6）一致的承诺

团队追求的是成员自主化管理，效率依靠成员的主动性与创造性，做到这些需要每个成员都能对团队目标的实现做出承诺。

（7）开放的沟通

只有开放、有效的沟通才能实现团队成员之间的相互信任。

（8）外部支持

团队不能脱离组织环境而存在，其运行需要主动寻求组织其他部门的支持与配合。

（9）成果分享

让每个团队成员随时了解团队取得的成绩与目标实现情况，以群体为基础进行绩效评估，根据个体的贡献进行考核和激励，是团队成员工作动力之源。

8.2　团队建设关键点与阶段

团队建设是企业在管理中有计划、有目的地组织团队，为了实现团队绩效及产出最大化而进行的一系列结构设计及人员激励等团队优化行为。

1. 团队建设的基本要素

打造一个高效的团队，关键是要做好以下几个方面要素的建设（见图8-3）。

（1）共同的团队目标

团队目标是所有成员的努力方向，是团队存在的基础，有效的团队目标制定应做好以下四点：

①遵循 SMART 原则；

图 8-3 团队建设的基本要素

②与组织上层目标要求一致；

③对环境和资源进行充分评估，并制定有分阶段目标；

④有配套实施方案。

团队目标实施过程中要注意做到以下四点：

①实施前与每一位成员都要进行双向充分的沟通；

②将目标转化成书面化的工作计划；

③明确性阶段目标与考核标准；

④给予团队成员充分授权并进行跟踪检查。

（2）共同的团队价值观

价值观是关于事物对与错、好与坏、是与非、善与恶等的评价标准，是人外在行为表现的依据。

建立共同的团队价值观旨在在人与人、人与团队、个人追求与团队目标、个人承担的任务职责与组织发展等关系方面统一团队成员的认知，培养团队成员的认同感，确保团队成员行为准则的一致性。

团队价值观的确立应遵循以下五个导向。

①目标导向。团队价值观应与团队的使命和目标紧密相连，鼓励成员为实现这些目标而努力。

②行为导向。团队价值观应明确规定团队成员在工作中的行为准则，确

立鼓励积极行为的价值观，如团队合作、勇于担当、积极进取等。

③客户导向。团队价值观应强调以客户需求为中心，致力于为客户提供优质的产品和服务，注重建立良好的客户关系，提高客户满意度和忠诚度。

④成长导向。团队价值观应关注成员的个人成长，鼓励成员不断学习和创新，以适应不断变化的市场环境。

⑤文化导向。团队价值观应与企业的核心价值观相契合，融入企业文化的大背景中，增强团队的认同感和归属感，促进团队与企业的协同发展。

（3）行为规范与奖惩机制

行为规范是团队成员在职业活动过程中，为了实现团队目标、维护团队利益、履行团队职责、严守职业道德，从思想认识到日常行为应遵守的职业纪律。

不断提高员工的自身素质，规范员工行为是团队文化建设的切入点。

制定团队行为规范与奖惩机制应做到以下几点。

①标准统一。在制定行为规范和奖惩机制时，要确保对所有团队成员适用统一的标准。不能因个人关系、职位高低等因素而有所偏袒，让每个人都清楚地知道什么行为会受到奖励，什么行为会遭到惩罚。

②评估客观。依据明确的指标和事实来判断成员的行为是否符合规范以及是否应该给予奖励或惩罚，避免主观臆断和情绪化的决策。

③行为规范清晰。让团队成员能够清楚地知道哪些行为是被允许的，哪些是被禁止的。

④奖惩措施明确。明确奖励的形式和标准，以及惩罚的种类和程度，让成员对自己的行为后果有清晰的预期。

⑤易于执行。便于在日常工作中执行和监督。

⑥动态调整。要保持灵活性，及时根据实际情况进行修订，确保其始终具有可操作性。

⑦以奖励为主。奖惩机制应注重以奖励为主，激发团队成员的积极性和

创造力。

⑧惩罚适度。惩罚措施要适度,避免过于严厉而引起成员的反感和抵触情绪。

(4)绩效评价与激励体系

制定团队的绩效评价与激励体系应注意几点。

①明确团队总体目标与成员个人目标的关系。将团队总体目标与成员个人目标相结合进行评价,以总体目标的实现作为团队成员个人考核与激励的大前提。例如,一个销售团队的总体目标是实现本季度销售额增长20%,那么对某一个人的考核,只有在这个目标已经达成的条件下,才考核他的个人业绩,如果团队总目标没有实现,个人做得再好也得不到奖励。

②多元化评价。采用多种评估方式,包括上级评价、同事评价、自我评估等。上级评价可以从整体工作表现和目标达成情况进行;同事评价可以反映团队合作和沟通能力;自我评估有助于员工自我反思和成长。

③及时反馈。反馈可以是一对一的面谈,也可以是团队会议的形式。及时指出优点和不足,提出改进建议,帮助员工成长。

④激励措施多样化。因人而异,物质与精神相结合,奖品可以是有纪念意义的物品或员工感兴趣的东西。

⑤公平公正公开。公开绩效评价的过程和结果,让员工清楚地了解自己的表现和激励的依据,增强员工对体系的信任,提高激励效果。

⑥与团队文化相符。如果团队强调创新和协作,那么在评价和激励中就要体现这些方面。

2. 团队建设的关键点

(1)组建核心层

团队建设的重点是培养团队的核心成员。俗话说"一个好汉三个帮",领导人是团队的建设者,应通过组建智囊团或执行团,形成团队的核心层,充分发挥核心成员的作用，使团队的目标变成行动计划，团队的业绩得以快速增长。

团队核心层成员应具备领导者的基本素质和能力，不仅要知道团队发展的规划，还要参与团队目标的制定与实施，使团队成员既了解团队发展的方向，又能在行动上与团队发展方向保持一致。

（2）制定团队目标

团队目标来自于公司的发展方向和团队成员的共同追求。它是全体成员奋斗的方向和动力，也是感召全体成员精诚合作的一面旗帜。

核心层成员在制定团队目标时，需要明确本团队目前的实际情况，例如：团队处在哪个发展阶段？团队成员存在哪些不足，需要什么帮助，斗志如何？等等。制定目标时，要遵循目标的 SMART 原则。

（3）训练团队精英

训练精英的工作是团队建设中非常重要的一个环节。一个没有精英的团队，犹如无本之木，一个未经训练的队伍，犹如散兵游勇，难以维持长久的繁荣。训练团队精英的重点如下。

①建立学习型组织。让每一个人认识学习的重要性，尽力为他们创造学习机会，提供学习场地，表扬学习进步快的人，并通过一对一沟通、讨论会、培训课、共同工作的方式营造学习氛围，使团队成员在学习与复制中成为精英。

②搭建成长平台。团队精英的产生和成长与他们所在的平台有直接关系，一个好的平台，能够营造良好的成长环境，提供更多的锻炼和施展才华的机会。

（4）培育团队精神

团队精神是指团队成员为了实现团队的利益和目标而相互协作、尽心尽力的意愿和作风，它包括团队的凝聚力、合作意识及士气，强调的是团队成员的紧密合作。

要培育这种精神,领导人首先要以身作则,做一个团队精神极强的楷模;其次要在团队培训中加强团队精神的理念教育;最后要将这种理念落实到团队工作的实践中去。一个没有团队精神的人难以成为真正的领导人,一个没有团队精神的队伍是经不起考验的队伍,团队精神是优秀团队的灵魂、成功团队的特质。

(5)做好团队激励

团队成员都需要被激励。领导人的激励工作做得好坏,直接影响到团队的士气,最终影响到团队的发展。

激励是指通过一定手段使团队成员的需要和愿望得到满足,以调动他们的积极性,使其主动自发地把个人的潜力能发挥出来,从而确保既定目标的实现。团队激励的方式多种多样:树立榜样、培训、表扬、奖励、旅游、委以重任、举办联欢会和庆祝活动等。

3. 团队建设的框架

团队建设的总体框架如图8-4所示。

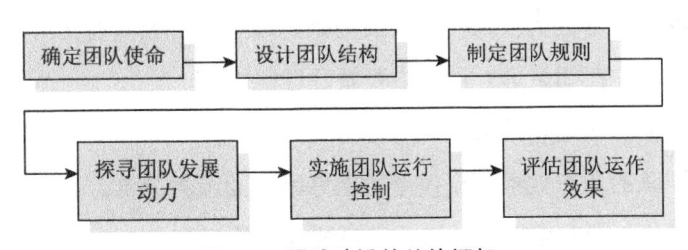

图8-4 团队建设的总体框架

(1)确定团队使命

确定团队的使命就是要用清晰、简洁的语言说明团队的建立对企业发展的价值与意义,并以此为基础确定团队发展的目标,让每一个成员对使命和目标做出承诺。

（2）设计团队结构

设计团队的结构就是要明确团队成员构成、职责与分工。设计基础为团队的类型。

（3）制定团队规则

制定团队的规则包括两个方面：一是明确团队的价值观，即规定了团队成员在工作中必须坚持的核心原则；二是制定具体的行为规范标准，即规定了团队成员工作中与他人相处时必须遵守的标准。

有效的团队规则必须做到价值观和行为规范真正兼顾并体现员工、团队和公司三方的利益。

（4）探寻团队发展动力

探寻团队发展的动力就是要对促进团队发展的措施展开讨论；对团队价值观、行为规范标准的执行情况定期进行反省，对符合团队价值观和行为规范标准的行为给予弘扬，对不坚持或违反价值观和行为规范标准的行为给予谴责与制裁。

（5）实施团队运行控制

团队的运行管理大多是在授权的基础上来进行。如同前文所述，授权不等于放任不管，在团队运行过程中要做好过程控制。

（6）评估团队运作效果

评估团队的运作效果不仅仅是要做好团队业绩的评价，更要做好团队运行状态的评价，及时发现团队运行中可能存在的问题。

对团队运行状态的评价可以从共同的愿景与目标、开放式沟通、相互信任和尊重、共享领导权、有效的工作程序、共同成长、变革适应性、持续改进等多方面进行检查与反思，综合评价团队的运行状态。评估具体内容可参照表8-1。

表 8-1 团队运行状态评价参考内容

评价内容	参考问题
共同的愿景与目标	①我们是否共同的愿景和一组清晰定义的目标 ②我们是否以关键目标来衡量进步 ③团队成员是否都明白自己在团队中的角色和团队对自己的期望 ④团队成员是否非常协调地朝着目标前进，同时关注工作的结果 ⑤团队成员是否都能承诺高标准、高质量完成任务
开放式沟通	①团队成员是否都能直抒己见 ②团队成员是否全都参加团队的会议和讨论 ③团队成员是否彼此能够倾听其他成员的心声 ④团队成员是否有足够的信息去独立或协同工作 ⑤团队成员是否能勇敢地面对并且开诚布公地处理不同意见
相互信任和尊重	①团队成员是否都被认为是有价值的，得到信任并受到尊重 ②我们是否能考虑每一个成员的意见并坦言己见 ③团队成员是否能相互坦诚相待 ④团队成员是否为整个团队而感到自豪
共享领导权	①团队重要的决策是否充分讨论和坚持民主 ②团队成员是否能相互鼓励 ③团队成员是否能对整个团队提供不断的支持，并且庆祝个人和团队取得的成就 ④团队成员要是否习惯于用"我们"来考虑问题，而不要以"我"来考虑问题
有效的工作程序	①我们是否能鼓励创造和创新 ②我们是否能使用有效的程序来安排和跟踪任务与项目 ③我们的政策、规定和原则是否能帮助团队成员更有效和容易的工作

续表

评价内容	参考问题
共同成长	①我们是否能认可并充分利用每个成员的不同技能、知识和力量 ②我们是否会快速研究不同的价值和方法 ③我们是否努力避免成为"一言堂"团队 ④我们是否会选择新的团队成员 ⑤我们是否能从客户方寻求信息、观点和意见
变革适应性	①我们是否会向得到公认的流程挑战 ②对变化我们是否能做出及时灵活的反应 ③我们是否能确定团队成员的变革需求且对这些需求做出反应 ④我们是否会把变革当作是成长和提高的机会
持续改进	①我们是否敢于承认错误,并从错误中吸取教训 ②我们是否能做到三思而后行 ③团队成员是否会关注自己与团队的相互关系 ④我们是否能听取个人和团队的意见并相互学习

4. 团队建设的六个阶段

团队从组建到解散一般会经历组建阶段、震荡阶段、认同阶段、高效阶段、停滞阶段、解体阶段(对于临时性团队)。

(1)组建阶段

①特征表现:团队成员刚刚聚在一起,对彼此个性特长和工作任务都比较陌生;成员表现出小心谨慎和礼貌,会试探性地了解团队规则和领导风格;个人角色和职责分工不太明确,团队目标也可能比较模糊。

②应对策略:明确团队目标和成员的角色职责;建立基本的团队规则和沟通渠道;开展娱乐性的团建活动,帮助成员相互认识和了解,促进团队融合。

(2)震荡阶段

①特征表现:工作间的磨合还不到位,团队成员开始出现冲突和意见

分歧；由于对工作任务完成方式等有不同看法，可能会挑战领导权威；团队成员的现实感觉常常与心理预期有差距；团队风气没有得到广泛认同，士气可能会受到影响，工作效率不高。

②应对策略：组织对话会等，鼓励成员积极沟通，表达自己的观点和需求；开放沟通渠道、共享信息；引导成员以建设性的方式解决冲突，避免情绪化的争吵；适时调整团队目标和工作方法，以适应成员的意见。

（3）认同阶段

①特征表现：团队成员磨合逐渐到位，冲突减少；建立起共同的工作规范和行为准则，并得到广泛的认同；成员之间开始相互信任，协作增多；工作效率有所提高。

②应对策略：进一步强化团队规范，确保成员遵守；表扬和奖励积极协作的成员，树立榜样；进一步明确团队目标和个人目标的关联性；注意鼓舞士气；完善工作模式。

（4）高效阶段。

①特征表现：团队成员之间配合默契，工作效率高；能够自主地完成工作任务，无需过多的监督和指导；团队士气高涨，对实现目标充满信心；团队成员感受到团队的温暖。

②应对策略：给予团队充分的自主权，让他们发挥最大的潜力；持续关注团队目标的进展，及时调整策略；为团队提供必要的资源和支持；赋予团队挑战性的目标与任务。

（5）停滞阶段

①特征表现：团队成员成熟自满；任何时候都不希望有别人插足。

②应对策略：开展团队运行状态评估与讨论；从人员构成上重组团队、引入新人；从技术层面上引进新管理手段；改变团队规则。

（6）解体阶段

①特征表现：团队任务完成，成员即将分离；成员可能会出现情绪波

动，对未来感到不确定。

②应对策略：对团队的工作成果进行总结和表彰；帮助成员做好职业规划和过渡安排；保持与成员的联系，为未来的合作打下基础。

对于长期存在的团队，可能不会有明显的解体阶段，但也需要不断地进行调整和优化，以适应新的任务和挑战。

8.3　团队建设的危险信号与建议

1. 团队建设的"四戒"

（1）一戒："团队利益高于一切"

在一个团队里过分推崇和强调"团队利益高于一切"，可能会导致两方面的弊端。

一方面，极易滋生小团体主义。团队利益对其成员而言是整体利益，而对整个企业来说，又是局部利益。过分强调团队利益，处处从维护团队自身利益的角度出发常常会打破企业内部固有的利益均衡，侵害其他团队乃至企业整体的利益，从而造成团队与团队，团队与企业之间的价值目标错位，最终影响到企业战略目标的实现。

另一方面，过分强调团队利益容易导致个体的应得利益被忽视和践踏。如果一味只强调团队利益，就会出现"假维护团队利益之名，行损害个体利益之实"的情况。不可否认的是，在团队内部，利益驱动仍是推动团队运转的一个重要机制。作为团队的组成部分，如果个体的应得利益长期被漠视甚至侵害，那么他们的积极性和创造性无疑会遭受重创，从而影响到整个团队的竞争力和战斗力的发挥，团队的总体利益也会因此受损。

团队的价值是由团队全体成员共同创造的，团队个体的应得利益应该也必须得到维护，否则团队原有的凝聚力就会分化成离心力。所以，不恰当地过分强调团队利益，反而会导致团队利益的完全丧失。

（2）二戒："团队内部不能有'内斗'"

团队精神在很大程度上是为了适应竞争的需要而出现并不断强化的。这里提及的竞争，往往很自然地被我们理解为与外部的竞争。事实上，团队内部同样也需要有竞争。

在团队内部引入竞争机制，有利于打破另一种形式的大锅饭。如果一个团队内部没有竞争，在开始的时候，团队成员也许会凭着一股激情努力工作，但时间一长，他发现无论是干多干少，干好干坏，结果都是一样的，每一个成员都享受同等的待遇，那么他的热情就会减退，在失望、消沉后最终也会选择"做一天和尚撞一天钟"的方式来混日子，这其实就是一种披上团队外衣的大锅饭。

通过引入竞争机制，实行赏勤罚懒，赏优罚劣，打破这种看似平等实为压制的利益格局，团队成员的主动性、创造性才会得到充分的发挥，团队才能长期保持活力。在团队内部引入竞争机制，有利于团队结构的进一步优化。团队在组建之初，对其成员的特长优势未必完全了解，分配任务时自然也就不可能做到才尽其用。引入竞争机制，一方面可以在内部形成"学、赶、超"的积极氛围，推动每个成员不断自我提高；另一方面通过竞争的筛选，可以发现哪些人更能适应某项工作，保留最好的，剔除最弱的，从而实现团队结构的最优配置，激发出团队的最大潜能。

（3）三戒："团队内部皆兄弟"

不少企业在团队建设过程中，过于追求团队的亲和力和人情味，认为"团队内部皆兄弟"，这就直接导致了管理制度的不完善，或虽有制度但执行不力，形同虚设。

纪律是胜利的保证，只有做到令行禁止，团队才会战无不胜，否则充其量只是一群乌合之众，稍有挫折就会作鸟兽散。严明的纪律不仅是维护团队整体利益的需要，在保护团队成员的根本利益方面也有着积极的意义。

比如说，某个成员没能按期保质地完成某项工作或者是违反了某项具体的规定，但他并没有受到相应的处罚，或是处罚根本无关痛痒。从表面上看，这个团队非常具有亲和力，而事实上，对问题的纵容或失之以宽会使这个成员产生一种"其实也没有什么大不了"的错觉，久而久之，遗患无穷。

GE（通用电气）的前 CEO（首席执行官）杰克·韦尔奇（Jack Welch）有这样一个观点：指出谁是团队里最差的成员并不残忍，真正残忍的是对成员存在的问题视而不见，文过饰非，一味充当老好人。宽是害、严是爱，对于这一点，每一个时刻直面竞争的团队都要有足够的清醒认识。

（4）四戒："牺牲'小我'，才能换取'大我'"

很多企业认为，培育团队精神，就是要求团队的每个成员都要牺牲小我，换取大我，放弃个性，追求趋同，否则就有违团队精神，就是个人主义在作祟。诚然，团队精神的核心在于协同合作，强调团队合力，注重整体优势，远离个人英雄主义，但追求趋同的结果必然导致团队成员的个性创造和个性发挥被扭曲和湮没。而没有个性，就意味着没有创造，这样的团队只有简单复制功能，而不具备持续创新能力。其实团队不仅仅是人的集合，更是能量的结合。团队精神的实质不是要团队成员牺牲自我去完成一项工作，而是要充分利用和发挥团队所有成员的个体优势去做好这项工作。

战国时期，招揽门客、扩大势力的做法十分流行。很多人对门客采取了一定准入标准，而齐国的孟尝君则不同，凡有一技之长的，他都一律以礼相待，投奔他的门客特别多。后来他在秦国担任宰相时，秦昭王因听信谗言要杀他。他的一个门客用"狗盗"之术潜入皇宫，盗取已献给昭王的白狐裘，贿送给昭王宠姬，孟尝君才得以逃脱。等到他与门客日夜兼程来到函谷关时，城门已经关闭了，必须等到鸡叫之后才能开门。这时又有一个门客模仿鸡叫，引得城内的公鸡一起叫起来，终于骗开城门脱险出关。

团队的综合竞争力来自于对团队成员专长的合理配置。只有营造一种适宜的氛围；不断地鼓励和刺激团队成员充分展现自我，最大程度地发挥个体潜能，团队才会迸发出如原子裂变般的能量。

2. 团队建设的危险信号

团队建设过程做到以上"四戒"同时，还要时刻警惕以下隐秘的危险信号，因为它们容易蒙蔽团队管理者的眼睛，让团队建设前功尽弃。

（1）团队成员精神离职

精神离职是企业团队建设中最为普遍存在的问题，其特征表现为：团队成员规则意识与遵守比较好，上下班非常准时，几乎没有迟到、事假、病假，团队领导指派任务能够迅速而有效地完成。与之相对的是，成员主动性较差，工作不在状态，投入度低，缺乏监督时本职工作完成得不够深入细致，对其他成员的协作要求行动反应迟缓、不愿意配合。

精神离职产生的原因大多是对团队的使命缺乏认同感，个人追求与团队愿景、目标不一致，除此之外，也有工作压力、情绪等方面原因。解决团队建设中的精神离职现象关键是要做好以下几点：

①要在明晰团队使命、愿景与目标的基础上，强化沟通，增进成员之间的相互了解和信任；

②要以团队价值观为核心，完善团队行为规范与绩效评价激励机制；

③运用前文团队运作效果评估参考表进行自我评估与大讨论，引导团队成员集体反思；

④给予精神离职者特殊假期，让其冷静思考调整状态，并明确依据改进情况考虑团队是否会重新接纳的问题。

（2）崇尚超级英雄

团队虽然需要的是整体的行动力、目标完成率，但实践中崇尚超级英雄也是一种常见的现象，表现为个人能力强大，能独当一面，业绩表现突出的团队成员会得到特殊的优待，他们可以以功臣自居，不受团队规则与纪律的

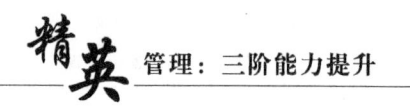

约束。

崇尚超级英雄对团队的破坏力是巨大的，长期采用放纵策略其结果会破坏团队的凝聚力，迅速地瓦解团队组织。造成团队崇尚超级英雄现象的根源在于，团队领导者出于对短期业绩与效率的追求，忽视了团队建设的本质。因此，解决团队建设超级英雄现象关键也在于团队的领导者，需要他们能够在厘清团队价值核心的基础上，正确领导、全面沟通，可以把超级英雄作为榜样融入团队精神、团队文化中，将超级英雄的分力转为团队的合力与发展的驱动力，用团队的使命、价值观和团队规则约束力等对超级英雄做出正确的管理。

（3）非正式组织盛行

非正式组织盛行指的是团队内小帮派、小团伙比较活跃。出现这种现象往往有两种原因：一是团队的领导故意为之；二是团队成员在价值观、性格、经历、互补性等方面感受到某种契合时产生非正式的组织。

前者是管理者强化自身管理职能的需要，培养亲信，提高管理效力，客观上形成的非正式组织。这样做虽然表面上能够很好进行日常动作，调和人际关系，实施假想的人性化管理，但长期而言，会降低管理的有效性，影响团队的精神，导致优秀团队成员流失。后者形成的非正式组织，其愿景通常与团队愿景不一致，偏离团队的价值观，破坏团队文化，阻挠团队的创新精神和开拓精神。

与之相对，解决团队中非正式组织盛行现象，一方面团队领导者要树立正确的团队意识，提高自身的管理技能水平，既不能靠迎合来收买人心，也不能靠嫡系来获取信息。另一方面多开展团队性的社交与建设活动，强化沟通，增进成员之间的了解，并运用团队价值观引导成员的行为。

3. 团队建设建议

（1）让团队有方向

实践中要将公司愿景、战略蓝图清晰地描绘出来，并加大宣传力度，让员工感受到发展空间。同时还要将员工个人职业规划与公司战略结合起来，让每个人清楚只要企业发展了自己就能发展，企业成功了，自己的价值也会得到提升。

团队建设中的职业规划，一定要尊重员工个人意愿，是双向沟通的结果。让员工做喜欢做的事，人尽其才效果才会好。当然，想做喜欢做的事，想胜任心仪的岗位，是需要竞争上岗的。这样，无形中让员工有了工作的动力。

虽然企业发展中画"大饼"很重要，但如果"大饼"始终吊在空中，其影响力也会逐步下降。因此，企业团队建设过程中，除了做好战略定位与愿景勾画之外，关键还要以制度为手段，将员工职业发展与企业发展关系落地。

（2）让团队有能力

团队能力打造有以下三个主要途径。

①选择可用之才。坚持态度第一、专业能力第二。态度方面主要是坦诚、敬业、有责任心、敢担当！专业能力是各岗位上所具备的能力！

②有目的的能力塑造。主要途径是培训、实践学习。一是培训。除了专业课程培训外，上级"帮带"至关重要，也是最快的成长途径。二是实践学习。俗话说"实践出真知"，只有不断实践，才能掌握业务技能。

③领导以身作则。领导不单是管人，更主要的职责是激励和带领团队完成目标。所以说，你想让团队成员做到，领导首先需要做到，什么样的领导带什么样的"兵"，就是这个道理！

（3）让团队有激情

①有竞争力的薪酬。把人当成最重要的资源，不要想少给钱、多干活儿，这样做很难持久。不要担心付出成本太高，也不要老是想着降低人力资

源成本，关键是要让企业的每一个员工清楚他们的收入只能靠自己去创造。

②公平合理的绩效。绩效一定要公平，在制定时就要让大家参与进来，千万别事后行为，否则容易造成不满。

③激励挑战大目标。企业可以在既有目标上，再设定一些挑战目标、创新目标，同时给予额外的激励，这既是提高业绩目标的好方法，也能让团队变得有激情与战斗力，培养团队打硬仗的能力。

④公平公正的晋升晋级体制。奖罚分明，事前共识。遵循活力曲线管理原则，20%～30%上、50%～60%不动、0～10%调或下。当然，对于企业一些特殊人才或有突出贡献的人员，可以开绿灯。说到事前共识，就是考评指标一定要提前公布，最好量、性结合，每月或季度公布，年终汇总。

高阶：高效领导提升技能

第 9 章 领导力

9.1 领导力概述

1. 领导力的定义

领导力 (Leadership Challenge) 可以被形容为一系列行为的组合，而这些行为将会激励人们跟随领导去要去的地方，不是简单的服从。

美国前国务卿亨利·基辛格（Henry Kissenger）认为，领导就是要让他的人，从他们现在的地方，带领他们去还没有去过的地方。据传，曾任通用汽车副总裁的马克·赫根（Mark Hogan）对领导者的描述为：是人使事情发生，世界上最好的计划，如果没有人去执行，那它就没有任何意义。我努力让最聪明、最有创造性的人在我周围。我的目标是永远为那些最优秀、最有天才的人创造他们想要的工作环境。如果你尊敬他人且永远信守你的诺言，你将会是一个领导者，不管你在公司的位置高低。

如上所述，所谓领导力并不是与特定岗位对应的一种权力，而是一种特殊的人际影响力，组织中的每一个人都会去影响他人，也要受到他人的影响，因此每个员工都具有潜在的和现实的领导力。

究其本质来讲，领导能力是建立愿景目标、把握组织的使命及动员人

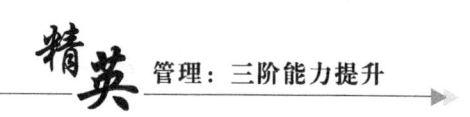

们围绕这个使命奋斗的一种能力。对这一定义的理解，关键是要抓住以下两点。

①领导力是怎样做人的艺术，而不是怎样做事的艺术，决定领导者的能力是个人的品质和个性。正如领导学权威约翰·科特（John Kurt）所强调的，"一个领袖人物必须正直、诚实、顾及他人的感受，并且不把个人或小团体的利益和需要摆在一切衡量标准的首位，否则人们就不会追随他"。

②领导者是通过其所领导的员工的努力而成功的。领导者的成功不是让自己强大，其核心任务是建立一个高度自觉的、高产出的工作团队，并利用他们达成预定的目标。

2. 领导者的特质

领导特质理论（也称素质理论、品质理论、性格理论）认为，领导者自身具有一定数量的、独特的、能与他人区别开来的品质，这些特质对领导有效性的影响。

通过大量的实证调查研究，特质理论的支持者找到了一些证据，证明领导者在社交性、坚持性、创造性、协调性等方面都超过了普通人，其个性特征与一般人也有区别。代表性的研究结论主要有：

美国著名的管理学家、社会系统学派代表人物切斯特·巴纳德（C. D. Baranard）认为领导者具备的基本特质是活力与耐力、当机立断、循循善诱、责任心、智力。

美国心理学家拉尔夫·斯托格迪尔（Ralph Stogdill）研究指出，领导者具备十项特质：才智、强烈的责任心和完成任务的内驱力、坚持追求目标的性格、大胆主动的独创精神、自信心、合作性、乐于承担决策和行动的后果、能忍受挫折、社交能力和影响别人行为的能力、处理事务的能力。

美国心理学家爱德温·吉色列（Edwin Chiselli）认为领导者的特质包含三大类、十三个方面：第一类特质为能力，包括管理能力、智力、创造力三个方面；第二类特质为个性品质，包括自我督导、决策、成熟性、工作班子的亲和力、男性的刚强或女性的温柔五个方面；第三类特质为激励，包括职业成就需要、自我实现需要、行使权力需要、高度金钱奖励需要、工作安全需要等方面。

特质理论认为与领导有效性有关的关键特质有：

①内驱力，追求目标的内在动机；

②领导动机，使用社会化的权力影响他人以获取成功；

③正直、可信赖及把话语变为行动的意愿；

④智慧，处理信息、分析选项并发现机会的能力高于一般人；

⑤坚毅和勇气，不畏惧困难和挫折，敢于承担风险和责任，面对压力时，能够保持冷静和坚定；

⑥商业知识，了解其运作的商业环境，有助于准确决策和为组织带来成功；

⑦情绪智力，基于自我监控的人格，确保优秀领导者具有更强调情境敏感性以及在必要时适应环境的能力；

⑧人际能力，具备亲和力、同理心和信任他人的能力，能够理解他人的需求和感受，关心他人的成长和发展。

中国企业领导人和管理专家评选的中国企业领导人的十大特质是：建立远景、信息决策、配置资源、有效沟通、激励他人、人才培养、承担责任、诚实守信、事业导向、快速学习。

3. 领导力的构成要素

从领导力开发的角度，国外有学者认为一个人可以通过七种路径来努力。这七种路径分别是目标控制、变化控制、人际控制、本质控制、平衡控制、行动控制和个人控制，如图9-1所示。

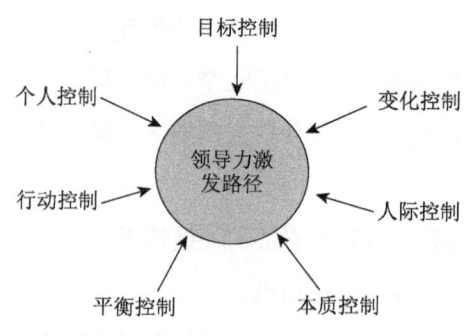

图 9-1 领导力开发的七大路径

查普曼（Chapman）和奥尼尔（O'nell）在《发现，然后培育你的领导力》中提出了一个经典的领导力形成模式，该模式包括六个要素，即充满理想色彩的使命感、果断而正确的决策、共享报酬、高效沟通、足够影响他人的能力和积极的态度。他们认为领导力是前五个要素与第六个要素的乘积，如图 9-2 所示。

$$领导力 = \Sigma \begin{Bmatrix} 充满理想色彩的使命感 \\ 果断而正确的决策 \\ 共享报酬 \\ 高效沟通 \\ 足够影响他人的能力 \end{Bmatrix} \times 积极的态度$$

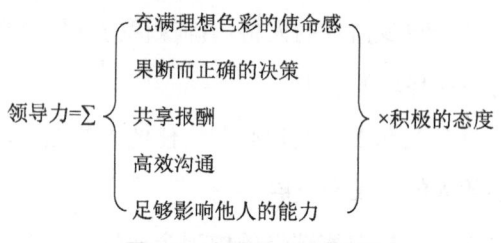

图 9-2 领导力的六要素

基于领导过程进行分析，研究认为，领导者必须具备如下领导能力：前瞻力，群体或组织目标和战略制定能力；感召力，吸引和鼓舞被领导者的能力；影响力，影响被领导者和环境的能力；决断力，正确而果断的决策能力；控制力，控制目标实现过程的能力。

这五种关键的领导能力就构成了领导力的五力模型，如图 9-3 所示。

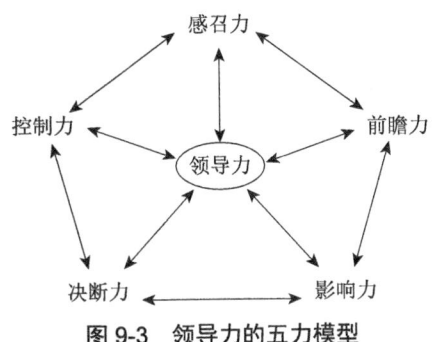

图 9-3　领导力的五力模型

（1）感召力

感召力是最本色的领导能力，它主要来自于以下六个方面。

①坚定的信念。对组织的目标有清晰而坚定的认知，并能够将其有效地传达给团队成员。

②正确的价值观。拥有正直、诚信、责任等积极的价值观，并能以身作则，为团队树立榜样。

③卓越的个人魅力。包括良好的仪表、优雅的举止和沉稳的气质。

④卓越的能力。能够做出明智的决策和提供有效的解决方案。

⑤卓越的成就。过去完成的重大项目、实现业绩突破等都能让成员对领导者充满信心。

⑥关怀与激励他人。善于发现团队成员的优点和潜力，真正关心团队成员的成长与发展，关注他们的需求和困难。

（2）前瞻力

前瞻力从本质上讲是一种着眼未来、预测未来和把握未来的能力。领导的前瞻力主要取决于以下几点。

①广阔的视野与知识储备。了解全球范围内的行业趋势、经济形势和文化差异。

②敏锐的洞察力。深入了解人的需求、行为和心理，跟得上社会的发展

趋势，善于收集和分析各种数据，从中发现潜在问题。

③丰富的经验与反思能力。在长期的实践中，经历过各种挑战和机遇，积累了丰富的经验，并能定期对自己的决策和行动进行反思和总结，从成功和失败的经历中吸取教训。

④开放的思维与创新精神。不局限于传统的思维模式和方法，敢于质疑现状，具有强烈的创新精神，鼓励团队进行创新和尝试。

⑤良好的人际关系与信息网络。与不同领域的专家、学者、企业家等建立良好的人际关系，建立多元化的信息渠道，及时了解行业动态、政策变化等信息。

（3）影响力

影响力是领导者积极主动地影响被领导者的能力，主要来自于权力性和非权力性两个方面。

①权力性影响力。领导者所处的职位赋予其一定的权力，如决策权、指挥权、人事权等，这些可以使下属服从领导的指令，完成工作任务。此外，领导者有权对下属进行奖励，如奖金、晋升、表扬等，也有权对下属进行惩罚，如批评、降职、罚款等，这些权力能够通过激励下属努力工作，或者强制下属遵守规章制度等影响他们的行为。

②非权力性影响力。品德高尚、知识能力强、富有人格魅力、能够关心下属的工作与生活，这样的领导者会赢得下属的尊重和信任，让下属愿意追随，心甘情愿地接受他的指挥与命令。

（4）决断力

决断力是针对战略实施中的各种问题和突发事件而进行快速和有效决策的能力，除了与前瞻力一样受到领导者丰富的经验与知识储备、准确的信息收集与分析能力影响之外，还取决于以下几点。

①清晰的目标与价值观。知道组织的目标是什么，能秉持正确的价值观，在决策中不违背道德和伦理原则，并了解每个决策对实现目标的影响。

②强大的心理素质。能够理性地分析问题，面对风险和压力时不退缩，勇于承担责任。

③团队的支持与协作。善于倾听团队成员的意见和建议，集思广益。

（5）控制力

控制力是领导者有效控制组织的发展方向、战略实施过程和成效的能力，它主要来自于以下四方面。

①明确的目标与标准。组织目标明确，制定有清晰的工作标准、行为规范和流程制度。

②有效的沟通与反馈。与团队成员保持良好的沟通，及时传达目标、任务和期望，同时倾听成员的意见和反馈。此外，能够给予成员及时、具体的反馈，对正确的行为给予肯定和鼓励，对错误的行为进行纠正和指导。

③合理的授权与监督。建立有效的监督机制，对工作进展、成员行为和目标达成情况进行监督。

④奖惩机制有效。建立合理的奖励机制，对表现优秀、达成目标的成员给予奖励，对于违反规定、工作失误的成员进行惩罚。

9.2 情境型领导

领导行为的有效性在一定程度上取决于领导方式与被领导者特点和环境变化的契合程度。换句话说，领导者的领导方式不能是一成不变的，也没有所谓的最好选择，应伴随着下属员工的成熟程度变化而变化。也只有如此，领导者采取的领导风格才能取得成功。

1. 员工的成熟度

员工成熟度是指员工个体能够独立自主地开展工作，并能对自己直接行为负责任的能力和意愿。它包括两个方面：工作成熟度与心理成熟度。

工作成熟度指的是员工拥有知识和技能的完备程度，指的是能力。工作成熟度高意味着个体拥有足够的知识、能力和经验去完成他们的工作任务而不需要他人的指导，表现为工作能力很强。与之相对，工作成熟度低则说明员工缺乏独立完成工作任务所需的知识与技能，表现为工作能力不足。

心理成熟度指的是员工做某件事的意愿和动机，指的是态度。心理成熟度高意味着员工的主动性强，不需要太多的外部鼓励，他们更多靠内部动机激励，表现为工作主动积极。反之，心理成熟度低说明员工工作处于被动状态，需要外部管控与推动，表现为工作消极。

结合员工成熟度的两个方面，实践中可以将把下属按成熟度分为四种情形，如图9-4所示。

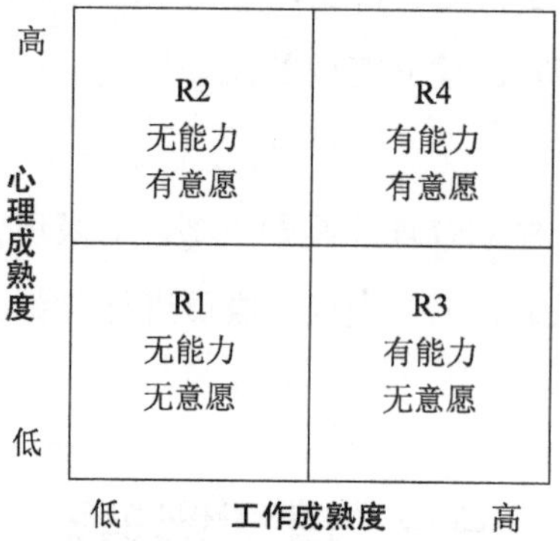

心理成熟度	低工作成熟度	高工作成熟度
高	R2 无能力 有意愿	R4 有能力 有意愿
低	R1 无能力 无意愿	R3 有能力 无意愿

图9-4　员工成熟度的四种情形

R1：这部分下属对于执行工作任务既无能力又不情愿，也就是说他们既不胜任工作又不能被信任。

R2：指的是那些虽然缺乏能力，却愿意从事工作任务的员工，他们有工作的主动性和积极性，但目前尚缺乏独立开展工作足够的技能。

R3：这些人有能力却不愿意干领导者希望他们做的工作，表现出来的是能力虽然较强，但缺乏工作主动性与热情。

R4：指的是那些既有能力又愿意干让他们所做工作的员工。

对于单一的员工来讲，由于其能力会随着时间的推移而提升，工作心态又会受到工作环境等因素的影响，因此在其工作的不同时间段，也会呈现出R1～R4中的不同情形。

2. 四种领导模式

一般来讲，领导者带领下属实现工作目标有两种做法：命令式和沟通式。

所谓命令式，就是领导者用指令的方式规范下属的行为，采取单向沟通来界定下属的工作角色与工作目标，命令下属在规定的时间内应该做什么、不应该做什么、如何做、采取什么方法完成任务等，而且密切控制和监督下属在工作中的表现和行为。命令式的特征有四个：一是决策单方面性，领导独自做出决策，不与下属进行广泛的讨论和协商；二是明确的指令下达，对任务的完成时间、行动步骤和质量标准等有严格的规定和要求，下属必须严格按照指令执行；三是严格的监督控制，随时进行检查和督促，对不符合要求的行为及时纠正；四是强调服从性要求下属绝对服从，不允许质疑或违抗领导的命令。

所谓沟通式，就是领导者保持平等姿态，用扶持的态度来协同下属开展工作的方式，视下属为伙伴，采取双向沟通来塑造下属的角色，对下属保持信息公开，支持和激励下属参与决策，给予授权，同时关心下属、倾听他们的意见。沟通式的特征有三个：一是开放的沟通氛围，领导鼓励下属积极表达自己的观点、想法和感受，让下属感受到被尊重；二是共同决策，邀请下属参与讨论，充分听取各方意见，共同制订决策方案；三是授权下属，在行动步骤、完成任务的具体做法等方面，由下属自主决定，领导更多地关注结果。

根据以上两种领导者工作方式，领导行为可以分为四种模式，如图9-5所示。

M1：授权型。这种领导模式采取的低命令、低沟通的放任领导方式，即领导者对下属高度信任和放权，采取"无为而治"的态度，放手让下属自顾自地去完成任务。

M2：扶持型。这种领导模式采取高沟通、低命令的领导方式，即目标或问题由领导者提出，决策与解决问题的方式由下属自己负责。时刻保持对下属工作状态的关注，并对下属的工作给予积极的反馈，适时纠正下属工作中的不当表现。

M3：指挥型。这种领导模式采取高命令、低沟通的方式，领导者往往乐于向部属发号施令，规定他们的工作及其做法，一句命令一个动作，极少倾听下属的意见，也不会给予下属更多的信息反馈。

M4：教练型。这种领导模式采取高命令、高沟通的方式，既给下属发布许多命令，严格控制，又能给予下属充分的信息反馈，愿意倾听下属的意见，鼓励他们参与决策与自主行动，就好像"教练"一样，在保持"步骤严谨"的同时，鼓励下属创新，对下属好的行为会给予赞扬和帮助。

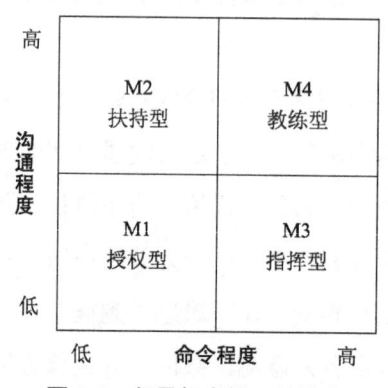

	低命令	高命令
高沟通	M2 扶持型	M4 教练型
低沟通	M1 授权型	M3 指挥型

图 9-5　领导行为的四种模式

3. 有效的领导行为模式选择

情境领导理论认为，领导行为的有效性取决于是否与被领导者的状态相适应。换句话说，上述四种领导行为模式没有好坏之分，关键是要与被领导者的成熟状态相匹配，如图9-6所示。

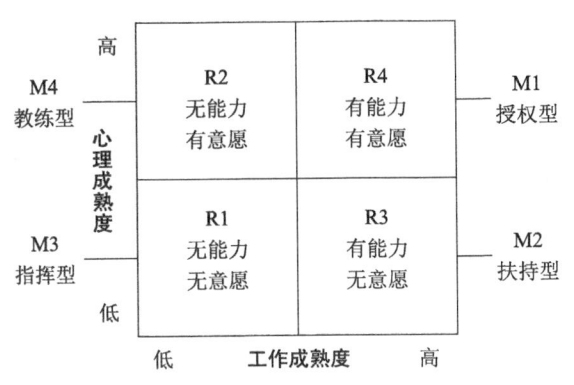

图 9-6 领导行为与员工成熟度匹配模型

R1 → M3：对于下属中那种既没有经验和能力也不想干的 R1 类员工，沟通只是一种辅助的手段，不能解决根本性问题，更多要采取明确指令的方式确保工作的顺利开展，此时指挥型领导行为模式会更为有效。

R2 → M4：实践中的 R2 类下属，通常是富有激情和上进心但经验不足的工作新手，对于他们，领导者通过指令确保工作任务能够顺利完成的同时，一定要强化沟通与信息的反馈，这样做一方面是为了保护他们的工作主动性与积极性，另一方面帮助他们快速成长，由 R2 向 R4 转变，此时，教练型领导行为效果会更加明显。

R3 → M2：与 R2 相对，R3 类下属往往长时间处于一个岗位，经验丰富但缺乏追求的"油条型"人员，对于他们，领导者要解决的只是他们的工作态度问题，此时，过多的指令不仅不利于工作效率的提升，反而会进一步强化他们的工作惰性，因此采取扶持型领导方式、以沟通引导工作态度的转变就更加有效了。

R4 → M1：R4 类下属是组织工作质量与效率的保证，对于这类人员领导者要做的是给予他们更大的施展才能的空间，委以重任是对他们最好的激励，过多的指令只会让他们遭受打击，因此授权型领导模式必然是一种最佳的选择。

4. 个人领导风格测试

假设情境一：你的一名女下属工作热情和效率一直都很高，每次都能圆满地完成工作指标，你对她的工作十分放心，过去一直坚持放任自主的状态。最近你给她分配了一项新的工作，认为她完全有能力胜任这项工作。但她的工作情况却令人失望，而且还经常请病假，占用了很多工作时间，你会怎么办？①

参考选项如下。

a. 明确地告诉她去做什么，并密切注视她的工作。

b. 告诉她去做什么、怎样去做，并设法查明她的问题出在哪儿。

c. 安慰她，帮助她解决问题。

d. 让她自己找出应付新工作的方法。

假设情境二：你刚刚晋升为某区域主管，在你被提升以前，区域内管理平稳，但现在投诉增多，因而你想改变工作程序和任务分配。但是，你的下属不但不予配合，反而不断地抱怨说他们的前任主管在位时情况是如何如何的好。你怎么办？

参考选项如下。

a. 实施变更，密切注视工作情况。

b. 告诉他们你为什么要做出改变，说明改变将会给他们带来的利益，并倾听他们所关切的问题。

c. 同他们讨论打算改变的工作计划，征求他们提高服务质量的建议。

d. 让他们自己找出提高服务质量的办法。

---

① 参考答案见本章尾注。

9.3 杰出领导者的修炼

1. 成为杰出领导者的心态修炼

老子《道德经》第十七章云:"太上,不知有之;其次,亲而誉之;其次,畏之;其次,侮之。信不足焉,有不信焉。悠兮,其贵言。功成事遂,百姓皆谓'我自然'。"意思是要成为一名杰出的领导者,不一定要彰显权力牢牢地控制下属,更多的应该是调动下属的工作主动性和责任感,帮助每一个员工都能够成为高效的"自我领导者"。

基于此,想要成为一名杰出的领导者,首先要有一种正确的心态:保持对成功的渴望和追求,面对挑战和困难时,不气馁、不退缩;乐于接受不同的意见和建议,能够包容下属的错误和不足,给予他们成长和改进的机会;敢于承认自己的不足和局限性,不断学习新知识、新技能;对自己的行为和决策负责,勇于承担责任,不推诿、不逃避;感恩团队成员的付出和努力,珍惜他们的贡献,给予他们适当的回报和鼓励;知道要成为一名杰出的领导者,首先要让下属成为"杰出的员工"。

2. 成为杰出领导者的素质修炼

领导者的素质非常重要,它是提高领导能力的基础。无论从事什么行业、居于什么样的岗位,要成为一个杰出的领导者,都必须做到心胸宽广、善于调节自我情绪、勇于开拓创新等。

(1)培养宽容的品质

宽容是作为领导者必备的基本素质之一,领导者可以从以下六个方面修炼自己。

①理解人性的多样性。认识到每个人都有自己的优点和不足,以及不同的成长背景、性格特点和处事方式。明白人们会犯错是正常现象,从而以更

加平和的心态看待他人的错误和失误。

②养成同理思考习惯。不断尝试设身处地为他人着想，带入下属的角色理解他人的感受和处境。当能够站在他人的角度思考问题时，就更容易包容他人的行为和决策。

③培养积极的情绪。注重培养乐观、开朗的心态，多关注生活中的美好事物。积极的情绪可以让人更加宽容和大度，减少对他人的挑剔和抱怨。

④学会原谅。知道人无完人，错误有时是不可避免的，通过原谅并给予他人第二次机会，帮助下属从错误中吸取教训，为团队营造一个更加和谐的氛围，增强团队的凝聚力。

⑤尊重他人的观点。即使与自己的意见不同，也不要轻易否定。明白不同的声音，可以拓宽自己的视野，做出更加明智的决策。

⑥多交不同风格的朋友。多与不同背景、不同风格、不同思想的人交朋友，观察他们的所作所为，在对比中提升自我。

（2）克服急躁的情绪

急躁就可能冒进，冒进就可能导致损失或者伤害别人，因此领导者有必要从以下八个方面克服这种情绪。

①认识急躁情绪的危害。明白急躁可能导致决策失误、破坏团队和谐、影响自身形象等不良后果，从而提高对克服急躁情绪的重视。

②反思自己过去急躁情绪的来源。如工作压力、性格特点、特定情境等，以便有针对性地采取措施。

③深呼吸和放松。当感到急躁时，立即进行深呼吸，慢慢地吸气和呼气，同时放松身体肌肉。闭上眼睛，专注于呼吸的节奏，让自己的身心逐渐平静下来。

④转移注意力。将注意力从引发急躁的事情上转移开，去做一些其他的事情，如散步、听音乐、阅读等。通过改变环境和活动，缓解紧张的情绪。

⑤积极的自我暗示。对自己进行积极的心理暗示，如"我可以保持冷静""急躁解决不了问题"等。用正面的话语鼓励自己，增强自我控制能力。

⑥学会等待。有些事情需要时间来解决，要学会耐心等待。不要期望所有的事情都能立即得到结果，接受事情的发展过程，减少不必要的焦虑。

⑦从小事做起。可以从一些日常小事开始培养耐心，如排队等待、完成一项手工制作等。通过不断的练习，逐渐增强自己的耐心和毅力。

⑧学习冥想或瑜伽。这些活动可以帮助领导者放松身心，提高专注力和自我意识，从而更好地控制情绪，培养耐心。

（3）训练创造性思维

创新是成长的原动力，领导者要从以下几方面训练自己的创造性思维。

①拓展自己的知识面。广泛阅读不同领域的书籍、文章和报告，包括但不限于科技、艺术、文学、历史、哲学等，为创造性思维提供更多的素材和灵感。

②参加培训和学习课程。参加各种与创新、领导力、行业趋势等相关的培训课程和研讨会，不断更新自己的知识和技能，拓宽视野。

③积极参与头脑风暴。邀请团队成员一起提出各种创意和想法。

④运用思维导图。使用思维导图工具，将一个主题或问题作为中心，然后从不同角度展开分支，激发更多的联想和创意。

⑤养成质疑现状的习惯。对现有的工作流程、产品或服务提出疑问，思考是否有更好的方法或改进的空间。

⑥学习竞争对手。观察竞争对手的产品、服务和营销策略，分析他们的优势和不足，从中可以获得启发，找到创新的方向。

⑦敢于空想。对事物发展的趋势，要大胆地做出设想，尽可能多地列出各种可能。

3. 成为杰出领导者的行为修炼

杰出领导者一定能够让被领导者受到鼓舞而变得生机勃勃、充满创造性。杰出领导者的下属会被激发出聪明才智，他们能够以组织或部门的目标指导自己的行动，成长为有能力的"自我领导者"。换句话说，杰出领导者的下属会以主人翁的姿态去完成工作、追求业绩，而不是被动地为了顺从领导者的个人想法才去这样做。每一个下属都是值得信赖的，领导者在与不在他们的工作状态与表现是一样的。

正因如此，实践中要成为一名杰出的领导者，不仅是要做好自己，更要去成就下属。具体的要做好以下六点。

（1）以身作则

如前文所述，领导力从本质上讲属于影响力，它虽然有权力的因素，但更主要的还是体现在领导者个人魅力上。领导者不能想当然地期望他人追随你，你必须赢得下属的信任与尊重。进而言之，要成为一名杰出领导者，意味着你自身必须是个好榜样，需要通过实际行动向员工表明，你的所作所为符合他们愿望。

只有那些被大家认为信誉良好、待人真诚、业务能力强，而且能够通过行动公开、明确表达工作热情、富有革新精神及具自我领导能力的领导者，才会拥有与其品质相同的员工。毕竟百说不如一干。那些能够制订有效的自律战略计划、能够在本职工作中体现自己的志趣与特长，而且养成积极思考习惯的自我导向和自我激励的领导者，能够成为也应该成为其员工学习的光辉榜样。

（2）共启愿景

愿景，顾名思义指的是愿望的景象，具有引导与激励组织成员的未来情景的意象描绘。愿景是根据企业现有阶段经营与管理发展的需要，对企业未来发展方向的一种期望、一种预测、一种定位。

在不确定和不稳定的环境中，通过愿景提出方向性的长程导向，把组织活动聚焦在一个核心焦点的目标状态上，能够使组织及其成员在面对混沌状态或结构惯性抗力过程中有所坚持，有利于激发员工个人潜能，引导或影响组织及其成员的行动和行为，增加组织生产力，提升工作成效。

领导者共启愿景，就是要让每位成员都能积极参与构思制订组织或部门愿景，利用充满激情的"巨大愿景画面"，振奋士气，帮助下属意识到在企业中他们应该去做的事情。通过愿景，为成员指明未来想要前进的方向。

(3) 挑战现状

一方面组织的发展、工作的完成不可能是一帆风顺的，在困难与曲折面前，领导者不是顺从和屈服，而是要勇于实验并承担风险，以果敢和责任担当成为下属的依靠，帮助下属克服目标实现过程中遇到的各种不确定性和恐惧。

另一方面成就来自于挑战与突破自我，因为创新性的变革来自尝试而不是等待。杰出的领导不会浪费时间坐等机会来敲门，他们会主动寻找机会并接受挑战，带领他人走向卓越。

(4) 支持员工的自我领导

所谓自我领导，顾名思义，就是自己领导自己，强调员工自行进行奖励和惩罚。杰出领导者不会把员工的积极性与创造性看作是对自己的威胁，相反，他们把员工的这类行为看成是获取进步的、富有价值的能动力，看成是构建自我领导体系所需的基本原材料。

杰出的领导者善于将员工的自我领导当成激励的基本要素，对员工在力求发展和进步的过程中所犯的"正当"错误及造成的"正当"失败会给予极大的宽容。

(5) 充分激发员工的潜能

如前文所述，聪明的领导者都明白领导不是统治别人，或者是让别人畏惧自己，他工作的核心是激发员工无穷的智慧、扶持员工成长。基于此：

首先，在制定公司规章制度的时候，少一些条条框框，创造一个非常宽松的政策环境，使员工少受限制就显得非常重要。

其次，必须把员工看作是公司的主人、是自己工作的伙伴，从内心真正地尊重他们，重视他们的想法和建议，让员工感受到你对他们的信任和期望。

再次，领导者要重新定位自己的角色，从内心深处把自己当作一个服务者，以员工为中心，为员工服务。让员工感觉工作是"自己的"，他没有理由不全身心地努力。

最后，要关注员工的诉求，让公司成为一个温暖的大家庭。

（6）协调众多独立的创造性力量

杰出的领导要善于协调众多独立的创造性力量，鼓励员工在完成任务和个人成长、发展的过程中一起工作，相互帮助；鼓励员工不把自己看作是个体，而看作是整个团队的基本组成元素。通过鼓舞、奖励及引导等方法，杰出的领导会帮助许多成长中的自我领导者找到力量的源泉，成为相互鼓励与相互鞭策的对象。

4. 通过"自我奖励"实现自我领导

引导我们去获取新的成功的最有效的办法之一就是"自我奖励"。通过物质与精神两个层面对自己进行"奖励"，就能积极地影响自己的行为。

（1）设定明确的目标

①确定具体、可衡量的目标。无论是短期的项目目标还是长期的职业发展目标，都要使其具有明确性和可操作性。

②划分目标阶段。将大目标分解为小的阶段性目标，这样可以更清晰地看到进展，也便于设置相应的自我奖励。

（2）选择合适的自我奖励

①物质奖励。可以是一件心仪已久的物品，如一本好书、一款新的电子产品或者一套舒适的运动装备。也可以是一次美食体验，比如去一家高档餐

厅享用一顿丰盛的晚餐。

②精神奖励。比如给自己安排一个放松的假期，去一个向往已久的地方旅行，享受大自然的美景和宁静。或者奖励自己一些独处的时间，用于阅读、冥想或者进行自己喜欢的爱好活动。

③职业发展奖励。参加一个高端的培训课程、获得一个专业认证或者在行业会议上发表演讲等，这些都可以作为自我奖励，同时也有助于提升自己的领导能力和职业竞争力。

（3）建立奖励机制

①及时奖励。当完成一个目标或者取得一项成就时，要及时给予自己奖励。不要拖延，因为及时的奖励可以增强成就感和动力，促使自己更加积极地投入下一个目标的实现中。

②递增式奖励。随着目标的难度增加，相应地提高自我奖励的价值。这样可以激励自己不断挑战更高的目标，同时也让自己感受到努力的回报。

③公开承诺。可以向身边的人公开自己的目标和奖励计划，这样可以增加自己的责任感和动力。当他人知道你的计划后，你会更有动力去实现目标，以兑现自己的承诺。

（4）反思与调整

①回顾奖励效果。在享受自我奖励的同时，反思这个奖励对自己的激励作用。思考是否达到了预期的效果，是否让自己更加有动力去追求下一个目标。

②调整奖励策略。根据反思的结果，调整自己的奖励策略。如果发现某个奖励效果不佳，可以尝试其他更有吸引力的奖励方式。如果我们在工作中带着愉快的心情去实践自我领导方法，我们就能够成功。

5. 做一个合格的教练型领导

领导力是一种人际关系。这种人际关系有时是一对一，有时是一对多的。不管是对一个人还是对多个人，领导力都是那些想要领导他人的人与那些愿意追随的人之间的人际关系。无论是领导的成功还是企业的成功，过去是、现在是、将来还是取决于大家一起工作和合作得有多好。

在一份关于领导力观念的网络调查中，其中一条是"一位好的领导者具备哪些品质最重要"，结果排在第一位的是"能够从别人的角度看问题"，排在第二位的是"与他人相处良好"。所以，领导者不要再把自己塑造成"表情严厉、作风硬朗"的光辉形象，因为这会让你的下属士气低落、人心离散。

杰出的领导应该成为出色的教练，全神贯注地开发下属的能力，而不仅仅是记录下属的表现。

做一名合格的教练型领导的方法如下。

①关注员工的职业生涯。倾听员工的个人发展目标，为其制订发展计划表；对员工的教育状况做到心中有数；随时关注每一位员工的工作状态，为员工的工作表现建立档案；在员工提拔之前给予适当的培训等。

②找出员工需要加强培训的项目。员工在工作能力方面总会存在一些不足，这往往也是导致员工业绩不理想的原因，对于此，领导者不能简单地批评与指责，更需要做的是根据员工的业绩找出加强培训的项目。

③给予员工培训前的指导。事先将培训的目的和内容透露给员工，说明培训所需的准备工作及培训结束必须实现的目标，提前调动员工学习积极性。

④聆听员工的培训感受。领导者需要聆听员工培训后的感受，必要的时候，根据员工的感受和意见适当地调整对员工的培养方案。

⑤给予员工充分的学习时间。作为教练，应该给予下属充分的学习时间，让下属之间可以相互分享各自所获得的经验，从而达到优势互补。

6. 做一个合格的授权型领导

通过授权型领导模式激发有能力又有意愿的优秀员工，实现领导效能提升，关键要做好以下四个方面。

①与被领导者之间建立信任。通过一贯的言行一致、遵守承诺，让下属相信你是可靠的领导者。

②掌握有效授权技能。能够清晰地描述被授权的任务，明确下属在执行任务过程中的权限，下属非常清楚你对任务完成的期望。

③给予下属必要的支持：为下属提供相应的培训和学习机会，在下属执行任务的过程中，及时给予反馈，指出他们的优点和不足，鼓励下属勇于尝试新的方法和思路。

④能够掌控下属的工作状态：通过建立适当的监控机制，确保任务的进展符合预期。任务完成后，对结果进行评估，总结经验教训。

7. 做一个合格的扶持型领导

要成为一名合格的扶持型领导，帮助那些有能力缺态度的下属提升工作绩效，关键是要做好以下四点。

①重点关注员工发展。与员工进行深入的沟通，了解他们的兴趣爱好和个人需求，帮助员工明确自己的职业发展方向，制定短期和长期的职业目标，鼓励他们不断学习和成长。

②为员工提供资源支持。根据员工的能力和兴趣，分配具有挑战性但又可行的任务，为员工提供完成任务所需的资源，帮助员工建立与其他部门或团队的合作关系。

③给予员工情感关怀。认真倾听员工的问题和困扰，给予他们充分的理解和支持，及时发现员工的优点和进步，给予他们鼓励和赞美，在员工遇到困难时，给予他们关心和帮助。

④为员工树立榜样。作为领导，要展示积极的工作态度和乐观的心态，

勇于承担自己的责任，不推诿、不逃避，通过自己的学习和成长，激励员工不断追求进步。

8. 做一个合格的指挥型领导

对于工作场景不熟悉的新人以及能力与意愿都不足的员工，指挥型领导模式是上佳的选择，要运用好这种领导行为，主要从以下几个方面努力。

①给予员工明确目标与方向。将组织的目标和期望清晰地传达给下属，让他们明白自己的工作在整体战略中的位置和重要性。

②建立自己的权威与信任。树立专业权威，让员工信服你的领导能力，工作中表现出高度的敬业精神和责任感，为团队成员树立榜样。

③能够掌握有效沟通的技巧。在下达任务和指令时，使用简洁明了的语言，确保下属准确理解任务的要求、目标和期限。建立定期沟通机制，及时了解工作进展和问题，提供指导和支持。

④给予激励与督促。根据下属的工作表现和贡献，设定明确的奖励机制；对下属的工作进行严格督促和检查，确保任务按时、按质完成；及时发现问题并采取措施解决。

附：个人领导风格测试参考答案

在上述两种假设情境下，如果你：

选择 a，说明你在实践工作中偏爱指挥型管理（领导）模式；

选择 b，说明你在实践工作中偏爱教练型管理（领导）模式；

选择 c，说明你在实践工作中偏爱扶持型管理（领导）模式；

选择 d，说明你在实践工作中偏爱授权型管理（领导）模式。

第10章　变革管理

变革是企业改变和调整组织各要素的过程，是企业生存和发展所必须具备的基本能力。由于企业外部环境如政治、法律、经济、技术、社会文化和国际等因素的变化和企业内部环境如企业战略、人员和组织文化等因素的变化，进行变革必然成为每个企业和每个管理者工作的重要组成部分。

令人遗憾的是，研究表明企业进行重大变革的平均失败率超过50%，因此企业如果不想葬身于环境变化与企业变革的"漩涡"中，不仅在变革实施前要进行有效的准备与规划，同时还必须对变革中遇到的阻力进行管理。

10.1　变革前期的准备和规划

企业变革过程要经历一系列阶段，需要相当长的一段时间。跳过其中一些阶段，只会造成一种速度假象，决不会产生令人满意的结果。正因如此，变革不能草草上马、追求一蹴而就，企业在实施变革过程之前，应进行详尽的准备与规划。

1. 确立企业的愿景目标

在这一阶段，需要人们能够超越当前的限制和阻碍，展望组织变革后的理想状态。愿景目标绘制了组织变革之后生机勃勃的诱人图像，体现了组织的价值观和行为方式。愿景目标在使企业领导者明确自己想要什么的同时，可以对组织员工产生强烈的影响，引发他们对变革的兴趣与欲望。

在变革过程中，领导者通过行动向组织成员传达企业的愿景目标，可以使下属建立信心，使他们相信能够克服一切困难使梦想变为现实。

（1）制订愿景目标的原则

确立愿景目标不是为了展示不切实际的完美未来，而是为了思索如何能够实现这些目标。具体地讲，确立企业变革的愿景目标时，应坚持以下几个原则。

①使命性原则。使命是从人类和社会的角度表明企业之所以要存在的理由，是企业生存的基础与立足之本，变革的愿景目标必须能够满足企业使命的要求，是企业使命的具体化。

②关键性原则。变革的愿景目标一定要突出，它关系到企业的成败兴衰，是全局性的问题。要引导员工抓住重点，以保证企业变革的顺利推行。

③可行性原则。制订变革的愿景目标时，要全面分析企业的各种资源条件，明晰外部环境中存在的机会和威胁、企业发展中具有的优势和劣势，在综合平衡的基础上，做到积极可靠、留有余地、切实可行。

④定量化原则。变革的愿景目标必须具有可衡量性，以便检查和评价其实施程度，对企业变革成功与否进行判断。

⑤协调原则。变革的愿景目标、阶段目标、单位和部门的具体目标之间要紧密衔接协调，形成一个有机的变革目标体系。

⑥激励原则。变革愿景目标要明确、具体、形象，具有鼓舞动员全体员工的作用，能激发员工的积极性，使全体员工对目标的实现寄予极大的希望。

⑦灵活性原则。应根据主客观条件的变化，及时对变革愿景目标中存在的不合时宜的内容进行修正，确保目标与环境的吻合，使企业在新形势下得到更好的发展。

（2）变革愿景目标包含的内容

一个好的变革的愿景目标应包含以下几方面的内容。

①愿景目标能够暗示方向（哪里）、目的（为什么）及战略（怎么做）。

②愿景目标必须能够吸引人们为之奉献，清晰地解释为什么要进行变革，表述变革将带来的快乐、不变革将带来的痛苦，同时能够证明变革是企业发展正确的选择。

③愿景目标应包含组织公认的价值观、准则或能力等。

④愿景目标必须考虑外部事物，要关注企业的市场目标和顾客目标。

⑤愿景目标必须让每个人都理解变革将对他们产生怎样的影响，能够激发人们的情感和思想。

⑥愿景目标的表述语言必须足够有力，能够引发问题和讨论。

（3）愿景目标分享

变革的愿景目标要发挥其应有的作用，就必须能够为员工所共享。要做到这一点，必须注重以下两个方面。

一方面，在愿景目标确立之前，应广泛征求员工的意见，听听各方面的声音，让员工参与其中。

收集员工对愿景目标看法的方式有许多种。一般先由较高的领导阶层开始，然后再逐级落实到整个组织。既可以采用匿名的方式，也可以采用公开会议的方式征集人们对未来的看法，而且大家都可以随时查看结果，确保每个人都能看到有哪些进展。

与此同时，在这一阶段，企业可要求每一位成员都尽可能清晰地定义出个人的愿景目标。一旦每个人都能分清他的个人愿景目标追求，企业便能在统合个人愿景目标的基础上形成企业的愿景目标，保障个人追求与企业发展目标一致。

另一方面，在企业的愿景目标形成之后，需要向人们清晰地描绘他们的处境，证明这种现状应该得到改变。愿景目标要产生效用，领导者在告知人们愿景目标内容的基础上，还必须使他们觉得自己对这种愿景目标具有归属感。在这一过程中，员工就是消费者，愿景目标就是交易的商品。领导者在向员工推销愿景目标时，必须指出愿景规划的优点及实现这些愿景目标的结果。在此阶段，领导者与下属的亲和感将变得非常重要，因为任何交易都取决于双方的关系和信任。

2. 运用SWOT分析组织的内外部环境

企业具有稳定性要求，对变革具有天然的抵制特性，其发展遵循这样一条规律：在没有感受到压力、威胁、危机或挫折等"外部力量"的前提下，企业发展会保持稳定状态，按照原有的路径与模式运行。也就是说，压力、威胁、危机与挫折等"外部力量"是企业改变自身现行运行范式——企业变革的诱因。

正是由于企业变革具有这样的特性，所以在正式推行变革之前，有必要通过内外环境的分析，揭示环境变化中出现的威胁与危机，为成功实施变革创造原动力。

SWOT分析是企业进行战略环境分析的一个有效工具，是一种用来识别来自外部环境的机会或威胁、来自内部资源的优势或劣势之间适应性和差异性的有效手段。SWOT代表优势（Strengths）、劣势（Weaknesses）、机会（Opportunities）和威胁（Threats）。

优势是指企业内部的有利因素，包括独特的资源、技能、知识、经验、品牌声誉、高效的流程等，这些因素能使企业在竞争中处于有利地位。

劣势是指企业内部的不利因素，如缺乏资源、技术落后、管理不善、员工素质不高、财务状况不佳等，这些因素可能会限制企业的发展。

机会是指企业外部环境中存在的有利条件和趋势，如市场增长、新技术出现、政策支持、竞争对手失误等，这些因素为企业的发展提供了可能性。

威胁是指企业外部环境中存在的不利因素和挑战，如竞争加剧、经济衰退、政策变化、技术替代等，这些因素可能会对企业的生存和发展造成威胁。

企业运用 SWOT 分析工具进行内外环境分析时，先要做好信息的收集，包括内、外部信息。

内部信息：通过查阅内部文档、与员工交流、进行内部调查等方式，对于企业拥有的资源、能力、产品或服务、文化等全方位了解，做到知己。

外部信息：通过市场调研、行业分析、竞争对手研究、政策法规解读等方式，对于市场、竞争对手、技术、国家政策等进行了解。

依据掌握的信息，分析企业自身所有的优势和劣势，外部环境当中隐含的机会与威胁，最后将这些因素汇聚于一张图中（见表 10-1），综合反映企业发展的内外部环境状况，揭示环境中存在的机会与威胁。

表 10-1　SWOT 分析模型

		内部环境因素	
		优势（S） 列出优势	劣势（W） 列出劣势
外部环境因素	机会（O） 列出机会	SO 策略 发挥优势，利用机会	WO 策略 利用机会，克服不足
	威胁（T） 列出威胁	ST 策略 发挥优势，回避威胁	WT 策略 克服不足，回避威胁

表 10-1 是一个 SWOT 模型矩阵图，其主结构是由四个因素格和四个策略格组成。以 SO、WO、ST 和 WT 为标题的四个策略格要在 S、W、O、T 四个因素格完成之后再填写。

SO（优势 – 机会战略），即如何利用内部优势，抓住外部环境机会，实现企业的快速发展。

WO（劣势 – 机会战略），即克服企业自身不足的同时，如何抓住外部环境机会，实现转型发展。

ST（优势－威胁战略），即利用企业自身优势，在有效应对外部环境威胁的同时，保持竞争优势。

WT（劣势－威胁战略），即在化解企业自身劣势、应对外部环境威胁的基础上，避免企业发展风险。

企业变革实施前，有效地构建与运用SWOT分析模型，一方面可令管理者和员工清晰地看到环境变化中存在的威胁，发现企业发展过程中存在的不足，进而认识到变革的必要性，为变革制造紧迫的氛围，提供成功实施变革所需的外部动力；另一方面它还能为企业实施变革指明方向和策略路径。

3. 建立推动变革的核心团队

建立推动变革的团队就是要保证团队成员在协同工作的基础上，通过共同的努力推进企业变革的成功实施。

（1）综合利用团队建设的途径

团队建设的途径大致有四种，即人际关系途径、角色界定途径、价值观途径及任务导向途径。每一种途径都有其特征，都在不同的时间与环境中表现出有效性。

①人际关系途径。通过帮助团队成员学会如何倾听，或者如何了解团队中其他成员的经历，更好地理解彼此的个性及彼此间进行有效交流，将有助于人们共同工作。它会促使人们把其他团队成员看成是"我们"，而不仅仅看成不得不与之工作的一群人。

②角色界定途径。界定团队成员参与团队活动时以什么样的角色出现。角色界定在一定程度上为如何建立团队确立了基本框架，明确不同群体成员所分担的责任及整个群体的规范。

③价值观途径。通过确保团队中每个人都拥有共同价值观，确保团队工作目的反映这些价值观，团队成员能够有效地共同工作，并且能够感知到自

己的个人行为是如何为团队的共同目标做出贡献。

④任务导向途径。重点不是每个成员是什么样子的，而是关于人们所拥有的技能及这些技能如何对整体作贡献。因此，这一途径强调不同团队成员之间的信息交流，强调完成任务所需的资源、技能。

大多数变革团队的建设源于这四种途径之一，它们的有效性取决于三个因素：正在建立的团队所处的环境、所牵涉的人员特点、团队准备完成的组织任务类型。

不同类型的团队虽然可用不同的团队建设途径，但真正有效的团队建设大多受益于多种不同途径的综合利用。进行变革团队建设时，不管人们选择哪种类型的建设途径，有一条原则是普遍适用的，那就是要建立社会认同，对变革的必要性与紧迫性持相同的意见。团队成员必须能够为推进变革而有效地共同工作，并且在彼此之间建立某种程度的信心和信赖，每个人必须把团队中的其他人看成是"我们"而不是"他们"。

（2）清除变革团队建设的障碍

正如本书第8章所述，团队运作方式有它自身的规律，与之相对，现实中企业在组建和运行变革团队过程中常常存在五种"拌索"。

第一种"绊索"是管理人员将一个工作单位称为团队，但是对它进行管理的方式却和管理一群个人的方式一样。更有甚者，认为每个人在孤立地完成自己的那一份工作。

一个真正的团队具有三个突出的特点。第一，人们清楚地知道工作从哪里开始，到哪里结束，哪些人属于这个团队，哪些人不属于这个团队。第二，团队成员拥有共同的目标，而且需要相互依赖才能实现这些目标。第三，团队拥有管理自己工作的自主权。

第二种"绊索"是管理者缺乏团队管理艺术，要么对团队强加过多的控制，要么对其放任自流。过分控制就意味着团队无法做出有效工作所必需的日常决策。相反，对团队根本不加以指导和控制，意味着团队会失去兴趣并变得冷漠，或者使其变成无组织状态，只是按照自己的方向行事，而不考虑组织的整体利益。

变革领导人在这两个极端之间需要保持一种平衡，一支真正的、有效的变革团队必须具备明确的方向，这就需要管理人员明确地说明团队应该达到什么样的目标，同时又要让团队自己决定它将采取哪些手段实现这些目标。

第三种"绊索"是组织在决定采取团队为中心的工作方式后，就倾向于尽可能破坏原有的组织结构。团队成员不可能依靠自己完成每一件事，他们需要一套赖以支持的组织结构，干扰团队工作的并不是组织结构本身。

建立有效变革团队的关键在于：有一项能够激发团队成员热情的、精心设计的团队任务；有一支经过完美组合的团队；有对团队成员核心行为进行规范明确且详细的说明。

第四种"绊索"是组织不愿意向团队提供支持。能够为变革团队提供有效支持的组织环境具有以下特征：奖励机制到位、教育机制完善、信息机制有效。此外，还能为团队运行提供所需的物质资源。变革团队如果无法从组织那里得到这些基本的支持，那么就不可能期待他们积极的工作。

第五种"绊索"是想当然地认为员工热切盼望着在团队中工作，并且认为他们已经具备了团队工作技能。团队工作完全不同于以个人为中心的工作方式。员工需要专门的培训，以帮助他们有效地参与团队工作，如果忽视了这一点，或者是把它当成是理所当然的事，就可能导致团队四分五裂，或者是团队由于个人之间的冲突和对立而被毁掉。

与上述做法相反，组织领导必须积极地指导团队成员，帮助他们掌握在团队工作中所需的技能。

10.2 变革阻力及其转化对策

如前文所述，现实中企业的变革并非都能达到预期的效果，事实上，多数变革常常以失败而告终。之所以如此，是因为在企业内推行变革的过程往往不是一帆风顺的，它将面临种种阻挠和干扰。

1. 变革阻力概述

变革阻力指的是对企业变革的抵制力量。从某种意义上说，对变革的抵制及由此决定的惯性化发展具有一定的积极作用，它使企业的行为具有一定的稳定性和可预见性，有利于组织成员在分工的基础上开展合作。此外，变革的阻力还可以成为具有积极作用的冲突源。例如，对组织重组计划或生产线改进方案的抵制会激发对这些变革优缺点的有益讨论，并因而得到更完善的决策。但是，变革的阻力也有显而易见的缺点，它降低了企业对环境变化的适应能力，减少了企业发展路径选择与修正的机会，伴随着企业生存环境的发展与变化，这种对变革的抵制力必将阻碍企业的持续进步与发展。

任何一项变革也都涉及对原有制度、关系、行为规范、传统和习惯的改变，这些都会造成人们心理上的失衡和行为上的抵制，从而对变革产生阻力。哈佛商学院曾对93个组织的变革运动进行一项研究发现：有74%的案例在变革中遇到了意想不到的问题，从而使变革行动遭受挫折；有76%的案例其变革所花费的时间比计划的要长。

对变革的抵制不一定以统一的方式表现出来。阻力可以是公开的、直接的，例如当提议实施变革时，员工会怨声载道、消极怠工。阻力也可以是潜在的、延后的，例如变革会降低员工对组织的忠诚感，丧失工作积极性，增加错误率，因"病"请假缺勤率上升等。

在实施变革的过程中，公开和直接的阻力最容易处理，相反，潜在和延后使阻力源和阻力反应之间的联系比较模糊，因而对这类变革阻力的处理也会面临更大的挑战。

2. 变革阻力的根源分析

为了便于分析，这里将变革阻力的根源分为个体阻力和组织阻力两个方面，实际上，二者常常是重叠的。

（1）个体阻力

变革中个体的阻力源来自于基本的人类特征，如认知、个性、需要等，由此产生抵制变革的原因有四个方面，如图10-1所示。

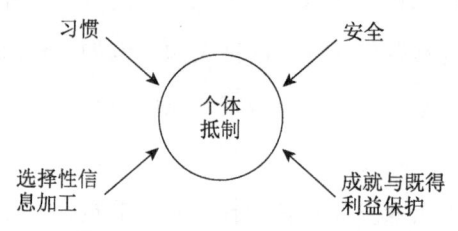

图10-1 抵制变革的个体原因

①习惯。为了应付环境的复杂性，人们往往依赖习惯化和模式化的反应。在面对变革时，以惯常方式做出反应的倾向就会成为阻力源。

例如，1912年4月一个寒冷的夜晚，当时公认为不可能沉没的超豪华邮轮"泰坦尼克号"，在其首航中就撞至冰山沉没，造成一千五百余人死亡的历史悲剧。虽然悲剧的发生有其客观因素，但是船长如果能够在指挥上少受一点过去积累经验的影响，灾难也是完全可以避免的。

通常，每年4月，北大西洋漂浮的冰山位于距"泰坦尼克号"航线北面很远的地方，因此船长在事故发生前尽管曾收到过另一艘船的报告，称冰山已经移至较平时来说偏南的低纬度地区，但是他并没有给予足够的重视，因为经验告诉他，在当时的季节，冰山是不可能漂移至如此偏南的位置的。所以，虽有信息表明航行面临着与以往不同的环境与危险，但是船长忽视了这一切，他所做的只是按照过去的惯常做法习惯性地重复，结果发生了悲剧。

②安全。根据心理学上人类需要分析理论，安全始终是人最基本的需要

之一。每个人都希望安全，这不仅希望生理健康不受任何伤害，同时也希望心理上能够安全，最大限度地减少不必要的恐惧与担忧。

就企业员工的行为而言，生理安全需要让他们格外关注工作环境与条件状况。如若发现环境中隐含危险，就会要求企业提供必要的预防和保护措施，否则他们会调整自己的行为加强自我保护，甚至拒绝执行有关作业。

心理安全需要则会使员工特别关注工作的可保障性，工作方法与流程的可掌控性，工作结果的可预测性。

从心理上说，工作安全首要的是"保牢饭碗"不失业；其次是在可承受的范围内，力求把工作带来的压力控制在低水平。

要做到自我保存与保护，满足人性对心理安全的追求，一方面必须减少工作上的偏差与失误，确保工作结果符合企业的要求，另一方面应尽最大可能消除工作中的不确定性。

变革与创新意味着创造性的破坏，它们是在打破既定工作程式的基础上，以一种新的工作范式取代旧的工作范式。

虽然变革与创新是适应环境变化的要求，能提高人们工作的效率与效果，但是变革在追求成效的同时，也打破了人们熟悉的工作环境与工作关系。

不仅原有的经验积累、习惯与工作模式失去了发挥作用的空间，而且管理者和员工都将失去对工作环境、工作过程与工作成果的预测与控制能力，也就是说，工作中不确定因素增多，工作失误的风险增大。

所有这一切都与人们心理安全需要相对立，造成心理紧张。为消除这种紧张，管理者和员工会采取一切可能的措施抵制变革的发生。

③成就与既得利益保护。企业经营决策者和一般的管理人员通过过去的努力，占据着被公认为重要的岗位，拥有更大的权力和对他人的影响力，控制着更多的资源。也就是说，企业现行运行模式的主导者与控制者是现有模式的既得利益者，在现有模式中，他们获得了尊重与成就需要的满足。

反过来，为维护他们的社会地位，避免尊重和成就需要的满足受到侵害，他们将成为现有模式的守护者，抵制变革的发生，因为对现有模式的变革可能使他们的权力和影响力受到动摇，危及他们既得利益的基础。而且，出于尊重与成就的需要，有些管理人员觉得，管理部门要进行变革，就意味着自己没有做好工作，因此也会对变革产生抵触态度。

一句话，企业管理者出于自身既得利益的保护及在尊重与成就方面的需要，力求维持企业既定模式，抵制变革的发生。从员工角度而言，对本职工作的认可和充满自豪感是他们获得尊重的心理基础。习惯与稳定的惯常工作模式，使他们在工作中得心应手，与其他环节之间的配合自如，这不仅让他们体会到成就感，同时在"感谢"声中也获得尊重的满足。

一旦要打破现有的工作习惯与模式，实行新的变革，他们会由于改变职业而产生不满。还有，变革使原有的工作连接与协调关系受到破坏，各环节之间的配合可能不再默契，员工也因此容易受到指责。此外，新的不确定环境会对员工心理上产生某种压力，这一切都会促使员工抵制变革进行。

④选择性信息加工。信息的无限性和知识、经验限制下人的有限理性，在认知过程中，认知主体（这里指企业的员工）对信息的选择、组合与保留并非完整的，他们只注意符合自己意愿和期待的信息，对自己不愿意看到的，或与自己对未来看法不相吻合的信息视而不见。

认知过程具有的这种对信息选择性注意与保留的特点，一方面使企业员工失去对世界与事物看法的全面性，另一方面通过对环境变化中出现的、可能损害现有认知结果的"不利"因素的抛弃，能够不断强化与巩固员工已有的看法和观点。

在这两方面的共同作用下，不管客观环境是否发生变化，企业员工在一定时间内将保持其对环境的主体生成结果——对环境的看法稳定。在此基础上，由认知结果所决定的决策与行为方式也将保持不变。

从企业发展的角度来看，认知过程中对信息的选择性注意与保留，企业经营者与员工无法主动看到环境变动压力与潜在威胁发生的信号，因此在没有感受到压力、威胁与危机的情况下，他们也感觉不到对自身展开变革的意义与必要。

（2）组织阻力

抵制变革的组织阻力主要有六个原因，如图10-2所示。

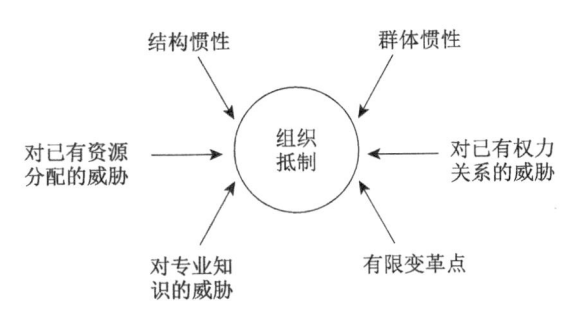

图 10-2 抵制变革的组织原因

①结构惯性。企业通过提供规范化的工作说明书、规章制度和员工遵从的程序，以一定的方式塑造和引导员工的行为，按当前结构要求培养员工的习惯与工作惯例，这样，当组织结构面临变革时，结构习惯与惯例就充当起维持稳定的反作用。

②有限变革点。企业由一系列相互依赖的子系统组成，变革不可能只对一个子系统实施而不影响到其他子系统。例如，如果只改变技术工艺而不同时改变组织结构与之配套，技术变革就不大可能被接受。所以子系统中的有限变革很可能因为更大系统的问题而变得无效。

③群体惯性。企业成员为满足归属感所采取的行动，保证群体的行为统一与步调一致，消除可能出现的发展路线分歧的同时，也消除了对群体坚持的发展范式、遵循的运行规则的质疑，进而会抵制群体内的变革。

④对专业知识的威胁。与科学家相似，如果企业的管理者出色地解决了他们日复一日、年复一年面临的各种营运问题，并且因此而熟练地掌握了相关的管理技能与技巧的话，那么他们是不会轻易同意做出变革的。

⑤对已有权力关系的威胁。任何决策权力的重新分配都会威胁到企业组织内长期以来已有的权力关系。在企业组织内引入参与决策和自我管理团队的变革，就常常被基层主管和中层管理人员视为一种威胁。

⑥对已有资源分配的威胁。企业组织中控制一定数量资源的群体常常视变革为威胁，那些最能从现有资源分配中获利的群体常常会对可能影响未来资源分配的变革感到忧虑，他们倾向于对事情的原本状态感到满意。

3. 变革阻力的克服

①变革背景的沟通。在变革实施前，企业领导者应与员工进行充分的沟通，说明变革的原因、目标和预期收益。让员工明白为什么要进行变革，以及变革对企业和他们个人的重要性。例如，可以通过召开全体员工大会、部门会议、小组讨论等形式，广泛听取员工的意见和建议，让他们参与到变革的规划过程中。

②变革进展的沟通。在变革实施过程中，及时向员工通报变革的进展情况，解答他们的疑问和困惑。例如，可以利用内部通信工具、公告栏、电子邮件等渠道，保持信息的畅通，让员工随时了解变革的动态。

③变革成果的沟通。变革完成后，对员工在变革过程中的付出和贡献表示感谢，对变革的效果进行反馈，听取他们对变革后的工作环境和业务流程的意见和建议，不断完善和优化变革成果。

④提供培训与职业规划支持。为员工提供与变革相关的培训，帮助他们掌握新的技能和知识，提高他们适应变革的能力。结合变革的需求，为员工制定个人职业发展规划，让他们看到在变革中自己的成长和发展机会。

⑤让员工参与。个体很难抵制他们自己参与做出的变革决定。在变革决策之前，应把持反对意见的人吸引到决策过程中来。如果参与者具备一定的专业知识，能为决策做出有意义的贡献，那么他们的参与不仅能提高变革决策的质量，同时也可以减少变革的阻力。

⑥给予激励。对在变革中表现突出的员工给予物质奖励，如奖金、奖品、股票期权等；对积极参与变革的行为给予及时的认可和表扬，增强他们的自信心和成就感。

⑦领导示范。企业领导者要以身作则，带头践行变革的理念和要求，积极参与变革的实施过程，与员工一起面对挑战，共同解决问题，为员工树立榜样。

⑧循序渐进。将变革过程分为若干个阶段，逐步推进，让员工有足够的时间适应和调整；也可以选择一些部门或项目进行试点，让员工更好地了解变革的内容和要求，减少他们的恐惧和抵触情绪。

⑨谈判。变革推动者以某些有价值的东西换取阻力的减小。例如，如果阻力集中于少数有影响力的个人身上，可以通过磋商的方式，商定一个特定的报酬方案满足他们的个人需要。当变革的阻力非常强大时，谈判可能是一种必要的策略，但其潜在的高成本是不应忽视的。

实践中，变革推动者在处理变革中的阻力时，除了可采用以上策略之外，还要做好下面几点：力求达成共同的变革愿景；认识到情绪对变革的影响；深入分析变革对各方面产生的影响；树立理想的行为模式；提供及时的反馈、合理的报酬以及适当的结果；灵活、耐心和支持。

10.3 成功实施变革的步骤

为避免环境变化将企业带入变革的两难选择境地，变革前企业应尽可能地做好计划，不断完善变革实施的流程与步骤。

1. 推行有计划的变革

"凡事预则立，不预则废。"在实践中往往是预先的、准备充分的、有计划的变革才会更有效。因此，企业管理者应将变革视为一种有意图和明确目标取向的活动。

有计划变革的目标主要有两个：一是提高企业组织适应环境变化的能力；二是改变员工的行为。

一个企业要想持久生存，就必须对环境的变化做出反应，例如竞争者引进新的产品或服务；政府部门颁布新的法律法规；企业失去重要供给来源或其他类似的环境变化。只有积极推行有计划的变革，企业才能对环境变化做出主动响应，避免环境变化将组织带入被动境地。

由于企业变革的成败关键取决于员工是否合作，所以有计划的变革实施前还应重视组织中个人和群体观念的提升、思想认识的统一，关注他们行为的改变。

从程度等级来看，企业内推行有计划的变革有两种做法：一是线性连续、渐进式的，不涉及组织成员世界观与价值观方面的改变；二是多维度、多层次、不连续、激进的变革，重新建构组织以及组织所处环境的观念。

2. 为成功变革做好准备

企业为成功的变革需要做好以下六个方面的准备。

①明确变革目标。对企业的内外部环境进行全面评估，确定变革的紧迫性和必要性，根据现状分析的结果，制定明确、具体、可衡量的变革目标。

②组建变革团队。挑选具有卓越领导能力、丰富经验和变革决心的人员组成变革领导团队；根据变革的需求，组建不同的专业小组，如业务流程优化小组、技术创新小组、人力资源管理小组等，为变革提供专业支持。

③进行充分的沟通与宣传。向员工传达变革的必要性、目标和计划，让员工了解变革对企业和个人的影响；与股东、客户、供应商等利益相关者进行沟通，争取他们的支持和理解。

④开展培训与教育。培养员工的变革意识和创新思维，为变革实施奠定思想基础；向员工介绍变革的理念、方法和工具，提高员工对变革的认识和

理解；同时给予员工必要的新技能培训。

⑤制订详细的变革计划。将变革过程分解为若干个具体的步骤，明确每个步骤的目标、任务和时间节点，制订详细的行动计划，确保变革按计划有序推进。

⑥建立有效的评估与反馈机制。制定明确的评估指标，用于衡量变革的效果和进展；定期对变革的实施情况进行评估，及时发现问题和不足，调整变革策略和计划，确保变革始终朝着正确的方向前进。

除此之外，变革前还要对下列问题做出有效的回应，肯定答案越多，变革成功的概率就越大：

问题一：当前的领导是否支持并致力于变革？

问题二：组织成员（包括高层管理者和一般员工）是否强烈意识到变革的迫切性？

问题三：某一项具体的变革是否与组织中的其他变革相一致？

问题四：职能管理者是否愿意为组织的整体利益牺牲个人利益？

问题五：管理者和员工曾经是否因为冒险、创新、寻求解决问题的新方法而受到过奖励？

问题六：组织结构是否灵活？

问题七：自上而下和自下而上的沟通渠道是否畅通？

问题八：在最近几年组织是否成功地实施过重大变革？

问题九：员工是否对高层管理者感到满意并信任他们？

问题十：组织中跨部门之间的相互交流和合作程度是否很高？

问题十一：当存在各种不同建议时，决策是否能很快做出？

3. 变革成功实施的步骤

"领导变革之父"约翰·科特（John Kotter）在分析企业转型为什么会失败时指出企业变革中常犯的错误有八个：

错误一：缺乏足够的紧迫感；

错误二：未能建立一个强有力的领导联盟；

错误三：缺乏愿景规划；

错误四：欠缺对愿景规划的沟通；

错误五：没有扫清实现新愿景规划道路上的障碍；

错误六：没有系统的计划和取得短期胜利；

错误七：过早地宣布大功告成；

错误八：未能让变革在企业文化中根深蒂固。

针对变革中常犯的错误，科特提出促进企业变革成功实施的八个步骤，如图10-3所示。

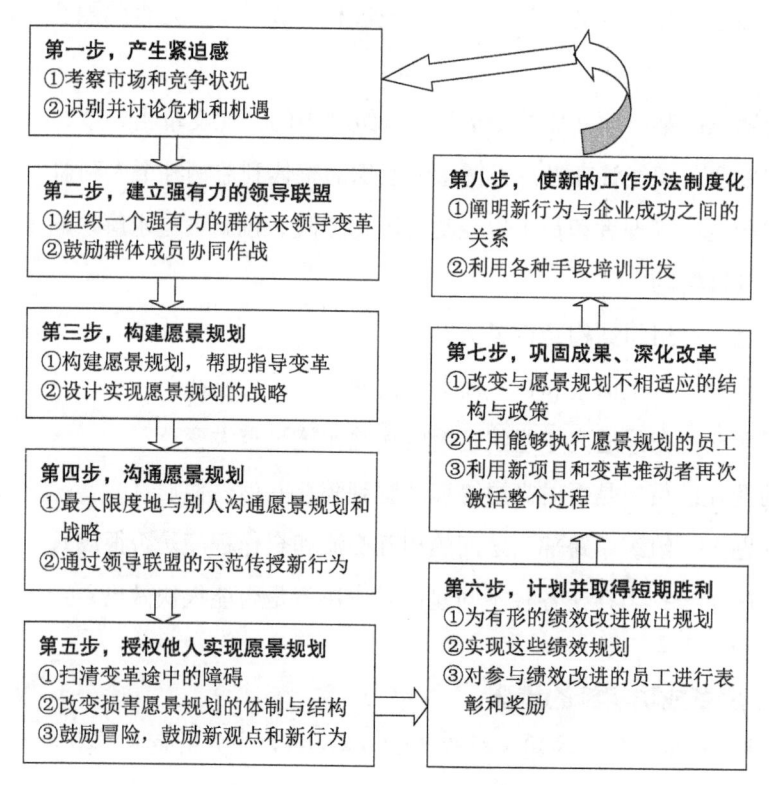

```
第一步，产生紧迫感
①考察市场和竞争状况
②识别并讨论危机和机遇

第二步，建立强有力的领导联盟
①组织一个强有力的群体来领导变革
②鼓励群体成员协同作战

第三步，构建愿景规划
①构建愿景规划，帮助指导变革
②设计实现愿景规划的战略

第四步，沟通愿景规划
①最大限度地与别人沟通愿景规划和战略
②通过领导联盟的示范传授新行为

第五步，授权他人实现愿景规划
①扫清变革途中的障碍
②改变损害愿景规划的体制与结构
③鼓励冒险，鼓励新观点和新行为

第六步，计划并取得短期胜利
①为有形的绩效改进做出规划
②实现这些绩效规划
③对参与绩效改进的员工进行表彰和奖励

第七步，巩固成果、深化改革
①改变与愿景规划不相适应的结构与政策
②任用能够执行愿景规划的员工
③利用新项目和变革推动者再次激活整个过程

第八步，使新的工作办法制度化
①阐明新行为与企业成功之间的关系
②利用各种手段培训开发
```

图10-3 变革成功的八个步骤

从科特的分析可以看出，变革是一个重复的过程，也就是说，实施变革方案等许多复杂的问题需要反复进行多次的过程，其中每一步与另一步紧紧相连。

以科特变革成功的八个步骤为基础，结合前文关于企业变革的内容陈述，实践中企业变革的成功实现有如下的十级过程，如图10-4所示。

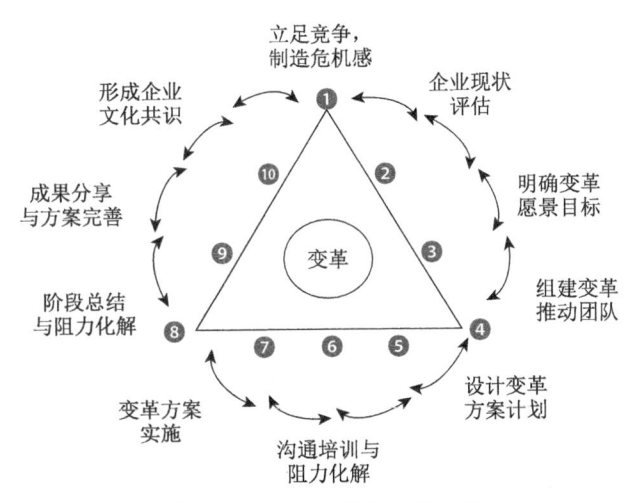

图 10-4 成功变革的十级过程

（1）立足竞争，制造危机感

社会系统中进行变革的起因几乎都是由危机引起的。在现实中，等到危机发生后，企业再采取相关变革措施往往为时已晚，因此企业要持续发展，就要根据潜在的危机信号，主动制造危机感与危机氛围，为变革实施创造条件。

潜在的危机信号包括：与竞争者相比，企业的一些财务指标较差，比如利润率持续下降、现金流紧张、负债率过高等；客户流失，或客户满意度下降，投诉较多；员工士气不高，忠诚度不足，存在核心员工流失现象；内部沟通不畅；产品质量问题频发；国家政策法规调整，企业所处的外部环境发生变化；行业出现重大的技术变革；被证实的有关企业与环境之间存在失衡危险信息。

（2）企业现状评估

某种意义上讲，变革会将企业带入一种不确定当中，增大企业运行管理的难度与风险，因此企业变革不能是为变而变，其目的是因应内外环境的变化，改变当前企业经营管理中不合理之处，提升企业的运行管理效率与效果。

正因如此，变革开始之前，运用SWOT等分析工具，对企业现状进行评估就显得特别重要，只有这样，才能找准必要的变革点，以变革增强企业市场竞争力的同时，最大程度地减少变革对企业经营管理稳定性的冲击。

变革前对企业的现状评估主要内容有：企业发展战略是否清晰；企业过去确定的目标达成情况及其中隐含的问题；企业财务运行情况与财务风险；企业市场竞争地位与营销渠道控制；客户满意度与忠诚度；组织结构与员工素质、能力；企业薪酬与激励机制；企业制度政策与业务流程的合理性。

（3）明确变革愿景目标

一个良好的愿景规划包括两个主要成分：核心经营理念和生动的未来前景，如图10-5所示。

核心经营理念
企业使命
核心价值观

生动的未来前景
长远发展宏大目标
目标实现的图景描述

图10-5 愿景规划的组成

核心经营理念是企业员工凝聚力的黏合剂，它又包括两个明显的组成部分：企业使命，即企业存在的最根本理由，或者说是企业存在的社会价值；核心价值观，即企业经营指导原则和宗旨体系。

生动的未来前景包括两部分：一个是长远发展的大胆目标；一个是对实现目标后的图景描述，目的是让员工看到未来。

（4）组建变革推动团队

变革不是单个人的行为，它的成功实施需要获得多数人的支持，因此需要有一个强有力的变革推动团队。

变革推动团队成员组成应具有以下三个特点。

①背景多元化。成员要来自不同部门、不同专业领域、不同层级的人员，以确保团队能够从多角度看待问题和提出解决方案。例如，既要有熟悉业务流程的一线员工，也要有具备战略眼光的管理层，还有掌握专业技术的专家。

②影响力与领导力大。成员通常在同事中有较高的威望，这些人能够带动他人积极参与变革。

③自身变革意愿强。成员对变革有强烈的意愿和积极的态度，愿意投入时间和精力推动变革。

变革推动团队主要做好以下工作：立足现状分析，确定变革方案，制订变革实施计划；明确变革的愿景目标，对目标实现进行监控；积极化解变革中的阻力，努力让更多的人支持并参与到变革中来；组织开展变革培训，帮助更多的人掌握变革所需技能；总结阶段性的变革成果，积极地反馈分享。

（5）设计变革方案计划

变革方案是变革推动团队为了应对企业内外部环境变化、实现企业可持续发展而精心设计的、全面的变革行动计划。它是变革推动团队在对企业现状进行有效评估的基础上，依据企业发展目标与愿景，综合考虑多个方面的成果，具有有效性和可行性。

变革方案不仅明确了变革目标，制定出具体的变革策略，同时还对以下五个方面做出统筹的安排。

①组织架构调整。根据变革目标和策略，设计新的组织架构，确保其能够支持企业变革目标，提高组织的效率和灵活性。

②业务流程优化。引入先进的管理理念和方法，对企业的业务流程进行全面梳理和优化，提高流程的效率和质量。

③人力资源管理。制定更为科学的人力资源管理策略，关注员工的职业发展需求，为员工提供晋升和发展的机会，增强员工的归属感和忠诚度。

④技术升级。评估企业的技术现状，通过引入新的信息技术系统等，提高企业的竞争力，满足客户的需求。

⑤文化变革。分析企业的文化现状，通过培训、宣传、榜样示范等方式，推动文化变革的实施，营造积极向上的企业文化氛围。

（6）沟通培训与阻力化解

如果变革推动团队已经确立了愿景，拟定了有关目标、制订好变革方案，并且这些内容得到了企业管理层的认可，那么就要通知所有与变革有关的员工、特别是参与项目的员工。因为这样能消除许多员工对于变革的猜疑，消除他们对新事物与不确定环境的恐惧心理，进而能够减少人们对变革的抵制。

企业变革沟通的内容包括以下五个方面。

①变革的原因和背景。向员工解释为什么要进行变革，分享行业动态和趋势，以及企业在行业中的地位和面临的挑战，让员工明白变革是为了企业的生存和发展，也是为了员工的长远利益。

②变革的目标和愿景。明确阐述变革的具体目标，描绘变革后的美好愿景，激发员工的积极性和创造力。

③变革的计划和步骤。详细介绍变革的实施计划，解释变革的具体步骤，减少员工的不确定性和焦虑感。

④对员工的影响和支持。分析变革对员工的影响，包括工作内容、职

责、岗位变动等，强调企业对员工的支持，增强他们的安全感和归属感。

⑤沟通渠道和反馈机制。为员工提供表达意见和建议的途径，鼓励员工提出问题、反馈意见和建议，提高他们对变革的参与感和认同感。

基于阻力化解的企业变革沟通应做到以下六点。

①及时。变革全程都要及时向员工传达相关信息，避免信息滞后，导致员工产生误解和不安。

②透明。如实向员工传达变革的情况，不要隐瞒或夸大事实，以免失去员工的信任。

③针对。考虑员工的文化背景、教育程度、工作经验等因素，采用不同的沟通方式和内容，让他们易于接受。

④双向。认真倾听员工的声音，尊重他们的观点，对员工的反馈及时做出回应，解释企业的决策和行动，消除员工的疑虑和担忧。

⑤一致。沟通的内容在不同的渠道和场合保持一致，避免信息混乱，让员工产生困惑。

⑥持续。在变革的整个过程中，要不断地与员工进行沟通，及时更新信息，解答问题，保持员工的关注度和参与度。

（7）变革方案实施

再好的变革愿景与规划，如果不能切实执行，其效果也会大打折扣。因此，企业变革推动团队要根据变革方案，制订具体的实施计划，包括时间表、里程碑、责任人等内容，将实施计划分解为具体的任务和行动，明确每个任务完成标准和时间节点，确保实施过程的有序进行。

变革推动团队要密切关注实施过程，定期召开会议，及时解决出现的问题和困难。同时要建立监控指标体系，对变革实施的效果进行实时监控，定期对变革实施进行评估，总结经验教训，及时调整实施策略。

企业变革效果监控指标体系应做到以下七点。

①与变革目标紧密结合。指标体系必须紧扣企业变革的核心目标，确保

每个指标都能直接或间接地反映变革在特定方面的进展情况,为评估变革成效提供准确依据。

②涵盖关键成果领域。全面考虑企业变革可能影响的各个关键成果领域。

③定量与定性相结合。既要有定量指标,如具体的数字数据,以便进行精确的测量和比较,也不能忽视定性指标,对一些难以用数字量化的方面进行描述性评估。

④监测周期设定合理。根据不同指标的性质和变革的进度,确定合适的监测周期。

⑤反馈与调整及时。确保指标数据能够及时收集、分析和反馈给相关人员。当发现指标出现异常波动或偏离预期目标时,能够迅速采取措施进行调整。

⑥不同阶段有所调整。企业变革是一个动态的过程,不同阶段的重点和需求会发生变化。因此,监控指标体系也应相应地进行调整和优化。

⑦因应环境保持灵活。外部环境的变化也会对企业变革产生影响,监控指标体系要具备一定的灵活性。

(8) 阶段总结与阻力化解

企业变革常常是一个持久的过程,由于时间推移,环境变化具有不确定性,最初制订的变革方案并非完全的准确有效。因此,变革实施过程也是变革方案动态调整的过程。要实现最终的目标,过程性阶段总结与阻力及时化解非常重要。

从目的来讲,阶段总结是通过评估变革的进展情况,识别问题和成功经验,及时调整变革策略,确保变革朝着预期的目标前进。

从内容上讲,企业变革阶段总结包括以下四点。

①变革目标达成情况。对照变革方案中设定的目标,评估已取得的成果和差距,分析目标未实现的原因。

②变革措施执行情况。回顾各项变革措施的实施情况，包括组织结构调整、流程优化、人员培训等，评估措施的有效性，哪些措施取得了良好的效果，哪些需要调整或改进。

③利益相关者反馈。收集员工、客户、股东等利益相关者的反馈意见，了解他们对变革的看法和感受，及时调整变革策略。

④资源利用情况。评估变革过程中资源的使用情况，包括人力、物力、财力等；确定资源是否得到合理配置，是否存在浪费或不足的情况。

根据阶段性总结中利益相关者的反馈，及时把握变革中尚有的阻力，找准根因的同时，进行阻力化解，只有这样变革才能继续推行下去。

（9）成果分享与方案完善

变革成果分享，让员工看到努力的回报，增强他们对企业未来发展的信心，激发员工进一步参与和支持变革的积极性，为变革的后续推进奠定基础。此外，通过展示变革的积极成果，还能向外部利益相关者展示企业的活力和进步，增强企业的市场竞争力和吸引力。

变革成果分享的内容包括以下四点。

①业绩提升。企业财务数据的改善、市场份额扩大、客户满意度提升等。

②组织优化。新的组织架构带来的高效协作和决策速度加快案例、岗位职责明确后工作效率提升等。

③员工发展。员工获得新技能、晋升机会等，分享员工满意度调查结果，体现对员工关怀的成果。

④创新与文化。新产品、新服务推出及创新项目成功案例等，宣扬新的企业文化价值观在团队合作和员工行为中的积极体现。

与此同时，企业变革推动团队还要根据阶段总结与收集到的反馈意见，结合环境出现的新态势，对改革的后续方案进行完善，包括：调整变革目标；优化变革措施；完善沟通与激励机制。

（10）形成企业文化共识

在推行变革的过程中，企业文化同样需要变化和进一步发展，这可能是一个很长的过程。改变企业文化不像理发那样简单，因为文化是看不见、摸不着的，它是一个群体（通常是最高管理层）特殊行为方式及经过一定时间给予这些行动报酬的结果。

如果变革过程中不能使企业文化进行相应变化的话，变革的步骤根本就不可能取得成功。此外，随着时间变迁、变革的深入，改变了的领导文化和企业文化应该能够稳固下来，这样即使在管理人员更替时也不至于重新退回到以前时期的文化。

第 11 章 危机管理

11.1 危机与危机管理概述

1. 企业危机的特征

企业危机是指发展态势不确定、对企业全局以及利益相关者（企业员工、顾客、投资者等与企业有利益关系的组织或个人）的利益有严重威胁、需要在时间紧迫、信息不充分的情势下机敏决策和快速处置的重大事件。企业危机具有如下特征，如图 11-1 所示。

图 11-1 企业危机的特征

①突发性。危机往往都是不期而至，令人措手不及的；危机一般是在企业毫无准备的情况下瞬间发生的，给企业带来的是混乱和惊恐。

②破坏性。危机发生后可能会带来比较严重的物质损失和负面影响，有些危机会让企业毁于一旦。

③急迫性。危机的突发性特征决定了企业对危机做出的反应和处理的时间十分紧迫，任何延迟都会带来更大的损失。

④信息资源紧缺性。危机往往突然降临，决策者必须快速做出决策，在时间有限的条件下，混乱和惊恐的心理使获取相关信息的渠道出现瓶颈现象，决策者很难在众多的信息中发现准确的信息。

⑤舆论关注性。危机事件的爆发能够刺激人们的好奇心理，常常成为人们谈论的热门话题和媒体跟踪报道的内容。企业越是束手无策，危机事件越会增添神秘色彩，从而引起各方的关注。

在日益复杂和激烈的市场竞争环境，企业生存和发展受到外部挑战和内部威胁因素越来越多。企业管理者必须娴熟地掌握企业危机管理的原理和基本技能，具备企业危机防范能力，才能够为企业的发展提供安全机制和保障体系。

2. 企业常见的危机类型

企业组织面临的危机主要有七种：财务危机、市场危机、法律危机、人力资源危机、声誉危机、灾难危机、媒介危机，如图 11-2 所示。

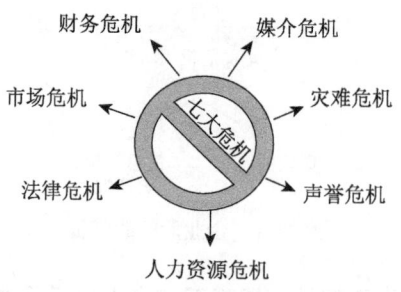

图 11-2　企业发展中常见的七大危机

（1）财务危机

财务危机主要与企业的资金流有关，常见的有以下三种情况。

①资金链断裂。由于应收账款回收困难、过度扩张导致资金投入过大而收益未达预期、融资渠道受阻等原因，出现资金短缺，无法按时支付债务、员工工资等，引发资金链断裂危机。

②成本上升。原材料价格上涨、劳动力成本增加、能源价格波动等因素可能导致企业成本大幅上升，利润空间被压缩。企业没能及时采取有效的成本控制措施，进而陷入财务困境。

③债务危机。因过度负债导致债务到期无法偿还、信用评级下降等情况可能引发债务危机。

（2）市场危机

市场危机主要与企业的市场经营有关，主要有以下三种表现。

①市场份额下降。竞争对手的崛起、企业产品或服务老化失去竞争力、市场需求变化等原因导致企业的市场份额逐渐下降。企业没能及时调整战略，缺乏有效的营销策略，因而面临生存危机。

②价格战。行业内竞争激烈，企业被迫参与价格战以争夺或维持市场份额，由此导致企业利润大幅下降，甚至亏损，陷入困境。

③消费者需求变化。消费者的需求发生变化，企业没能及时捕捉到这种变化并调整产品或服务策略，导致市场竞争力下降，也会陷入市场危机。

（3）法律危机

法律危机多与企业高层领导法律意识淡薄有关，主要有以下三种表现。

①合同纠纷。企业在经营过程中与供应商、客户、合作伙伴等发生合同纠纷，导致企业面临经济损失、市场声誉受损等风险。

②知识产权纠纷。企业知识产权被侵犯或侵犯他人知识产权，例如专利侵权、商标侵权等，导致企业面临法律诉讼，影响企业的正常经营。

③法律法规变化。企业没能及时适应政府法律法规的变化，导致企业经

营产生重大影响。

(4) 人力资源危机

人力资源危机多与企业员工忠诚度不足有关,主要有以下三种表现。

①人才流失。企业的核心人才流失对企业的经营产生重大影响,造成企业技术创新能力下降、管理混乱等问题。

②员工怠工。企业与员工之间的矛盾激化,引发员工怠工,影响企业的生产经营效率,由此造成合同违约等会对企业的声誉造成不良影响。

③招聘困难。由于行业人才短缺、企业声誉不佳等原因导致企业无法吸引到合适的人才。

(5) 声誉危机

声誉危机多与企业的市场美誉度有关,主要有以下三种表现。

①产品质量问题。企业产品出现质量问题,引发消费者的不满和投诉,严重影响企业的声誉。

②企业行为不当。企业的不当行为,如环境污染、欺诈消费者、不履行社会责任等,引起公众的谴责和抵制,损害企业的声誉。

③负面舆论。企业出现负面新闻,会迅速引发公众的关注和批评,对企业的声誉造成严重影响。

(6) 灾难危机

灾难危机多与企业无法预测和人力不可抗拒的强制力量有关,主要有以下四种表现。

①自然灾难。如地震、洪水、台风、雷电等自然灾害会破坏企业的生产设施、办公场所,导致生产停滞、供应链中断。

②经济灾难。如金融危机、行业不景气等使市场需求急剧下降,企业融资困难,资金链紧张,导致企业无法维持正常的生产经营活动。

③技术灾难。如关键技术故障、网络安全等导致生产设备突然损坏、软件系统崩溃,影响生产进度和产品质量,甚至引起企业停工。

④人为灾难。如员工失误、高层管理人员的不当决策等导致重大生产事故、财务损失或客户信息泄露等问题。

（7）媒介危机

媒介危机多与媒体报道出现失误有关，主要有以下三种表现。

①负面新闻报道。媒体的广泛报道企业产品质量问题、与客户之间的纠纷等引发消费者的担忧和质疑，导致产品或服务销量下滑，企业声誉受损。

②社交媒体不实报道。在社交媒体平台上，不实信息可能迅速扩散，对企业造成负面影响。

③公关失误。企业发言人或高管在接受媒体采访或在公开场合发表不当言论，引起公众的反感和批评，给企业带来公关危机。

3. 危机管理的内涵

危机管理是指企业为应对各种危机情境所进行的规划决策、动态调整、化解处理及员工培训等活动过程，其目的在于消除或降低危机所带来的威胁和损失。

危机管理涵盖了危机发生前的预防准备，包括制定应急预案、建立风险监测机制等，以尽可能减少危机发生的可能性；危机发生时的应对处理，如迅速启动应急预案、有效沟通协调各方面资源、及时向公众发布准确信息等，以控制危机的扩散和影响；危机发生后的恢复重建，包括总结经验教训、修复受损形象、调整经营策略等，以尽快恢复企业的正常运营并提升企业的抗风险能力。

具体来讲，企业危机管理包括危机监测、危机预警、危机决策和危机处理四部分内容。

①危机监测。危机管理的首要一环是对危机进行监测，在企业顺利发展时期，企业就应该有强烈的危机意识和危机应变的心理准备，建立一套危机管理机制与应急预案，对危机进行检测。企业越是风平浪静的时刻越应该重

视危机监测，在平静的背后往往隐藏着杀机。

②危机预警。许多危机在爆发之前都会出现某些征兆，危机管理关注的不仅是危机爆发后各种危害的处理，而且要建立危机警戒线。企业在危机到来之前，把一些可以避免的危机消灭在萌芽之中，对于另一些不可避免的危机通过预警系统能够及时得到解决。这样，企业才能从容不迫地应对危机带来的挑战，把企业的损失程度降到最低。

③危机决策。企业在调查的基础上制定正确的危机决策。决策要根据危机产生的来龙去脉，对几种可行方案进行对比较优缺点后，选择出最佳方案。方案定位要准、推行要迅速。

④危机处理。第一，企业确认危机。确认危机包括将危机归类、收集与危机相关信息、找出危机产生的原因，辨认危机影响范围、程度及后果。第二，控制危机。控制危机需要根据确认的某种危机后，遏止危机的扩散使其不影响其他事物，紧急控制如同救火刻不容缓。第三，处理危机。在处理危机中，关键的是速度。企业能够及时、有效地将危机决策运用到实际中化解危机，可以避免危机给企业造成的损失。

4. 危机处理的5S原则

（1）速度第一原则（Speed）

"好事不出门，坏事传千里。"特别是在当今这种人人都是媒体中心的环境下，危机出现的最初12～24小时内，消息会像病毒一样，以裂变方式高速传播。而这时候，可靠的消息往往不多，社会上充斥着谣言和猜测。因此，公司必须当机立断、快速反应、果决行动，与媒体和公众进行沟通。时间越短，越能减少危机带来的损失和负面影响。

快速启动危机处理机制，组织相关人员成立危机处理小组，第一时间进行情况调查和评估，以便及时采取有效的应对措施，迅速控制事态。否则会扩大突发危机的范围，甚至可能失去对全局的控制。

危机发生后，能否首先控制住事态，使其不扩大、不升级、不蔓延，是处理危机的关键。

（2）真诚沟通原则（Sincerity）

企业处于危机漩涡中时，对内部员工，要及时通报危机情况，保持信息透明，避免谣言滋生，增强员工的信心和凝聚力。

对外部公众，包括消费者、合作伙伴、媒体等，要真诚地表达歉意（如果危机是由企业自身问题引起），如实公布危机的真相和处理进展，不隐瞒、不欺骗。通过积极主动的沟通，赢得各方的理解和信任。这里的真诚指"三诚"，即诚意、诚恳、诚实。如果做到了这"三诚"，则一切问题都可迎刃而解。

①诚意。在事件发生后的第一时间，公司的高层应向公众说明情况，并致以歉意，从而体现企业勇于承担责任、对消费者负责的企业文化，赢得消费者的同情和理解。

②诚恳。一切以消费者的利益为重，不回避问题和错误，及时与媒体和公众沟通，向消费者说明危机处理的进展情况，重拾消费者的信任和尊重。

③诚实。诚实是危机处理最关键也最有效的解决办法。公众会原谅一个人的错误，但不会原谅一个人说谎。

（3）责任承担原则（Shoulder the Matter）

危机发生后，公众会关心两方面的问题。一是利益。这是焦点，因此无论谁是谁非，企业应该承担责任。二是感情。公众关心的是企业是否在意他们的感受，因此企业应该站在受害者的立场上表示同情和安慰，并通过新闻媒介向公众致歉。

不管怎样，面对危机企业要勇于承担责任，不推诿、不逃避。对于因企业自身过错引发的危机，要积极采取补救措施，赔偿受害者的损失，努力恢复受影响的利益相关者的权益。只有这样，才能树立良好的企业形象，重建公众信任。

公众和媒体往往对企业危机应对有自己心理上的预期，即企业应该怎样处理，他们才会感到满意。因此，企业绝对不能选择对抗，态度至关重要。

（4）系统运行原则（System）

危机处理是一个系统工程，需要企业各部门协同作战。从危机的监测、预警、应对到恢复，都要有明确的职责分工和协调机制。同时，要整合企业内部和外部的资源，如专业的公关公司、法律顾问、行业专家等，共同应对危机。此外，企业化解危机不能采取"头痛医头、脚痛医脚"的片面做法，不能为了逃避一种危险而导致另一种危险。在进行危机管理时必须系统运作，绝不可顾此失彼。只有这样才能透过表面现象看本质，创造性地解决问题，化害为利、转危为机。

危机的系统运作主要是做好以下六点。

①以"冷"对"热"、以"静"制"动"。危机会使人处于焦躁或恐惧之中，所以企业高层应以"冷"对"热"、以"静"制"动"，镇定自若，以减轻企业员工的心理压力。

②统一观点、稳住阵脚。在企业内部迅速统一观点，对危机有清醒认识，从而稳住阵脚，万众一心，共克难关。

③组建班子、专项负责。一般情况下，危机公关小组的组成由企业的公关部成员和企业涉及危机的高层领导直接组成。这样，一方面是高效率的保证，另一方面是对外口径一致的保证，使公众对企业处理危机的诚意感到可以信赖。

④果断决策、迅速实施。由于危机瞬息万变，在危机决策时效性要求和信息匮乏条件下，任何模糊的决策都会产生严重的后果。所以必须最大程度地集中决策使用资源，迅速做出决策，系统部署，付诸实施。

⑤合纵连横、借助外力。当危机来临，应充分和政府部门、行业协会、同行企业及新闻媒体充分配合，联手对付危机，在众人拾柴火焰高的同时，提高公信力、影响力。

⑥循序渐进、标本兼治。要真正彻底地消除危机，需要在控制事态后，及时准确地找到危机的症结，对症下药，谋求治"本"。如果仅仅停留在治标阶段，就会前功尽弃，甚至引发新的危机。

(5) 权威证实原则（Standard）

自己称赞自己是没用的，没有权威的认可只会徒留笑柄。在危机处理过程中，企业可以借助权威机构、专家学者、行业协会等第三方的力量，对危机事件进行客观公正的评价和证实。这样可以增强企业发布信息的可信度，提高公众对企业的信任度。

11.2　企业危机管理过程

结合前文危机管理内涵的阐述，可以看出企业危机管理过程主要包括危机预防、危机应对、危机恢复、危机总结四个阶段，如图 11-3 所示。

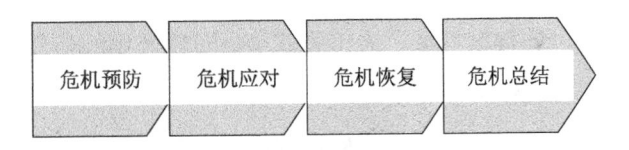

图 11-3　企业危机管理的四个阶段

1. 危机预防阶段

这一阶段的主要工作内容有以下四个方面。

（1）风险评估与识别。

①内部风险评估。一是评估企业组织架构和管理体系，确定是否存在管理漏洞、权责不清等潜在风险。二是对企业的生产经营流程进行全面梳理与监控，分析各个环节可能出现的风险。例如，在生产环节，可能存在设备故障、质量问题等风险；在财务管理环节，可能面临资金链断裂、财务造假等

风险。三是分析员工行为和人力资源管理方面的风险。如员工的不当行为、离职率过高、关键岗位人员缺失等都可能给企业带来危机。

②外部风险评估。一是关注宏观经济环境的变化，如经济衰退、通货膨胀、汇率波动等。二是研究行业动态和竞争态势，了解竞争对手的动向、新技术的出现、行业政策的调整等。三是监测社会舆论和公众情绪，关注消费者需求的变化、环保意识的提高、社会责任的关注等。

（2）建立危机预警系统

①设定预警指标。根据风险评估的结果，确定关键的预警指标，包括财务指标（如负债率、现金流等）、市场指标（如市场份额、客户满意度等）、生产指标（如产品质量合格率、设备故障率等）、舆情指标（如媒体负面报道数量、网络舆情热度等），并为每个预警指标设定合理的阈值，当指标超过阈值时，触发预警信号。

②信息收集与监测。建立多渠道的信息收集机制，包括内部报告、市场调研、媒体监测、网络舆情监测等，及时获取与企业相关的各种信息；利用信息技术手段，如数据挖掘、人工智能等，对收集到的信息进行分析和处理，提高信息的准确性和及时性。

③预警信号发布与响应。当预警指标超过阈值时，及时发布预警信号，并启动相应的危机应对预案；明确预警信号发布后的响应流程和责任分工，确保相关人员能够迅速采取行动，控制危机的发展。

（3）制定应急预案

①确定危机类型和应对策略。根据风险评估的结果，确定可能发生的危机类型，制定相应的应对策略，包括危机公关策略、生产恢复策略、法律诉讼策略等。

②明确应急组织架构和职责分工。应急指挥中心（危机攻关小组）通常由企业高层领导、相关部门负责人和专业人员组成，事先明确职责分工，确保危机发生时能够迅速协调各方面资源，共同应对危机。

③制定应急流程和措施。制定详细的应急流程，包括危机报告、信息发布、资源调配、救援行动等环节的操作流程，确定具体的应急措施，如产品召回、人员疏散、媒体沟通等。

（4）培训与演练

①危机管理培训。对企业全体员工进行危机管理培训，提高员工的危机意识和应对能力。

②模拟演练。定期组织危机模拟演练，检验应急预案的可行性和有效性。

企业高层领导要充分认识到危机预防的重要性，将危机预防管理纳入企业战略规划中，带头树立危机意识，并在企业内部营造一种重视危机预防的文化氛围。

2. 危机应对阶段

危机发生后，企业应从以下四个方面应对危机。

（1）迅速反应

①成立危机公关小组。由企业高层领导牵头，包括公关、法务、市场、生产等相关部门负责人，确保决策高效且全面。

②发表声明。第一时间向公众、媒体、利益相关者发表声明，表明企业对危机的高度重视和积极处理的态度。

（2）信息收集与评估

①全面收集信息。了解危机的具体情况，包括事件的起因、发展过程、涉及的范围和影响等；收集公众、媒体、客户等各方的反应和意见，以便准确地把握危机的态势。

②评估危机影响。对危机可能给企业带来的经济损失、声誉损害等进行评估，确定危机的严重程度和优先级，为制定后续的应对策略提供依据。

（3）沟通与协调

①内部沟通。与企业内部员工进行沟通，稳定员工情绪，增强员工的信心和凝聚力，确保企业正常运转。

②外部沟通。一是与媒体保持密切沟通，及时回应媒体的关切和质疑，提供准确、客观的信息；二是与客户、供应商、合作伙伴等利益相关者进行沟通，解释企业的应对措施，争取他们的理解和支持。

（4）采取行动

①解决问题。针对危机的根源，采取切实有效的措施进行解决，如产品质量问题，应立即召回产品、进行整改。

②危机公关。通过新闻发布会、媒体专访等形式，向公众传递企业积极应对危机的信息；利用社交媒体等渠道，与公众进行互动，及时回应公众的关切。

3. 危机恢复阶段

企业在危机恢复阶段的主要工作有以下四点。

（1）损失评估

①经济损失评估。除了核算危机期间的直接经济损失，如销售额下降、产品召回成本、赔偿费用等，还要评估危机造成的间接经济损失，包括后续市场份额减少、客户流失带来的长期损失等。

②声誉损失评估。通过市场调研、客户反馈等方式，了解公众对企业的信任度和美誉度的变化，评估企业在行业内的声誉受损程度。

（2）形象修复

①公关活动。举办新闻发布会或媒体沟通会，向公众通报危机处理的结果和企业的改进措施；积极参与公益活动，展示企业的社会责任感，提升企业形象；利用社交媒体等渠道，与公众进行互动，回应关切，传递积极信息。

②广告宣传。制定有针对性的广告宣传策略，强调企业的优势和价值，重塑品牌形象。

（3）内部整顿

①流程优化。对危机中暴露出的管理漏洞和业务流程问题进行深入分析，制订改进方案，优化生产流程、质量管理体系、供应链管理等。

②员工培训。加强企业文化建设，增强员工的凝聚力和归属感，共同应对危机后的挑战。

（4）关系重建

①客户关系重建。主动与客户沟通，了解客户需求和意见，适时推出优惠活动、客户回馈等措施，重新赢得客户的信任和支持。

②合作伙伴关系重建。与供应商、经销商等合作伙伴进行沟通，共同制订合作计划，恢复业务往来。

4. 危机总结阶段

企业在危机总结阶段的主要工作有以下四点。

（1）全面回顾

①梳理危机事件过程。详细回顾危机从发生到结束的各个阶段，包括危机的触发点、发展态势、关键节点等，整理危机期间所采取的应对措施及其实施时间和效果。

②收集各方反馈。一是收集内部员工在危机应对过程中的感受和建议，了解他们对企业决策和行动的看法。二是收集外部利益相关者如客户、供应商、合作伙伴、媒体等的反馈，了解他们对企业危机处理的评价。

（2）评估分析

①评估危机影响。包括危机对企业的经济和声誉两个方面的影响。

②分析应对措施效果。评估危机处理过程中各项措施的有效性，总结成功经验和失败教训，为今后的危机管理提供参考。

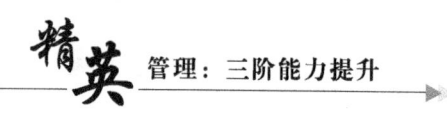

(3) 总结报告

①撰写总结报告。将危机事件的过程、影响、应对措施及效果评估等内容整理成书面报告。

②汇报与分享。一方面向企业高层领导汇报危机总结报告，为企业战略决策提供依据；另一方面在企业内部进行分享，让全体员工了解危机事件和应对经验，提高危机意识和应对能力。

(4) 制度完善

①修订危机管理预案。根据危机总结的结果，对企业的危机管理预案进行修订和完善。

②建立长效机制。建立危机管理的长效机制，定期进行危机演练和培训，提高企业的危机应对能力。

11.3 企业危机控制

危机控制是指控制危机影响的扩散以及危机造成的损失，是危机管理工作的重要职能之一。危机控制是危机管理的重要阶段，是危机管理者通过监督、监察有关活动，保证危机管理活动按照危机应急预案进行，并不断纠正各种偏差的过程。

1. 危机控制的程序

危机控制主要要完成几个方面的工作，即遏制危机；防止危机蔓延；加强媒体管理，防止谣言并一致对外等。围绕着以上工作要求，危机的控制与处理可以按照以下三个程序来进行。

(1) 迅速成立危机处理小组

危机发生后，根据危机的类型按照预先制定的应急预案，迅速组成由高层、相关职能部门和内外部专业人员组成的危机处理小组，并明确规定危机处理小组成员之间的职责分工、相应权限和沟通渠道。企业公关部与危机处理小组在人员的配置上可以是重叠的，但是根据危机的特殊情况会作出一些调整，特别是专业性较强的危机发生时我们需要配置特殊的专业人员加入危机处理小组。

危机处理小组作为该危机管理的最高权力和协调机构，有权调动所有资源，有权独立代表组织作出任何妥协、承诺和说明，有权制订和审核危机处理的方案和工作程序。

危机处理小组能够比较全面地、清晰地对危机的各种情况进行预测，为处理危机制定有关的策略和步骤；监督有关方针和步骤的正确实施等。

（2）启动危机应急预案或制订新的危机方案

①建立实施预案的责任制度，形成各级领导层面和各级执行层面分工明确、责任落实、配合有序的工作局面，并为保证这些职责的履行进行人力、物力和财务的特殊配置。

②迅速控制事态，避免其进一步扩大。

③本着公众利益至上的准则，开辟有效的信息传播渠道。正如沃伦·巴菲特（Warren Buffett）所说，必须清楚地说明情况并发布已经了解的全部情况，即迅速将你知道的说出去。

（3）选择适当的危机控制的策略

从危机的萌芽发展到危机事件的全面爆发，中间有一定的过程。及时发挥危机管理机构的"防火墙"的作用，控制危机事态的蔓延保证组织其他部门的正常运转。管理者需要立即采取相关的隔离、消除等控制及处理的策略。对于危机处理的策略需要根据事态的严重性、紧迫性及未来可能的发展趋势作一个选择与评估。

危机隔离阶段对于工作的优先次序要做一个选择，事先必须有一个简单的评估过程，对危机需要处理的各项事宜进行评估，以分清轻重缓急，确定先抢救什么、后抢救什么，做到从实际出发保证重点。危机状态下的信息不

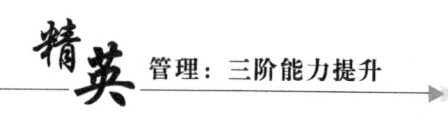

对称、时间紧迫、决策上的心理压力都需要管理者具备非一般的思维能力。

2. 危机控制具体策略

危机控制的具体策略可以概括为以下六种。

（1）危机中止策略

中止策略即根据危机发展的不同原因、不同程度、不同范围及其发展的趋势，审时度势，顺势而为，主动中止承担某种危机损失的。例如，企业发生产品质量危机时一般都会实施中止策略，如停止销售、回收产品、关闭有关工厂或分支机构等，主动承担相应的损失，防止危机的进一步扩散。

（2）隔离策略

隔离策略包括危害隔离与人员隔离。

危害隔离是对危机采取物理隔离的方法，使危机所造成的损失尽可能地控制在一定范围之内。如火灾发生后，采取果断措施切割火场，以避免"城门失火，殃及池鱼"。再如对于一些多元化经营的企业，在某一产品线上发生信誉危机之后，要采取有效的隔离措施，避免对其他产品造成不利的影响。

对危机的隔离应该从发出警报开始。报警信号应该明确危机的范围，以便使其他部分的正常工作秩序不被影响，同时也为处理危机创造有利条件。报警信号的准确无误才能使危机处理人员确认危机到底在什么地方发生。如在列车行车事故中，除了抢救伤员外，最关键的就是开通线路，线路一分钟不开通，危机危害就会不停地扩大，所引起的连锁反应也会持续不断地蔓延。只要线路开通，就意味着危机已经被隔离，全局得到控制。

人员隔离是指当危机发生后应该立即进行有效的人员隔离，即在人力资源上让危机管理小组成员专门负责危机处理，让其他人继续从事企业正常的生产，以防止危机对企业正常的生产经营活动造成巨大的冲击，使企业的市场被竞争对手侵蚀。

（3）消除策略

消除策略也称为排除策略，就是立即采取措施消除危机所造成的各种负面影响，既可能是物质上的损失如生产场地遭到破坏、产品大量积压等，也可能是精神上的损失如股东信心不足、士气低落、企业形象受损等。

排除方法可以是工程物理法，即以物质措施排除危机，如投资新工厂，购置新的设备来改变生产经营方向，提高生产效益；也可以是员工行为法，通过公司文化、行为规范来提高士气，激发员工的创造性。

（4）危机利用策略

在综合考虑危机的危害程度后，力求造成有利于企业某方面利益的结果。事实上这一策略就是所谓的"转危为机"，能够显示危机管理的艺术性，如承担危机的责任、处理危机的能力等。

（5）危机分担策略

将危机主体由单一承受变为由多个主体共同承受。如合资经营、合作经营、发行股票等，由合作者、股东来共同分担企业危机。如咨询顾问业过去以投入的时间来向客户收费，现在的趋势是共同分担风险，也就是作策略性股东，以收取客户公司的股票来交换部分佣金报酬，对于咨询顾问业者来说，找到好客户作策略性股东可以获得更高的投资报酬。

（6）避强就弱策略

由于危机损害强弱有别，在危机不能一下子根除的前提下，要有两害相较取其轻的思路，就是要比较理智地选择危机损害小的策略。

以上六种策略在危机处理全过程中一般都会同时交叉发挥作用。

3. 危机控制的陷阱防范

企业危机控制中常见的陷阱主要包括以下五个方面。

①忽视预警信号。对潜在危机的早期迹象如市场变化、客户投诉增加、内部管理混乱等视而不见。

②信息不透明。危机发生后，企业内部各部门之间信息沟通不畅，对外部利益相关者隐瞒关键信息。

③反应迟缓。危机出现后，不能迅速地做出决策和行动，贻误最佳处理时机。

④过度自信。认为企业有足够的能力和资源应对任何危机，不做充分准备，既没有对员工开展危机培训，也没有制定危机应急预案。

⑤单一应对策略。只依赖一种危机处理方法，如公关手段或法律诉讼。

企业要避免掉入上述危机控制中的陷阱，可以采取以下五个措施。

①建立预警机制。设立监测指标，定期进行风险评估，识别潜在危机源。

②确保信息透明。建立内部信息共享平台，促进各部门之间的沟通；及时向外部利益相关者公布准确信息，展现企业的诚意和责任感。

③快速反应。一旦危机发生，迅速启动应急预案，果断采取行动。

④保持谦逊态度。认识到危机的不确定性和复杂性，做好充分准备。

⑤多元化应对策略。根据危机的具体情况，灵活调整应对策略。

11.4　企业公关危机处理实务

企业公关危机是指由于企业内部管理不善、外部环境变化、突发事件等原因，导致企业形象受损、公众信任度下降、市场份额减少等不利情况的事件或状态。

1. 公关危机处理的基本原则

①及时冷静。遇到公关危机时，管理者首要的原则是沉着应对，不能自己先乱手脚。管理者冷静的心态与行为会极大地帮助员工稳定情绪，使其团结一致，共同应对危机事件。

②快速准确。公关危机事件的处理要快速判断、快速决策、快速行动，同时要力争分析准确、决策果断，危机处理团队要按照危应急预案各负其责。

③公正客观。公关危机涉及面较广，要坚持企业使命和危机管理总则，公正对待利益相关者，客观处理利益冲突，力争公众利益得到保障。

④维护企业名誉。企业公关危机最容易造成企业名誉受损，导致企业形象降低，所以企业危机管理者要从维护企业名誉、力争企业形象不受损或尽量减小形象损害角度，采取积极主动措施。

⑤灵活性与针对性。公关危机成因复杂，要求管理者辨别清楚各种公关危机成因后，灵活应变，制定针对性应对策略，即"对症下药"，而不可"病急乱投医"失去最佳处理机会。

⑥人道主义。公关危机处理要本着先处理公众人身安全权益的原则，坚持人道主义精神，这是企业恢复公众信任的关键所在，也是法律和企业伦理道德的强制约束。

2. 建立和执行公共关系危机应急预案

建立公共关系危机应急预案非常重要，它能够全面地反映企业高层领导危机管理意识，为全体员工树立公关危机意识起示范作用；为员工能迅速而正确地处理危机事件提供依据，大家在公关危机处理过程中有章可循；有利于强化和规范危机管理工作，为提高危机管理水平提供基础和评价依据。一份正式的公关危机应急预案应该包括以下七个组成部分。

①总则。编制目的、适用范围、工作原则。

②组织体系与职责。危机管理领导小组成员组成与职责、危机管理工作小组成员组成与职责。

③危机预警。监测机制、预警级别划分、预警发布与响应。

④危机处置。危机确认、应急响应启动、信息发布与沟通、危机处理

措施。

⑤后期处置。善后处理、调查评估、恢复与重建。

⑥培训与演练。培训计划、演练安排。

⑦附则。预案管理与更新、制定与解释。

3. 公共关系危机基本程序

公关危机发生后,通常应该按照公关危机应急预案进行处理。其一般程序如下。

①迅速核实情况。第一时间确认危机事件的真实性、具体情况和严重程度,包括事件发生的时间、地点、涉及的人员和对象等。

②评估危机影响。分析危机对企业的声誉、品牌形象、市场份额、客户关系、员工士气等方面可能造成的影响。

③成立公关危机处理小组。依据应急预案,立即召集企业高层领导、公关专家、法务人员、市场营销人员、技术专家等组成危机处理领导和工作小组,明确小组成员的职责分工,确保各环节工作高效有序进行。

④制定具体应对策略。根据企业公关危机应急预案制定应对策略和行动计划,包括信息发布、沟通协调、问题解决、形象修复等方面的具体措施。

⑤深入现场,广收信息。危机管理者要尽快到达事故现场,通过多种渠道收集与危机事件相关的信息,了解公众的关注点、情绪和态度,以及竞争对手的反应。

⑥控制损失。管理者要采取积极果断措施,隔离危机,控制不利事态发展,将损失控制在最小范围以内。

⑦主动沟通。通过召开发布会等,主动与媒体沟通并提供准确的信息和背景资料,争取媒体的理解和支持。及时与客户、合作伙伴、员工、股东等利益相关者进行沟通,倾听他们的意见和建议,说明企业的态度和应对措施。

⑧组织力量,有效行动。管理者要按照危机决策方案,积极组织企业各个有关方面力量和资源,采取有效的行动措施,将公关危机事件尽快处理完毕。

⑨善后工作,化危为机。公关危机处理完毕后,针对公众心理,策划一系列公关活动,如公益活动、客户关怀活动、媒体合作等,展示企业的责任感和积极态度,赢得公众的信任和支持。

⑩总结调查,吸取教训。"吃一堑,长一智",危机管理者在处理完公关危机活动后要善于总结经验和教训,认真调查事故起因,对企业内部加强管理,避免类似事件再发生。

4. 公关危机应对策略

(1) 帮助危机管理者制定正确的应对策略

资料收集活动主要做好以下几点:

①完整记录危机事故发生、发展过程、阶段及细节;

②抢拍危机事故的图片资料、音像资料;

③记录相关人员在危机事故过程中的行为表现及相关言论资料;

④记录事故处理过程中利益相关者反映情况的资料;

⑤其他有价值的资料。

收集到的相关资料要及早提供给危机管理者,作为决策参考,并妥善保管,为公司今后修订危机应急预案提供原始资料依据。

(2) 公关危机应对受害者的策略

主要应做到以下六点:

①诚恳地向受害者以及家属道歉,并承担责任;

②耐心冷静地听取受害者意见;

③了解、确认和制定有关赔偿损失的文件规定与处理原则;

④避免与受害者及家属发生争辩与纠纷;

⑤企业应避免出现为自己辩护的言辞；

⑥本着积极、灵活态度保障受害者权益。

（3）公共危机应对新闻媒体的策略

①及时向新闻媒体公布危机事故，不能消极推脱。

②成立记者接待机构，由新闻发言人一致对外进行危机事件的信息沟通。

③为了避免报道失实，向记者提供资料应尽可能采用书面形式，比如采用新闻稿的方式，可以消除人为的信息传播失误。

④主动向新闻媒体提供真实、准确消息，不能摆造事实，前后矛盾，违背客观公正原则，否则企业会陷入更加被动的境地。

⑤必须谨慎传播：公关危机应对活动涉及企业整体声誉，所以危机管理者及专职的新闻发言人必须配合危机管理活动总体方案要求，冷静、稳妥、仔细、谨慎传播相关信息，不能随心所欲、信口开河。

第 12 章 企业文化建设

社会发展已经进入智慧化时代,无形的脑力成为社会经济与企业发展的关键,与之相对,立足以"控制"的科学管理越来越难以发挥效应。在这样的背景下,以调整员工认知为主导的企业文化管理注定会成为主流,也会成为企业能否持续健康发展关键。

一方面,积极有效的企业文化能够让员工明确企业存在的社会意义,强化员工对企业目标的认同,进而从升华自我的角度找准自己努力的方向,把个人的价值实现与企业发展融为一体。

另一方面,积极有效的企业文化能够通过价值观的软约束与制度规范的硬约束,从内在"自律"与外在"他律"两个方面调整与控制员工的行为,以一致性确保企业内部分工基础上的协同效率,促进企业的高效发展。

正因如此,企业文化建设越来越多地受到人们的关注。

12.1 企业文化概述

1. 企业文化概念和层次

企业文化就是在一个企业的核心价值体系的基础上形成的,具有延续性的共同的认知系统和习惯性的行为方式。简单地讲,企业文化可以用如图 12-1 所示的公式来表达。

企业文化 ＝ 共同的价值观念 ＋ 共性的行为习惯
　　　　　　　　　　企业风气

图 12-1　企业文化内涵示意图

或者可以这样理解，企业文化是指企业全体员工经过长期实践所形成并普遍遵守的价值标准、基本信念及行为规范。

企业文化内容广泛，包括企业使命、价值观、经营理念、企业精神、企业制度、企业环境等，由内至外可分为三个层次，如图 12-2 所示。

企业使命 价值观 经营理念 企业精神 ……	企业制度 组织架构 流程 员工行为 ……	企业环境 产品 视觉形象 ……
精神和理念层	制度和行为层	物质和环境层

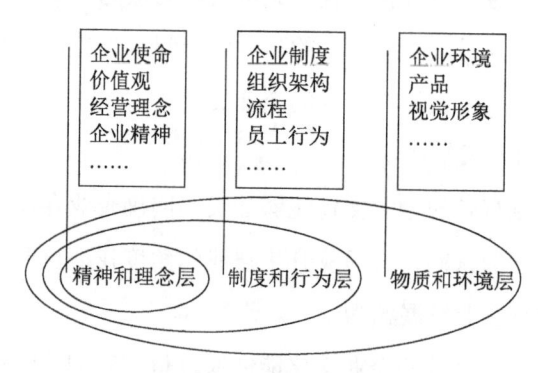

图 12-2　企业文化层次

精神和理念层。企业文化的核心反映了企业的信仰和追求，是企业的灵魂，也是形成企业制度文化和物质文化的思想基础。

制度和行为层。企业文化的中间层次是理念文化外在传导的载体，对企业组织和企业员工的行为进行约束和规范。

物质和环境层。企业文化的物质基础与外在表现，是企业理念文化的物化表现，通过环境、产品与标识特征等将理念形态文化展现出来。

企业文化三个层次相辅相成成为一个体系，精神和理念文化是核心，在文化建设过程中起决定性作用；制度和行为文化是载体，必须与企业倡导的精神理念相一致；物质和环境文化是基础，在企业文化建设过程中为精神理念落地提供保障。

2. 企业文化构成要素

特伦斯·迪尔（Terrence Deal）、艾伦·肯尼迪（Allan Kennedy）把企业文化整个理论系统概述为五个要素，即企业环境、价值观、英雄人物、文化仪式和文化网络。

（1）企业环境

企业环境是指企业的性质、企业的经营方向、外部环境、企业的社会形象、与外界的联系等方面，它往往决定企业的行为。

（2）价值观

价值观是指企业内成员对某个事件或某种行为好与坏、善与恶、正确与错误、是否值得仿效的一致认识，它是企业文化的核心，使企业内成员在判断自己行为时具有统一的标准，并以此来决定自己的行为。

（3）英雄人物

英雄人物是指企业文化的核心人物或企业文化的人格化代表，其作用在于作为一种活的样板，给企业中其他员工提供可供学习的榜样，对企业文化的形成和强化起着极为重要的作用。

（4）文化仪式

文化仪式是指企业内的各种表彰、奖励活动、聚会及文娱活动等，它可以把企业中发生的某些事情戏剧化和形象化，来生动地宣传和体现本企业的价值观，使人们通过这些生动活泼的活动来领会企业文化的内涵，使企业文化"寓教于乐"之中。

（5）文化网络

文化网络是指非正式的信息传递渠道，主要是传播文化信息，它是由某种非正式的组织和人群所组成，它所传递出的信息往往能反映出职工的愿望和心态。

3. 企业文化的特征

（1）独特性

企业文化具有鲜明的个性和特色，具有相对独立性，每个企业都应该有其独特的文化积淀，这是由企业的生产经营管理特色、企业传统、企业目标、企业员工素质以及内外环境不同所决定的。

（2）继承性

企业在一定的时空条件下产生、生存和发展，企业文化是历史的产物。企业文化的继承性体现在三个方面：一是继承优秀的民族文化精华；二是继承企业的文化传统；三是继承外来的企业文化实践和研究成果。

（3）难交易性

企业文化是企业在长期发展过程中形成的独特的价值观念、行为准则和思维方式，它不是一种表面的装饰，而是渗透到企业的每一个角落，融合在企业的组织架构、管理制度、员工行为和企业形象等各个方面，与员工的情感认同和忠诚度紧密相连。因此，企业文化成为企业的一种核心竞争力，难以被竞争对手轻易模仿和买卖。

（4）人本性

企业文化是一种以人为本的文化，最本质的内容就是强调人的理想、道德、价值观、行为规范在企业管理中的核心作用，强调在企业管理中要理解人、尊重人、关心人。企业文化注重人的全面发展，用愿景鼓舞人，用精神凝聚人，用机制激励人，用环境培育人。

（5）整体性

如上文所述，企业文化是由三个层次组成的有机统一整体，企业文化建设必须从系统的角度思考，将三个层次有机融合。

（6）时代性

一方面，社会价值观不断发生变化、技术快速迭代升级，因此企业文化也要随之调整，在适应新的社会价值取向的同时，以鼓励创新和冒险精神来满足技术创新和产品升级的要求；另一方面，不同时代的员工有着不同的需求和期望，企业文化只有能与时俱进，才能在满足员工需求的基础上，吸引和留住优秀人才，促进企业发展。

4. 企业文化作用

（1）凝聚作用

良好的企业文化能为员工树立明确的共同目标，让员工感受到自己是企业大家庭的一员，有强烈的归属感，使大家心往一处想、劲往一处使。

（2）导向作用

企业文化为企业发展与员工个人成长指明了方向，使企业在战略决策、市场定位等方面有清晰的目标，员工个人能更好地规划自己的职业生涯，提升自己的能力和素质。

（3）约束作用

一方面企业文化中的规章制度和道德规范，能够约束员工的行为，使他们明白什么是可以做的，什么是不可以做的。另一方面长期受企业文化的熏陶，员工会逐渐形成自律意识，自我约束，自觉遵守企业的各项规定。

（4）激励作用

企业文化所传达的正能量和使命感，能为员工提供持续的精神动力。当员工共同持有并认同企业的价值观和目标时，会更加投入地工作，主动寻求创新和改进。

（5）形象作用

优秀的企业文化能够提升企业的品牌形象，吸引客户、合作伙伴和投资者，还能为企业带来良好的社会声誉，增强企业的社会影响力。

5. 企业文化建设的原则

（1）以人为本原则

把员工视为企业最重要的资产，尊重员工的人格，为员工提供良好的职业发展机会和培训资源，帮助员工实现个人成长和价值；营造和谐、积极、向上的工作环境，让员工在舒适的氛围中工作。

（2）与战略结合原则

企业文化建设旨在促进企业的持续健康发展，因此开展企业文化建设应紧密围绕企业的战略目标，为战略的实施提供支持和保障；通过企业文化的传播和践行，推动企业战略的落地实施。

（3）独特性原则

根据企业的行业特点、历史背景、发展阶段等因素，塑造具有自身特色与个性的企业文化，避免盲目地模仿其他企业的文化，保持自身的独特性。

（4）系统性原则

确保企业文化的理念、行为与环境层面相融合，文化建设的各个环节相互协调、相互促进。

（5）知行合一原则

企业不仅要宣传和倡导优秀的企业文化理念，更要通过制度建设、激励机制等手段，引导员工将理念转化为实际行动。

（6）与时俱进原则

企业文化要不断创新和发展，适应新的市场环境和员工需求。

12.2 企业文化理念"内化于心"

企业的文化理念要从口号变成企业真正的文化，就是要将文化理念从嘴上、墙上、纸上落实到实实在在的行动上，并将之转化成为员工共同的行为习惯。

要实现这一效果，首要的是让员工将企业文化理念"内化于心"，在做到"领导精通、员工熟悉、客户知晓"的同时，人人都能够发自内心地予以认同。

1. 企业文化理念的正式传播

企业文化理念的正式传播路径与组织内正式的信息沟通系统密切相关连的，主要有培训教育、会议宣讲、活动展示、视觉传播及多媒体传播，如图12-3所示。

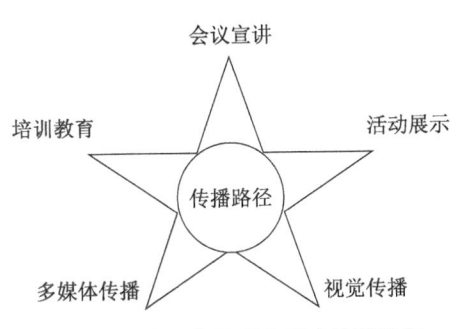

图 12-3 企业文化理念正式传播途径

（1）培训教育

①新员工入职培训。在新员工入职培训中，将企业文化传导作为重要的组成部分，让新员工了解企业发展历史、价值观、使命和愿景等的同时，通过案例分析、小组讨论等方式，让新员工深入理解企业文化的内涵。

②定期内部培训。针对全体员工开展定期的企业文化培训，不断强化企业文化理念。内训可以采取邀请企业领导宣讲、专家学者讲授，或者组织员工观看企业文化相关的视频资料等多形式进行。

（2）会议宣讲

利用好企业召开的各类会议，如月度例会、季度总结会、业务检讨会等，安排一定时间宣传企业文化理念。此外，企业也可以组织专门的企业文化沟通会，让员工就企业文化的理解和实践进行交流探讨。

（3）活动展示

①文化活动。举办丰富多彩的企业文化活动，如企业文化知识竞赛、演讲比赛、文艺演出等，增强员工对企业文化的认知和理解，提高员工的参与

度和凝聚力。

②文化仪式。设立企业文化奖项，对践行企业文化表现突出的员工和团队进行表彰和奖励。通过隆重的表彰仪式，树立榜样，激励更多的员工积极践行企业文化。

（4）视觉传播

①形象标识。通过企业的标志、商标、吉祥物等形象标识，传播企业文化理念，让人们一眼就能识别出企业的文化特色。

②环境布置。合理布置企业的办公环境，在办公区域张贴企业价值观、文化标语、宣传海报，设置企业文化展示区、文化示范员工风采区等，营造出浓厚的企业文化氛围。

（5）多媒体传播

①企业内刊。创办企业内刊，设置企业文化专栏，深入解读企业文化理念，分享员工践行企业文化的案例等内容，定期发放给员工。

②内部网站和社交媒体平台。利用企业内部网站和社交媒体平台，发布企业文化相关的文章、图片、视频等内容。员工可以在平台上互动交流，分享自己对企业文化的感悟和体会。

除上述形式之外，也可以编辑和发行类似于《企业文化大纲》《企业员工手册》《企业文化事例》等书籍，宣传传播企业文化理念，在条件允许的情况下，这些书籍不仅仅限于企业内部，也可以结集出版、公开发行，向社会宣传企业文化理念和价值主张，提升企业形象。

2. 企业文化理念的非正式传播

与正式的传播路径相比，非正式传播渠道属于一种不受组织规定且相对自由的传播网络，它将公司内部各个部分之间联系起来，而不考虑职位和头衔。企业文化理念非正式的传播渠道主要有故事、非正式人际网络、仪式、榜样等。

(1) 故事传播

故事不仅易传易记，而且人们喜闻乐听。海尔企业文化建设与传播之所以很成功，与其拥有"砸冰箱""背冰箱""洗地瓜洗衣机"等诸多小故事是密不可分的。在企业文化建设时，也要围绕企业文化理念，结合现实素材，演绎出一个个生动的小故事。

企业文化故事撰写的一个基本原则是"让员工用自己的话说身边的事"。第一，故事一定是真实发生在企业内部的，发生在员工身边的，为员工所熟悉；第二，故事一定要运用员工自身熟悉的语言描述出来。

在企业文化建设过程中，通过讲述这样的企业小故事，以实现快乐中传播理念，潜移默化中维护着团结，从而提出企业中每个人应该效法的准则。

(2) 利用非正式人际网络进行传播

企业内除了按着组织架构正式设立的部门与机构、有着正式的信息传递渠道之外，还有各种非正式组织与看不见的人际网络，例如兴趣小组、老乡会等。

组织中非正式的人际网络所传递的信息内容远比正式的信息系统更丰富，有时更接近事实，更容易得到人们的信赖。所以在企业文化建设过程中，文化理念的传播不仅要运用会议、培训等正式的信息传播渠道，更要善于利用好非正式的群体与人际网络。

(3) 利用仪式传播

实际上，企业的仪式是由价值观改写成的剧本，在每一个仪式背后都有一个体现文化中某种信念的虚构故事。

著名作家、民俗学家冯骥才先生曾对中国传统文化的失落做出这样的评论：传统不是一个虚架子，传统是由具体的形式来支撑的，例如逛庙会、民艺、爆竹声声、各种仪式……现在年轻人追捧洋节，不爱中国节，不能归罪于年轻人和外来文化的入侵，而在于中国的传统节日都变成了美食节，传统形式遭受到了破坏。

可见，没有了那些或至美至醇或简朴而肃穆的仪式，没有了那些鲜活生动的形式，文化的命脉是没有办法延续的。

企业进行文化仪式的设计应该紧扣企业自身的文化理念，把其作为仪式的灵魂，在此基础上，还要结合企业自身的业务特点和仪式所运用的场景。除此之外，为了让文化仪式容易为员工所接受，也可以将其与企业的文娱活动相融合。

（4）利用榜样示范进行传播

领导身体力行践行企业倡导的价值准则，比如经常深入基层与员工交流，关心员工的工作和生活，体现了企业以人为本的文化理念，以及优秀员工在工作中的表现，如敬业精神、创新思维、团队合作等，都会被其他员工看在眼里，成为大家学习的榜样，是非常有效的具象化的文化理念传播方式。

12.3 企业文化理念"外化于行"

正如本章第一节所云，企业文化内在表现为企业员工共同的认知，外在表现为员工共同的行为习惯。所以说，"内化于心"只是企业文化建设的基础。进一步讲，企业文化要真正能够支撑企业的发展，必须将虚幻的文化理念转化为具体的行为，即"外化于行"。

实践中，企业文化建设后一步的实现，可以通过企业英雄引领与制度规范约束两种方式展开。

1. 以企业英雄来引领

所谓企业英雄，就是我们常说的榜样和标兵，其作用关键在于突破和示范。企业文化理念因为其较为抽象的特点，在落地过程中若想让人更好地理解，在行为上获得关键性的突破，逐渐成为大家共同的行为习惯，以企业英雄作为企业文化理念的代言人,让理念具体化、可视化、人格化就显得尤为必要。

以企业英雄引领企业文化理念落地,就是通过树立榜样,感召员工,推动企业文化从理念到行动。

(1)两种类型的企业英雄

根据企业文化建设中企业英雄产生的方式,可将企业英雄划分为两类:一类是天生的企业英雄,亦称创业型英雄;一类是塑造的企业英雄,也称情景式英雄。

天生的企业英雄大多是企业的创业者,所以也称为创业型英雄。他们对企业的影响是长期的、广泛的,往往是企业人格化的标志,是公众认可的、企业永久的形象代言人。

一般来讲,创始者就是公司的"企业英雄"。塑造的企业英雄是企业在特定时期发现和树立的经营管理实践中最好的典型角色,又称为情景式英雄。他们对企业的影响范围与时间持久性可能有限,但是作为日常工作成功的样板,可以鼓舞员工,能够为他们提供更为针对性和具体性的指引。

塑造的企业英雄可以多种多样,可以按照企业部门塑造,如研发英雄、销售英雄、生产英雄、采购英雄等,也可以按照岗位工种来塑造,如电工英雄、焊工英雄、木工英雄等。

此外,还可以从企业使命、愿景、价值观人格化的角度塑造,例如有厚道做人方面的英雄、诚信做事方面的英雄、坚持服务方面的英雄、忠于职守方面的英雄、刻苦钻研方面的英雄、团结协作方面的英雄、追求卓越方面的英雄等。

(2)企业英雄的选择

天生的英雄毕竟数量有限,企业文化建设中大部分英雄是认为塑造的。这些英雄也是普通人,在企业文化建设过程中,能否起到示范效果,产生足够大的影响力,关键在于企业英雄选择是否恰当。一般而言,能够成为企业

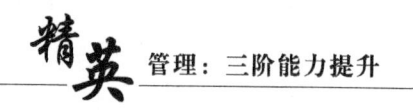

文化英雄的人员必须具备四个方面的条件，如图12-4所示。

```
其行为是企业价值观的人            其行为不仅在方向上正
格化体现，代表企业文化            确，而且岗位工作是成功
中的中枢形象                      的、业绩优秀
              ┌──────┐
──────────────│文化英雄│──────────────
              └──────┘
具有坚忍不拔的精神，是            企业利益至上，有一种谋
能够把幻想变成现实的人            求企业不断成功的个人
                                  责任感
```

图12-4　企业英雄人物应满足的要求

从图12-4中可以看出，能够成为企业文化建设中的英雄人物，不仅要求其在业绩上是成功的，更为关键的是，他们的行为范式一定符合企业文化理念要求，也就是说，他们的行为表现就是企业价值观的具体化。

（3）企业英雄的事迹传播与经验推广

树立和塑造企业英雄本身不是目的，目的是通过树立和塑造企业英雄，进而传播企业文化，让更多的人认同企业文化，并追随企业英雄实践企业文化。

所以企业英雄的树立和塑造仅仅是第一步，紧接着更为重要的是对企业英雄的宣传，即把企业英雄的事迹整理成文化故事进行传播，将企业英雄的做事方式整理成经验模式进行推广。

如果看重的是长期效果，企业英雄的事迹传播可以借助NBA的做法，建立"名人堂"，将在企业发展历史上有着卓越贡献、代表着企业鲜明文化的企业英雄请进"企业名人堂"，同时将企业英雄事迹汇集并印制成"企业英雄谱"。

如果看重的是短期效果，企业英雄的事迹传播可以通过设立企业英雄榜来实现。定期更新英雄榜，把不断涌现出来的企业英雄事迹通过英雄榜宣扬出去。此外，还可以在企业内部刊物、网站上设立企业英雄专栏，每年印制企业英雄事迹手册等。

特别需要指出的一点是，故事是传播企业英雄事迹最好的载体，及时收集企业英雄事迹并整理成生动的故事，是企业文化工作者的常规任务。

2. 以制度规范来约束

员工在企业组织中的行为不是取决于事情本身的对于错、好与坏，而是取决于企业的制度。正因如此，企业文化理念要得以传播和落地，除了运用上述榜样示范力量之外，还必须要有制度规范来约束。

企业管理实践中，文化理念是制度背后的精神，而制度是理念最重要的表现形式。换句话说，企业文化理念要外化于员工的行为习惯，必须要以与理念相融合的制度为载体，如图12-5所示。

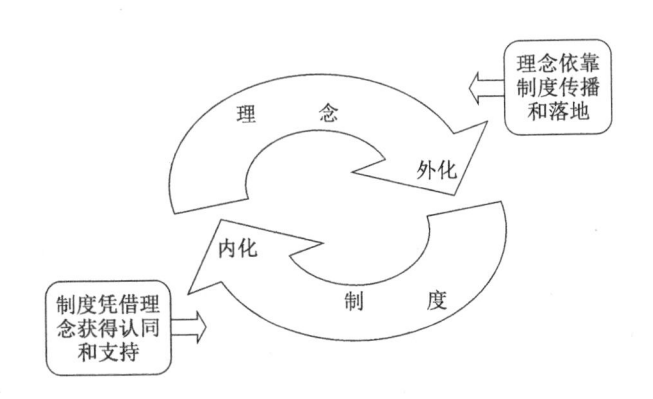

图 12-5　理念与制度的关系

（1）审查已有制度理顺其与文化理念的关系

企业文化理念要从"天上"落地，变成实实在在的员工行动，首先要做的是对企业已有的管理制度进行审查，完善或剔除与企业文化理念相悖的制度规则。例如，企业文化理念核心如果是"创新"，那么过于苛求、缺乏包容性的制度就必须完善；同样，如果文化核心理念倡导的是"团队协作"，那么以个人为中心的考核评价制度就必须修正。

如上所述，可以看出，所谓制度的文化审查，即对制度进行文化意义上的透视，通过摈除制度的细枝末节透视制度深层次的灵魂以及制度背后隐含的假设，并将其与企业文化理念相对比，如果发现不符的情况，特别是相互矛盾的情况，应及时立足文化理念进行修订，或停止与文化理念相矛盾的制度运行。

制度的文化审查不是仅对一两项制度的审查，而是对企业整个制度体系的审查，是一项工作量非常大的工作，需要企业全体部门共同参与。因为一项制度往往意味着一种利益格局，改动制度就是对已有的利益格局进行调整，所以制度审查需要企业高层的鼎力支持，也需要各个部门的高度自觉，大家必须自觉以企业利益为重，主动放弃部门利益或小团体利益，否则，制度的文化审查将很难进行下去。

（2）基于文化理念创新制度设计

制度审查只能发现无效的制度，清除文化落地道路上的障碍，但它不能保证找到有效的制度，不能为文化落地提供正向动力。

制度设计是直接根据理念的需要设计制度，更加有的放矢，更能保证制度的有效性。为确保企业新设计的制度符合企业文化理念要求，实践中可以有两种做法：一种是系统演绎式，即以企业核心价值观为起点，将核心价值观置于系统的工作场景中进行行为演绎，从而得出系统的行为要求；另一种是重点归纳式，即以现实工作中出现的典型问题或不良行为为起点，对典型问题和不良行为出现的地方按照核心价值观要求进行行为上的规范。

不管采取哪一种方式，企业在进行制度与行为规范设计时，都必须立足于企业的核心价值观，把制度与行为规范看作是抽象文化理念的具体化。换句话说，制度设计就是根据企业的核心价值理念，在员工的行为层面进行一些更为具体、更可操作的规定。

12.4　企业文化建设中的病症与应对策略

1. 企业文化建设老板化病症与应对策略

（1）病症表现

"老板化"又可以称为"领导化"，典型的症状表现为企业文化建设凸显老板（领导）个人，理念倡导"唯老板（领导）世尊"，简单地以老板（领导）的思想与语言作为企业经营管理的行为依据和对员工行为的评判标准。

例如，一家公司在其网站介绍本公司文化时通篇都是公司董事长"丰功伟绩"介绍及其所谓"语录"的阐释。事实上，诸如此类的文化建设在现实中并不鲜见，特别是在民营与家族企业中更是盛行。

如果老板（领导）认识到这一点，身先士卒、率先垂范，借用自身的影响力积极推行有利于企业发展的理念与价值观的落实，那么他们对企业文化建设将起到积极的促进作用。反之，老板（领导）如果借文化建设之便，谋个人之名，利用自身的优势地位盲目塑造自我形象，那么这样的企业文化建设就是一种病态了，患上了"老板化"病症。

（2）应对策略

①重新定位企业文化建设的目的。无论什么样的企业，开展企业文化建设时都应将根本目的定位于凝聚人心上，在统一思想认识、保证经营管理者与员工行为一致性的基础上，通过营造积极进取的氛围，促进企业持续健康发展。

②老板（领导）要强化自我修炼。老板（领导）应该清楚地认识到，个人形象的根基在于企业的成败。只有忘记自我，致力于企业的发展壮大，他们才会得到企业员工真心拥戴和社会承认。与之相对，盲目的"个人崇拜"不仅无法在员工内心深处树立起伟大的形象，同时这种做法也有害于企业的发展。

③建立科学的员工考核与晋升机制。坚持业绩导向原则，完善企业考核评价体系，并以此为基础，建立公正公平选拔晋升机制，确保真才实干、对企业有贡献的员工能够得到重用，让投机钻营与溜须吹捧者失去生存的空间。

2. 企业文化建设墙上化病症与应对策略

（1）病症表现

"墙上化"又可以叫做"口号化"，典型的症状表现为企业文化建设流于形式，关注于用词造句，最终是理念张贴在墙上，口号停留在嘴上，这是当前企业文化建设中最为普遍存在的一种病象。

有的企业开展企业文化建设，就是买一些装饰精美、喊起来铿锵有力的标语口号张贴于公司办公与生产区间，如"客户第一、服务至上""团结、求实、创新""拼搏、进取、奉献""今天工作不努力、明天努力找工作"等。

虽然说企业文化建设在墙上做些文章无可非议，但关键是企业经营管理者要致力于将墙上的理念和嘴上的口号转化为行为习惯和企业的生存方式。如果企业文化建设工作仅做到"墙上、嘴上"为止，理念与口号只能起到美化环境、丰富语言的效果，既不能成为企业与员工实践中自觉遵守的价值准则，也未能在全体员工中产生共鸣，更不能有效地转化为企业员工与管理者的行为习惯，那么这种文化建设就患上了"墙上化"病症。

（2）应对策略

①重新审视企业文化建设中所倡导的精神理念的有效性。企业文化理念是对企业经营指导思想、价值观念、行为准则、道德规范的提炼和总结。文化理念是否有效既无所谓时尚流行，也无所谓铿锵有力，关键是要源于企业长期生产经营过程、展现个性特色与创新，要能准确反映企业经营管理者与广大员工思想深处的信念。

②利用制度建设引导理念转化为行为习惯。员工在企业中的行为选择虽然会受到他们的思想观念影响，但是更主要的还是取决于他们对行为结果（包含物质与非物质两方面）的预测，后者与企业的管理制度紧密相连。因此可以说，员工的行为受制于企业的制度。与此相关，企业文化建设要富有成效，文化理念最终要能够从"墙上、嘴上"落到行为上，转化为员工的行为习惯，必须通过制度建设，将文化理念融入其中。

③通过物质环境改善为理念落地提供支撑。理念本身虽属于精神范畴，但它常常需要借助物质环境来体现。例如，"客户至上"的服务理念首先表现为企业能够为客户提供优质的产品与服务；"以人为本"的管理思想则直接表现为企业能够给员工提供优良的工作与生活环境。正因如此，企业文化建设需要有不断的物质环境改善为支撑。

3. 企业文化建设形象化病症与应对策略

（1）病症表现

"形象化"典型的症状表现为企业文化建设是"面向外"而不是"面向内"，文化建设的焦点不是以共享价值观为前提统一员工的思想认识，而是将其作为一种营销手段，作为一种提升企业市场形象的技巧。

固然企业文化建设通过员工思想观念的提升、行为的转变以及物质产品与环境的改善，最终有助于企业市场形象的提升。但是，这里特别需要注意的一点是，外部形象提升只是企业文化建设的一个层面，在某种程度上可以说是文化建设成果的副产品。文化建设的根本性目的是在企业内部营造良好氛围，吸引人才、凝聚人心，通过员工主动性的发挥来激发潜能，实现企业持续发展。

实践中，如果企业文化建设不能做到以内部修炼支撑外部形象提升，而是为了形象而"形象"，把文化建设简单地等同于VI（视觉识别系统），着眼于环境形象与员工衣着、企业徽标的统一，此时企业的文化建设就患上

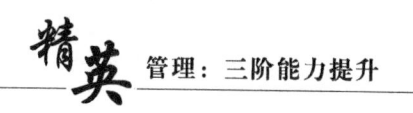

"形象化"病症。

（2）应对策略

①重新认识企业文化建设的目的与作用。如上所述，企业文化建设的根本目的是以员工凝聚力提升实现企业的持续发展，其作用在于改善员工认知，引导员工重新看待个人与组织、自身利益与社会价值等之间的关系，通过在企业内营造"人人受重视、个个被尊敬"的氛围，以企业使命引导员工，愿景激励员工，从更高的境界理解企业目标实现与自我成就需求之间的一致性，力争达成"多赢"格局。

②辩证地处理好文化建设与企业形象提升之间的关系。根据企业文化建设中精神与物质之间的关系，一方面要坚持"以内养外"，立足内部氛围营造，通过企业使命、经营哲学与价值观等精神内涵的修炼促进企业形象的提升；另一方面要将企业形象塑造作为企业文化建设的组成部分，以"物化"手段促进文化精神的具体化，丰富企业文化建设内容，展示其建设成果。

4. 企业文化建设模式化病症与应对策略

（1）病症表现

"模式化"典型的症状表现为企业在文化建设过程中简单地借用、模仿外部成功企业的套路与做法。现实中，海尔模式、GE模式、IBM模式、松下模式、丰田模式等的流行与受追捧，一定程度地说明了这种病症的普遍程度。

虽然企业文化思想和基本准则作为一种管理学说具有一定的普适性，但是这么说并不意味着企业文化建设的具体内容和策略在不同企业之间可以通用。国内企业在选择确定自身的文化理念、制定文化建设策略时，不仅要考虑我国历史文化、社会发展特定阶段的意识形态及宏观环境的影响，更要考虑自身的生产经营与发展过程制约。

由于企业文化建设具有极强的路径依赖性，以及独特性、难交易性、难模仿性等特质，因此企业在建设自身的文化时，必须本着切合自身实际的原则。对同领域卓越企业文化建设的精华思想，仅可以借鉴、参考，绝对不能简单地模仿，更不能盲目地照搬套用。否则其文化建设不仅达不到预期的效果，反而会加大失败的风险。一旦如此，企业文化建设就患上"模式化"病症。

（2）应对策略

①立足企业发展历史开展文化建设。一方面，企业发展的历史传统构成其文化的重要组成部分；另一方面，与企业发展历史相契合的文化理念与做法更容易为员工所接受。顺应发展历史开展文化建设，才会形成具有自身特色的个性文化。

②以现有文化诊断为前提开展文化建设。企业文化具有路径依赖性，开展企业文化建设不是追求全新的开始，而是一种扬弃。也就是要立足于企业战略的实现，在修正因内外环境变化与思维惯性造成的不当认知与行为习惯的同时，弘扬企业过去发展中形成的、有利于企业发展的精神与风貌。基于此，企业文化建设不能简单地模仿别人的模式，而是要以现有的文化诊断分析为前提。

5. 企业文化建设文娱化病症与应对策略

（1）病症表现

"文娱化"典型的症状表现为企业文化建设忽视理念内涵，注重娱乐形式，立足点为每年组织开展一系列轰轰烈烈的职工文体竞赛与娱乐活动，这也是现实中广泛存在的一种病症。

例如，一次笔者团队受邀去国内一家上市公司参观交流，该公司总裁办主任在给我们介绍公司文化时，侃侃而谈公司三八妇女节的半边天文艺晚会、五一劳动节的员工运动会、七夕节的青工交友拓展、元旦的狂欢派对等，真可谓活动形式多样，图片、视频内容丰富多彩。但是，当参观者问及该公司组织这些活动有无共同的主题思想时，该主任不无尴尬地说，由于公司的文化活动涉及领域比较广，所以很难在统一的思想下展开。

无独有偶，一家建筑公司在十五周年庆典上展示公司文化时，统一身穿迷彩服的管理者和员工从队列、文艺节目到竞赛对抗，表演甚是精彩，当记者随机采访其中几位"演员"，请他们谈谈公司文化理念时，得到的答案却是："这需要问公司的领导！"

在企业文化建设的实践中，企业如果将娱乐、竞赛活动作为宣传企业文化理念一种形式或手段，寓教于乐，不仅没有错，反而有助于企业文化建设效果的提升。反之，如果企业舍本求末，将文体娱乐活动作为文化建设的核心内容，这就是一种叫做"文娱化"的病症。

（2）应对策略

①以精神理念为核心开展文化建设。企业文化是一个系统，其内容包括相辅相成的三个组成部分：精神理念、制度（行为）、物质形象。其中，精神理念为文化核心，决定着企业文化中的制度（行为）和物质形象内容；制度（行为）与物质形象旨在为精神理念落地提供保障和物质基础支撑。正因如此，企业文化建设首要的是提炼、整合、升华企业的精神理念，以便为整体工作的开展确定内核。如果做不到这一点，企业文化建设就会失去根基，最终形成的所谓文化也是一种没有灵魂的企业文化。

②把文体娱乐活动作为传导精神理念的有效手段。精神理念要为广大员工接受，常常需要员工个人价值观与行为习惯的改变。基于这样的前提，简单的精神理念说教培训不仅难以达到预期的效果和目标，而且容易导致员工的排斥与反感。反之，如果企业始终能够紧扣精神理念组织开展系列文体娱乐活动，让员工在参与活动的过程中有所感悟，通过潜移默化的方式传递企业价值观与精神，将会收到意想不到的文化建设效果。

6. 企业文化建设孤独化误区与应对策略

（1）病症表现

"孤独化"典型的症状表现为企业文化建设与发展战略相分离，为文化而文化，没有锁定企业文化建设的目标，最终导致企业文化对企业战略失去了应有的支撑效应。企业文化与企业战略紧密关联，后者为前者明确方向，前者是后者得以有效执行的保障。

在实践中，由于战略实施的周期长，而企业所处的内外环境又处于多变的状态，所以企业战略落地与执行的效果除了受自身的有效性影响外，更多地取决于管理者能否统一员工的思想认识，唤起员工对战略变革的热情，激发员工的工作积极性与主动性。在一定程度上可以说，企业文化建设决定着企业战略的执行效果。

从外在表现来讲，作为企业风气与员工共性行为习惯的企业文化，虽然每一个企业都有，但并不是每一个企业的文化都是积极的。例如，在今天这样一个个性化需求强烈与竞争激烈的环境当中，市场需要企业能够快速决策与反应，如果盲目推崇的集权文化，对企业的发展一定会起到阻碍作用。正因如此，要确保企业文化对企业发展的促进作用，文化建设必须以企业战略为起点，也只有这样，才能让文化约束下的员工行为与企业战略发展要求相吻合。

基于以上分析，企业的文化建设不能游离于战略管理之外，否则企业中战略与文化就会成为"两张皮"，以文化建设促进企业持续健康发展的根本目的也无法实现。与之相对，如果企业文化建设与企业发展战略相分离，也就说明其文化建设患上了"孤独化"病症。

（2）应对策略

①以战略落地为起点开展企业文化建设。所谓战略落地，就是要将企业的战略转化为实际行动方案。为避免企业文化与战略的不协调，文化建设应以使命明晰与战略梳理为前提，依据使命与战略发展要求整理确立企业价

值观念与行为准则，在此基础上，通过制度的完善，调整管理者与员工的行为，确保其符合企业发展要求。

②培育支持企业战略的文化。首先，基于战略要求诊视企业文化，确定现行文化中可以利用的积极元素的同时，找出文化中与战略要求不相吻合的地方，明确文化变革的关键。其次，通过各种形式的培训，帮助管理者和员工认清形势，揭示企业发展面临的现实和潜在危机，让员工和管理者一起承担企业发展的压力，理解变革的必要性。在此基础上，通过多渠道的沟通，让员工、管理者与企业战略管理者分享企业的战略愿景，降低战略变革引起的心理紧张。最后，可以通过重组内部组织结构、适当的人事调整，利用补偿激励机制等手段，调节企业内部行为，引导文化向战略变革所期待的方向转变。

第13章 "商祖"范蠡成功之道与企业家能力

范蠡（约公元前536年—公元前448年），字少伯，春秋末期著名的政治家、军事家、经济学家和商业思想家。他辅助越王勾践灭吴兴越后，功成身退辞官经商，十九年间三次聚财千金，又数次散尽其财救济贫困及亲朋好友。他的一生充满传奇色彩，因其经商才能独具一格，被后人尊称为"中华商祖""商圣"，是民间的"文财神"。

虽然范蠡身处春秋末战国初，距今两千五百年，但其坚持的"天道、地道、人道""能择人而任时""与时逐而不责于人"等精辟独到的商业思想还是非常值得今天的企业家深思和学习的。

13.1 "商祖"范蠡的成功之道

范蠡之所以能在政、军、商多领域取得辉煌成就并能独善其身，做到人生完美、"三迁皆有荣名"，是因为他坚守"人事必将与天地相参"之道，有着顺势守时、利人不贪、识己知人的智慧。

1. 顺势守时

范蠡从出道之始，与文种共同谋划职业未来，没有选择留在自己的国家（当时最为强大的楚国），虽然有楚国政治生态环境不佳的因素影响，但更主要的还是他们做选择与决策时立足长远，特别在意"势"，预判未来是"霸兆见东南"，故相约前往地处东南的吴国谋求发展，认为这样做虽然短时间内会"小有所亏"，但从长远来讲会"大有所成"。

到了吴国之后，知道有伍子胥在，难有施展才能的机会，范蠡又对未来做出了"吴越二邦，同气共俗，地户之位，非吴则越"的判断，偕同文种入越。在帮助勾践兴越灭吴之后，范蠡当机立断决定离开，并给文种留下书信："吾闻天有四时，春生冬伐；人有盛衰，泰终必否。……子若不去，将害于子，明矣。"告诉文种要顺应发展趋势，劝其尽早走。文种不信其言，多年后落得被害的下场。

急流勇退下海经商，无论是在齐国海边范蠡父子开荒种地、晒盐捕鱼，还是到陶地，范蠡以为是"天下之中"，开创自己的贸易事业，始终坚持"与时逐而不责于人"与"候时转物"理念。从不盲目跟风，而是坚持基于未来形势判断，超前布局。

在注重"势"的同时，范蠡也强调"时"。越王勾践即位三年，想攻打吴国，范蠡劝阻说："夫圣人随时以行，是谓守时。天时不作，弗为人客；人事不起，弗为之始。"强调聪明的人做事一定要顺应时机，逆时而动不会成功。

吴国为奴回来后，勾践意欲复仇，范蠡劝阻说："未可也……，上帝不考，时反是守，强索者不祥，得时不成，反受其殃。"表明时机不到，就应该等待，如果硬要去做，不仅不会成功，还会给自己招来灾祸。

经商期间，范蠡仍然坚持"时不至，不可强生"思想，讲"善治生者，能择人而任时"，认为做生意不仅要选对人，更要用对时机，只有这样才能确保成功。

由此可见，商祖范蠡一生政治上能功成名就、生意场上能"十九年中三致千金"，主要是他从政经商都能够"顺势"，做到前瞻布局。除此之外，范蠡还能隐忍"守时",并在机会出现时,做到"从时者,犹救火、追亡人也,蹶而趋之,惟恐弗及"当机立断,没有丝毫耽搁。

2. 利人不贪

有人说,范蠡是文子的学生,也就是老子徒孙。虽然这很难考证,但从文献记载来看范蠡从政经商的经历,确实是很好地践行了老子在《道德经》里倡导的"以其不自生,故能长生"利他之道与"为而不恃,功成而弗居"不贪之道。他的每一项决策都是站在利于他人的角度思考,追求事情本身与结果的完美,而不是考虑自身的名和利。

公元前494年,夫椒战败,在别无选择之下,勾践采纳范蠡提出的"入吴为奴以保国"建议,考虑让文种陪同自己去吴国为奴、范蠡为其守国。

虽然这一决定可以让范蠡在接下来的时间过上"无冕之王"的生活,享受安逸与尊贵,但他却通过"四封之内,百姓之事,蠡不如种也。四封之外,敌国之制,立断之事,种亦不如蠡也"分析,提议为了有利于国家未来与勾践本人大业,调整计划,自己甘愿陪同去吴国为奴,选择了一种风险与卑贱的生活。

为奴期间,虽然生活艰辛、凶险无时无刻不在,但面对吴王夫差"吾欲赦子之罪,子能改心自新,弃越归吴乎"的招募,范蠡仍然是立场坚定地予以拒绝,没有为自己选择名利与富贵,而是留下来辅佐落难的勾践。

在帮助越国度过危机、助越王成就伟业之后,为避免功高而震主,范蠡请辞,勾践以"与子分国而有之"挽留,范蠡不为所动,毅然决然地选择隐退。

经商过程中,范蠡没有追求利益最大化,而是坚持商品品质"务完物",价格"逐什一之利",在保证商品品质上乘的基础上,坚持薄利,真正做到"客户至上",自己不赚不义之财。也是通过自己的诚信与不贪,让"鸱夷子皮""陶朱公"品牌享誉市场。

致富之后，范蠡更是"三散家财"，主动帮助贫穷的亲戚朋友，将自己的财富"分散与贫交疏昆弟"。用司马迁的话说，范蠡是真正的"富好行其德者也"。

综上所述，范蠡一生都在"利人"，前半生因为做到"利人"不贪功，在实现自我政治抱负的同时，没有步伍子胥、文种后程，做到了"独善其身"；后半生由于做到"利客"不贪利，在实现自己家财万贯梦想的同时，让自己在中国商业史上留下伟名。

3. 识己知人

依据《越绝书·越绝外传纪策考》所述，范蠡少年之时就"独有圣贤之明"，即使在自己人生巅峰之时，也从不膨胀，保持对自我的清醒认知。

如上所述，在勾践欲去吴国为奴让其留下治国，范蠡说自己与文种各有短长，提议调整安排。

在齐国创业成功，因其才能与口碑被齐国拜为相，范蠡感慨"居家则致千金，居官则至卿相，此布衣之极，久受尊名，不祥"，归还相印，埋名而去。从以上事例可以看出，范蠡不管何时，都知道自己不是"完美之人"，时刻牢记自己的出身为"布衣"。

《史记·越王勾践世家》还讲了范蠡救子的事。说是范蠡有三个儿子，老二在楚国失手打死了人，范蠡让老三带着重金去楚国救人。老大知道后，要求自己去，否则就自杀。迫于无奈，范蠡只能答应。

老大救人不成功，带着弟弟尸身回来，全家都悲痛不已，范蠡则苦笑不语，问其缘故，范蠡说："吾固知必杀其弟也！彼非不爱其弟，顾有所不能忍者也。是少与我俱见苦，为生难，故重弃财。至如少弟者，生而见我富，乘坚驱良逐狡兔，岂知财所从来，故轻弃之，非所惜吝。前日吾所为欲遣少子，固为其能弃财故也。而长者不能，故卒以杀其弟，事之理也，无足悲者。吾日夜固以望其丧之来也。"

意思是说，老大老三由于生长环境有着巨大的差异，必然会导致他们对待金银财宝的态度迥然有别，所以让老三去舍财救老二更适合。

司马迁在《史记·货殖列传》所讲"人各任其能，竭其力，以得所欲"，或许就是受"商祖"范蠡"择人而任时"的用人思想启发，是对他善于识人的充分肯定。

可以说，"商祖"范蠡之所以人生完美，与他具有识己知人的大智慧密不可分。一方面他始终能保持对自我的正确认知，不盲目、不膨胀，克制住人性弱点中的贪心贪欲。另一方面他从不苛求人之完美，而是在识人的基础上，善于用人所长。

13.2 从范蠡成功之道看企业家应具备的能力

企业家是企业的灵魂和统帅，是企业战略方向的决定者，其能力及管理经验将直接影响企业发展成效。结合"商祖"范蠡成功之道，从推动企业持续健康与高质量发展的角度来讲，企业家必须具备自知、自制、洞察、决断、识人、忍耐、利他七种能力。

1. 自知力

自知力又称内省力，原指患者能否察觉或识辨自己有病和精神状态是否正常，能否分析判断并指出自己既往和现在的哪些状态属于正常，哪些属于病态的能力。

引申到正常人来讲，自知力是个体对自己身心活动的觉察能力，包括认识自己的生理状况（如身高、体重、体态等）、心理特征（如兴趣、能力、气质、性格等）以及自己与他人、自己与社会的关系（如自己与周围人们相处的关系、自己在集体中的位置与作用等），等等。一句话，自知力就是个体能够读懂自己的能力。

结合企业管理的实践来讲，笔者认为企业家的自知力就是企业家对自我的认知能力，它绝不是简单的自我评价或自我满足，而是一种基于控制主观情感的科学评判和自我剖析能力，它的核心要点在于其敢于正视自我缺陷和不足，知道哪些是自己不理解与做不到的。

俗语常言"人贵有自知之明"，说的就是自知力对人生发展而言是极其重要的。

《孙子兵法》也有"知彼知己，百战不殆"的表述，强调战场上，认识自己和了解竞争对手一样重要，也只有这样才能做出明智的决策，赢得战争。

但在实践中，每个人既受到自我意识和力量的驱动，又会受到自我意识和力量的局限。正如老子在《道德经》所云"知人者智，自知者明"，可见自知比知人更加困难。

德国哲学家弗里德里希·威廉·尼采（Friedrich Wilhelm Nietzsche）在《道德的谱系》一书中写道："我们无可避免地跟自己保持陌生，我们不明白自己，我们搞不清楚自己，我们的永恒判词是'离每个人最远的，就是他自己'。"

企业家由于过往已取得的成就、特殊的社会地位以及对企业所拥有的资源掌控，常常会在自我满足心理下的得意感、众星拱月地位下的漂浮感、投机下属吹捧下的膨胀感、客观生理机能中的错位感中迷失自我，过高地估计自己的能力，由此会导致企业的经营决策与策略的制定不切实际，诱发组织发展战略偏离航向，走向失败。

为避免上述风险，企业家就要像范蠡一样能够守住自己，就如同他在回答勾践要其治国时所讲"四封之内，百姓之事，蠡不如种也"一样，知道自己不是无所不能；也要像范蠡在助越功成、人生迈入巅峰之时一样，依然能保持清醒，不忘自己只是一介布衣，知道"久受尊名，不祥"。

在实践中，企业家要想提升自知力需要做好以下两点：一是要保持对自我的省察意识，在内心深处必须有一个观念，就是认为自己的认知是有限的；二是要主动对标那些优秀人才，发现他们的特长之处、出众才华、卓越之点，以此来明晰自身短板和不足。

2. 自制力

自制力以自知力为基础，指个体善于调控情绪、控制欲望与言行的能力，是个体通过自我调节，控制自身情绪、欲望与行为，以实现目标的一种心理品质。

个体自制力强主要表现在能够抵挡住诱惑、能够控制自己的情绪、能够克服自身的惰性三个方面。

结合实践的角度来讲，企业家作为企业的领航者，由于掌控资源的丰富性与权力身份的特殊性，对其应具备的自制力要求主要体现在以下三点：一是在实际工作和学习中能够自觉克服不利于自己的恐惧、犹豫、懒惰等负面情绪；二是在个人行为与企业整体运营两个层面都能善于抑制冲动行为；三是在金钱和财富上的自律和自制，追求个人价值和社会价值的双赢。

现实中的企业、特别是大企业的发展出现问题，表面上看是资金链断裂，往深层次讲，就是企业家在进行战略决策时没能够抵制住市场机会的诱惑，盲目贪大、贪多所致。换句话说，导致企业失败的根因在于企业家的自制力不足。

范蠡之所以能够基业长青，做到"三致千金""后年衰老而听子孙，子孙修业而息之"，是因为他在"识己"的基础上"不贪"，能够克制自己的欲望膨胀。

做生意时坚持"贵出如粪土，贱取如珠玉"，很好地把握"贱取"和"贵出"两关，求利但不贪多，追逐合理的"什一之利"。

在制订自己事业的发展规划时，他坚持"务完物，无息币"，赚自己该赚的钱，不盲目扩张、贪大。

范蠡之所以能够独善其身，是因为他在助越王勾践称霸功成之后，能够克制自己的名利欲，不居功自傲，急流勇退。

今天的社会环境远比范蠡所处的时代更复杂，经济与科技迭代创造更多发展机会的同时，让企业家在经营决策过程中，面对更多的诱惑，企业发展过程中也会遇到更多的挑战。正因如此，企业家更需要像范蠡一样守住自己的欲望、具有足够的自制力。也只有这样，才能够抵制诱惑，坚定信念，聚焦企业目标，不忘自己的初心，实现企业与个人的稳健发展。反之，缺乏自制力的企业家容易受到外界干扰，导致企业与自身都偏离正确的发展轨道。

老子曰："胜人者有力，胜己者强。"说明人最大的敌人其实是自己，自我克制比外部制约更难。

因此，企业家要想提高自身的自制能力需要做好以下五点。一是要明确企业与自己个人的长远发展目标，并以此作为企业未来行动与自身决策的行为指南。二是要逐步提高自己的自我认知能力，了解自己的优点和不足，从而更好地掌控自己的情绪和行为。三是要能够主动学习，有意识地锻炼自己的意志力，学会坚持不懈地追求目标。四是要保持良好的心理状态，能够以积极的心态去总结经验教训，勇敢迎接新的挑战。五是要建立起正确的价值评判标准，理解真正的财富不仅体现在提高自身生活质量上，还体现在获得和贡献社会的过程中。

3. 洞察力

洞察力通常指的是深入观察、分析和预见事物的能力。一般而言，洞察力包含两个层面：一是能够透过事物的表面现象，揭示背后的本质和规律；二是能够根据事物当前的情势，看到未来的发展趋势与可能的结果。

企业家的洞察力指的是他们识别和解释商业环境中潜在的机遇和挑战的能力，其内涵非常丰富，既涉及企业家对人的思想、情绪、目的、愿望、能力和个性等个人特征的判断和解析，具备慧眼识人的能力，同时又涉及企家在组织内、外部环境不断变化时，对事物的本质及其发展变化趋势的认识和把握能力。

具体来讲，企业家的洞察力可以分为市场洞察力、竞争洞察力、宏观经济洞察力、社会文化洞察力、人际关系洞察力等多个方面。

如上分析，2500年前范蠡成功的原因之一是他能"顺势而行"，超前认识和抓住稍纵即逝的发展机遇。在其职业发展之初，他与文种就预见到未来"霸兆见东南"，即地处东南的吴、越两国将有强盛崛起之势，也正是这一洞察结果为其后来政治事业的大成奠定了坚实的基础。

离开越国再次创业之后，范蠡更是坚持"候时转物"的思想，即根据自己对未来社会发展规律与市场需求的洞察，进行商业布局与经营品种的规划，也正因如此，他才能创造"三致千金"的商业辉煌。

在今天复杂多变又充满激烈竞争的商业环境中，企业家更需要像范蠡一样具有敏锐的洞察力，这对于企业的持续发展来说至关重要。一方面，只有企业家具备敏锐的洞察力，他们才能通过对市场和行业的深入分析，发现商机，为企业制定出具有超前性、符合未来发展趋势的战略规划与经营策略，让企业在竞争中能够抢占先机。另一方面，只有企业家具有敏锐的洞察力，他们才能很好地理解员工的需求、想法和行为，建立起良好的沟通与合作关系，激发团队成员的潜力，让企业在协同高效中实现持续发展。

在现实中，企业家要想提升自己的洞察力需要做好以下四点：一是要保持开放的心态，在不断吸收新知识、了解行业动态和前沿技术的基础上，勇于接受不同意见与否定自我；二是要勤于深入的思考，在广泛收集信息、拓宽自己视野同时，力求从多个角度和层面去观察和思考问题；三是要主动亲近市场，通过与客户沟通、市场调研等方式，了解市场动态和消费者需求的变化；四是要多与行业内外的专业人士交流，从中汲取灵感，为自己的企业发展提供新的思路。

4. 决断力

决断力，简而言之，是一个人面对众多选择与不确定性时，能够迅速果断地做出决策的能力。决断力不仅仅是一个人的天赋素质，更是后天通过理论学习、实践锻炼以及经验积累等方式，可以习得的一种能力。

由于企业家担负的主要职责是在复杂多变与竞争激烈的大环境中，发现并抓住稍纵即逝的商业机会，确保带领企业与团队在正确的道路上前行，创造出更大的价值，所以企业家必须能够在信息不完备的情况下，凭借自己的判断力和经验果断决策，然后随着时间推移及时做出调整，以适应新的信息或环境。

换句话说，决断力对于企业家的职业而言非常重要。因为决断力不仅有助于企业家在快速变化的市场环境中迅速作出反应，让企业家面临复杂问题时保持冷静和理性，还有助于企业家建立自己的权威和信誉，是企业家个人与企业成功的关键因素之一。

正如"商祖"范蠡在总结自己坚守的商道时告诫后人的："从时者，犹救火，追亡人也，蹶而趋之，惟恐弗及。"讲的就是市场是瞬息万变的，机会窗口出现后不会给人留出太多的忧虑与等待时间。要想抓住机遇，就要像救火、追逃犯一样，必须在"时"出现之际立刻付诸行动，不能犹豫不决，以免耽误大事，因为市场机会一旦错过，就会像古语所云："机不可失，时不再来。"

实践中，企业家要想提升自己的决断力需要做好以下四点：一是要明晰并时刻牢记企业所追求的目标，并以此确定企业发展中各项任务的优先级；二是要注重自身的经验积累与持续学习，在拓宽自己的视野同时，能够运用最新决策辅助技术，并及时掌握国家政策、市场竞争与消费行为等领域变化信息；三是要调整心态，既要避免落入追求完美的决策陷阱，能够以利弊权衡与风险控制作为决策准则，又要敢于担责，避免害怕失败而无限期地拖延；四是要锻炼自己的直觉和情绪管理能力，学会相信自己的直觉和感受，并通过情绪管理来保持冷静和清晰的思维。

5. 识人力

识人力是洞察力的一种，指的是能够透过外貌、言辞、学历等表象，准确判断一个人的品质、性格、能力、行为以及未来发展潜能等方面的能力。

现代企业的竞争就是人才的竞争，人力资本是企业最宝贵的资源。正因如此，企业家是否具备识人力就显得格外的重要。

一方面，只有识别并选择出具有不同技能特长、背景和经验的员工，并将他们合理地组合在一起，才能形成优势互补的团队，发挥极致效能推动企业的发展。

另一方面，只有识别并录用具有未来成长潜能的员工，为他们提供成长和发展的机会，通过有效培养和激励，才能打造一支忠诚且有战斗力的人才团队，支撑企业的长远发展。

除了以上两点之外，企业家只有具备识人力，能够正确识人，在企业内才能避免用错人，在企业外避免选错合作伙伴，企业才能够健康发展。

"知人"是范蠡成功之道中的重要内容。助越王勾践功成霸业之后，范蠡急流勇退。在给文种的信中，范蠡解释说，勾践这个人只能共苦不能同甘，劝文种不要贪图名利，速速离开。文种没有听取范蠡的忠告，落得被杀的下场。

再回顾范蠡救子故事，在二儿子被杀、长子营救二弟失败后曾说，他之所以要让老三带着重金去疏通关系，是因为三儿子自小生长在富裕的环境当中，能够做到"视金钱如粪土"。与之相反，老大幼时家境贫寒，为积聚财富经历过很多苦难，虽然他也很爱自己的弟弟，但由于对金钱的不舍，注定会失败。

从范蠡对勾践品性的正确判断以及对两个儿子性格与能力的分析可以看出，他深知"人无完人"，认为现实中要找到"完人"是不可能的，所以不要强求，关键是要做到根据环境、任务、时机选对人并用人所长。

由此可见，范蠡能够实现基业长青，与他具备的识人力、坚持"择人而

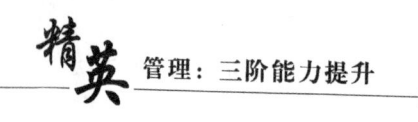

任时"的用人策略有着紧密的关系。

在实践中，企业家要想提升自己的识人力需要做好以下三点：一是要主动学习和了解心理学知识，更好地理解人的行为和动机，为准确地识别和评估人才提供理论支撑；二是要掌握沟通技巧，通过与员工的沟通交流，注意观察对方的动作、表情，以把握他们的真实的需求和期望，从而更好地评估他们的能力和潜力；三是要具备团队建设技能，理解高效团队的内涵特征，知道团队效能实现的机理，只有这样才能找到符合团队需要的人。

除此之外，企业家还要知道，在企业的不同发展时期，对人的素质与能力要求是有差异的。创业初期更侧重于有某一领域特长的人，但随着公司的发展，对人才的复合性和成长性的要求会逐渐提高，还会更加在意人才忠诚度等品质。也只有弄清楚企业真正看重的人才特征，才能避免将人才标准局限于"相识于微时"，企业家识人力的实践效能才能得以发挥。

6. 忍耐力

忍耐力是指生物体对疼痛、苦难或压力等不利因素的忍受能力。

在日常生活中，忍耐力更多地被理解为个体在面对困难、挫折或痛苦时，能够保持冷静、镇定，并持续努力，不轻易放弃。它是一种重要的心理素质和生存技能，通常表现为对挫折的容忍、对困难的坚持及对目标的执着追求。

对于企业家而言，忍耐力指的是面对企业发展所遇到的坎坷与困境以及商业活动中碰到的困难和挑战，能够保持冷静、坚定和持久的毅力。

一方面由于国家政策、市场需求及技术发展始终处于变化之中，加之竞争激烈、内部员工需求多样等因素，不确定性成为企业发展环境当中唯一可以确定的内容，由此导致企业发展之路充满了挑战和困难，局部的失败和阶段性的挫折无法避免。

另一方面建立和维护企业发展所需良好的客户和供应商关系、化解创新与变革遇到的内外阻力、培育优秀的企业文化与员工忠诚等都需要时间和耐心。

所以，忍耐力是企业家必备的一种能力，它能够确保企业家在遇到棘手的问题或痛苦时不会选择逃避或投降，而是会坚持不懈地努力，以确保企业持续发展直至目标的达成。

公元前494年，越王勾践因主动挑起对吴的夫椒之战失败，陷入绝望，范蠡劝其振作时说"定倾者与人"，意思是越国能否度过亡国危机关键在于勾践自己，只要不放弃努力、勇于面对就一定会有机会。进而劝勾践放下王侯的架子，去吴国为奴，以隐忍方式等待时机。也正是因为采纳了范蠡的建议，越国社稷才得以保存下来。

公元前486年，也就是被吴王夫差赦免归国第四年，越国刚得以喘息有了一点生机，勾践就无法忍受吴国的欺辱，急不可耐地想着要复仇，范蠡以天时、地利、人和为理由一次次劝阻，让勾践保持克制，继续尊捧吴王夫差，悄悄壮大自己的同时，削弱对手。

最终在范蠡的主导下，勾践花了二十年的时间，为后人演绎一场名冠古今的"卧薪尝胆"大戏，以"三千越甲终灭吴"之气势，成就了自己称霸的梦想。也以实例为后人证明，忍耐力在事业发展中的重要性。

因此，企业家想提升自己的忍耐力需要做好以下四点。一是要有正确面对成败的心理，明白企业发展不是一帆风顺，而是在颠簸中前行，遇到困难与坎坷是常态，实践中能够以积极的心态坦然面对，从成功中总结经验，失败中吸取教训。二是要提升自身的目标管理技能，理解最终目标与过程目标之间的关系，善于将大目标细化为阶段性小目标，时刻追踪和检查进度，并能根据实际情况及时调整实施计划，减轻挫败感。三是要有意识地训练自己的意志与耐心。一方面可以通过锻炼身体，在紧张的工作之余，注意放松自己，保持充分休息时间，以生理抵抗力提升让自己强大；另一方面学会平时运用心理暗示，控制自己的情绪。四是要坚持学习，通过新知识和技能来改造自我认知，适应不断变化的市场环境，增强自己的信心和应对挑战的能力。

7. 利他力

利他力指的是在行为、言语和思想中，以他人的利益为先，而不是以自我为中心的一种力量或能力。利他力是一种无私、自愿、有意识地帮助他人的力量，对于行为主体改善人际关系、提升个人心理健康、促进社会和谐稳定等方面都具有重要作用。

老子在《道德经》第七章曰："天地所以能长且久者，以其不自生，故能长生。是以圣人后其身而身先；外其身而身存。非以其无私邪？故能成其私。"第八十一章又讲："既以为人己愈有，既以与人己愈多。天之道，利而不害；圣人之道，为而不争。"其实就是要告诉后人一个深层道理：立足"为他"方能成就自己，利他力是自身能够持续发展壮大的根基。

时空穿越至今天，利他力同样可以视为企业家领导力的根源，这是因为企业家如果在经营管理中能够以人为本、关注员工成长与福祉，引导企业决策过程以员工为中心，不仅可以赢得他人的信任与尊重，激发团队成员的积极性和创造力，形成强有力的团队凝聚力，还可以在企业内构建一种良性的企业文化氛围，员工之间互相尊重和帮助，易于吸引和留住优秀的人才。

如果在市场竞争中能够以客户需求与利益等为中心，不仅可以赢得客户的信赖与忠诚，还可以让企业的产品更加符合市场需求、创新成功的概率会大幅提升。

此外，通过关注社会问题、积极参与公益事业、履行企业社会责任等利他行为，不仅有助于提升企业的品牌形象和声誉，也将进一步增强企业家的领导力和影响力。

前文所讲范蠡一生坚持的"利人"之道，本质上就是"利他"。主动放弃安逸的生活陪勾践去吴国为奴，是站在国家的角度；在吴为奴期间，拒绝吴王夫差的引诱,是站在勾践的角度;离开越国进入商海,经营过程中坚持"务完物""逐什一之利"准则,是站在顾客利益的角度;成功之后"三散家财"资助陷于贫困的乡邻与亲朋,是站在社会责任的角度。

正是坚持了一种朴实的利他思维,始终把客户的利益放在第一位,主动承担社会责任,范蠡才能做到从政、从商无所不胜。可以说,商祖范蠡是老子利他思想的最好践行者,是古往今来坚持利他思维实现成功的典范。

实践中,企业家要想以自我利他能力提升促进企业发展需要做好以下五点。一是要明白利他表面上是"与人为善、为世人、社会尽力",为了满足他人需求,但究其根本来讲,还是为了促进个人和企业的长期发展。二是要保持知足与感恩的心态,以"知足"化解因贪婪而生的个人利己心,以"感恩"他人付出和贡献培养自己的利他之心。三是要深入学习社会主义核心价值观,理解其内涵,将其融入企业文化和经营理念中,以促进企业和社会的共同发展。四是要积极参与利他实践活动,通过交流、观察和倾听,深入了解他人的需求和期望,对身边有需要的人主动提供支持和帮助,尽力解决他们的问题。五是在生活与工作当中要学会换位思考,站在他人的角度来看待问题,理解他人的感受和想法。